西华大学 2017 教改项目“哲学与批判课程群高水平特色教材的建设——以《道家的智慧》为例”
西华大学人文通识教育教学团队教材建设成果项目



# 道家智慧十讲

主　编　王万洪
副主编　官性根

西南交通大学出版社
·成　都·

图书在版编目（CIP）数据

道家智慧十讲 / 王万洪主编. 一成都：西南交通大学出版社，2018.12
ISBN 978-7-5643-6698-8

Ⅰ. ①道… Ⅱ. ①王… Ⅲ. ①道家－高等学校－教材 Ⅳ. ①B223

中国版本图书馆 CIP 数据核字（2018）第 290872 号

Daojia Zhihui Shi Jiang
道家智慧十讲

主　编 / 王万洪

责任编辑 / 吴　迪
助理编辑 / 何　俊
封面设计 / 原谋书装

西南交通大学出版社出版发行
（四川省成都市二环路北一段 111 号西南交通大学创新大厦 21 楼　610031）
发行部电话：028-87600564　028-87600533
网址：http://www.xnjdcbs.com
印刷：四川森林印务有限责任公司

成品尺寸　185 mm × 260 mm
印张　13　　字数　283 千
版次　2018 年 12 月第 1 版　　印次　2018 年 12 月第 1 次

书号　ISBN 978-7-5643-6698-8
定价　38.00 元

课件咨询电话：028-87600533
图书如有印装质量问题　本社负责退换

# 前　言

## 一

2015 年春天，西华大学决定在全校开设“哲学与批判课程群”公选课，此举为顺应教育部“新工科建设”的重要举措。在学校建议开设的 8 门课程中，人文学院中文系、文产系同时申报了“道家的智慧”这门课程。2015 年秋季，“道家的智慧”课程得到学校批准，同意开课；年底，教务处开放选课，次年春季开始教学。据我们有限的信息，不仅该课程的开设在四川省是唯一的，而且我校也是全国工科院校中第一个进行道家智慧专题教学的。我们有幸参与其中，倍感兴奋，同时也倍感责任重大。

2016 年 3 月，由我和王万洪老师主讲的该课程开始在全校开讲。150 人的大班，选课形势喜人，8 个班全部满员。尽管是每 8 周一轮，只能进行道家智慧的常识介绍，但既然学生怀着强烈的求知欲望来到课堂，教师就应当以充分的准备传授这些常识。在讲课的过程中，我们首先感到知识储备的不足，因为道家经典著作《老子》《列子》《庄子》等均博大精深，特别是《老子》一书，简洁深奥，朴素思辨，最是难懂。因此，任课教师除了下功夫精读原著，还要从中选择部分内容作为课堂讲授的原文，并援引若干正反方面的案例为证，以便能将深奥、玄虚的哲学理论课程讲成学生听得懂、来了有收获、学了会思辨、成长用得上的，带有鲜明特色和建设意义的新课程。

为此，我们买了很多参考书籍，有专著，也有教材，花费大量时间补课阅读、精选案例、制作课件、撰写讲稿，以便这门课能够长期建设下去，而不是成为和其他选修课程一样起伏很大，甚至难以为继的课程。怀着这样的决心，2016 年下半年以及 2017 年又新增班额、新增任课教师，选课广受好评。经过时间和实践的检验，我们几位任课教师一致认为，应该在现有课件和教学资料的基础上，降低难度，编写一本集理论性、科学性、实用性、比较性于一体的简明教学用书，作为这门课的通用教材。于是我们开始选择专题，广搜材料，精选案例，准备编书。

其间，教材编写方案获得西华大学 2017 教改项目立项资助，并获得人文学院范国英教授主持的“人文通识教育教学团队”出版资助，西南交通大学出版社伸出热情之手，愿意出版本教材。经过认真修改、反复商讨，决定在 2018 年内出版本书。

本书共分 10 个专题，其中的教育智慧、养生智慧、语言智慧、思维智慧、生活智慧、军事智慧等专题带有鲜明的特色与新颖性，是国内同性质教材或道家经典解读著作很少涉及的；其余专题则跳出一般教材论述的窠臼，以实用为宗旨，而且考虑到西华大学是工科大学，这样降低难度、以案例实证为主的思路也是应该的。

## 二

道家不是道教，道家是先秦哲学思想流派，道教是东汉兴起的本土宗教流派，二者是渊源与流变的关系。所以，尽管现在道教文化传播于世界各地，但还是要分清楚道家思想与道教文化的区别。在历史上，道家思想主要有四大发展形态。

一是理论学派。以先秦老子、文子、杨朱、列子、庄子为代表，主要进行较为深奥的哲学思想思辨，以探究“道”及其表现形态为核心、以辩证思维方法论为主要理论武器，进行学说建构与创新拓展。比如：杨朱善于论辩，对道家思想的传播与学术地位的提高有很大贡献；列子将神仙家思想引入道家，建构起仙道思想体系，为道教的产生提供了思想基础；庄子则创新发展了许多独创性质的学术思想，特别在语言艺术方面有很大的建树。在道家思想体系之外，儒家的孔子、法家的韩非子、兵家的孙子、墨家的墨子等人，其学术思想中有许多深受道家思想影响的内容，他们在各自领域内为道家思想的传播与应用做了贡献。

二是黄老学派。以黄帝学、老子学的思想及方法论为宗旨，主张清静无为，践行修养民生、富国强兵的政治策略，齐国管仲、晏子、范蠡与汉初萧何、张良、曹参等是其代表人物。黄老学派是道家哲学思想的实践代表，历史上，但凡国富民强的时代，或需要埋头搞建设的时代，其指导思想都与黄老之术有相通之处，比如文景之治、贞观之治、康乾之治等著名的历史时期。

三是魏晋玄学。这是道家哲学思想发展到汉魏六朝时期与时代政治、思想发展相结合，而产生新变的一个阶段，也是历史上道家思想研究、阐发最深入的一个阶段，还是迄今为止中国哲学思想史的理论高峰阶段，以王弼、何晏、嵇康等为代表。作为一种新思潮的魏晋玄学，吸收道家精神形态，尊奉《周易》《老子》《庄子》三本经典为“三玄”，以老庄思想为骨架，讨论有无、本末、形神、性情、生死、言意等重大哲学问题，主要形态是究极宇宙与人生哲理，以讲究修辞与技巧的谈说论辩方式而进行的一种学术社交活动。最有名的一次是王羲之描绘的兰亭雅集。魏晋玄学的理论主张是要调和儒道，使儒道兼容。一般认为，西汉著名哲学家扬雄，以其汇通儒道的思想修养与著作《太玄》《法言》的学术实践，而被推为玄学思潮的理论启蒙者；魏晋之交的王弼，则是玄学得以正式命名的首要提倡者。

四是内丹学派。内丹学派的实践基础是内丹术，这是道家一种重要的修炼方法，把人的身体看作一个小天地，实践天人合一、天人相应的思想理论，以人的身体为鼎炉，修炼精、气、神，达成强身健体、提高人体的生命功能等目的，《老子》《文子》《列子》《庄子》《内业》《心术》等是其理论纲要。随着道家思想在汉魏六朝的蓬勃发展，特别是唐代定道教为国教之后，道家养生理论、道医理论与先秦以来的方术丹药实践结合起来，强调人体健康、内在修养、精神状态的重大意义，最终形成了内丹学派，以葛洪、苏轼等杰出思想家为代表。这一学派既有理论建构，也有很多实践活动，其养身保健方面积极、正确的部分，对今天越来越重视身体健康与心理健康的普通人来说，实践意义巨大；而对现代科学来说，其又是一门正待研究挖掘的学科，它的学术成果将有助于推动哲学、生理学、心理学、医学、脑科学、宗教学及人类潜能开发等多种研究领域的发展。

## 三

我们深知道家的智慧不可穷尽，对其思想性、理论性、应用性的解读空间极大。因此，本书的 10 个专题远远没有穷尽道家的哲学智慧，而仅仅是其中相对比较重要、当今社会需要、学生学习有用、具有解读新颖性的部分内容。这些专题内容之间并没有高低轻重之分，这是需要特别说明的一点。

本教材源自为上万学生授课的课件资料和讲稿，并借鉴了其他同类教材的部分经验，几位任课教师为专题确定、体例格式、案例选择、文字定稿付出了艰苦努力，但仍然不能保证本书尽善尽美，因为道家智慧的博大精深，因为时间与条件的有限、编者学识素养的浅薄，还因为教材针对性的设定。凡此种种，都促使着我们小心谨慎，不断学习。如果各位读者在阅读过程中对教材内容有修改意见或其他建议，请一定不吝指教！因为您指出的问题，将促使我们成长进步，更好地修订教材内容，更加完善“道家的智慧”这门特色课程！

官性根

2018 年 11 月 11 日

# 目　录

# 第一讲　反者道之动的辩证智慧

## 导　论

朴素的辩证法是老子哲学中最有价值的部分。在中国哲学史上，老子第一次深刻而系统地揭示了事物对立统一的规律。老子认为，事物的发展和变化都是在矛盾对立的状态中产生的，对立着的双方互相依存、互相联结，并能向其相反的方向转化。这是自然之道的根本性质，于是老子提出了“反者道之动”的基本规律。老子的辩证法是基于对自然和社会综合的概括，其目的在于找到一种合理的社会生活与政治模式。他所提出的一系列对立面，在人类社会生活中随处可见，如善恶、美丑、是非、强弱、成败、祸福等，都蕴含着丰富的辩证法原理。譬如说，如果人们没有对美好事物的认定和追求，也就不会产生对丑恶现象的唾弃；当你还沉浸在幸福或成功的喜悦中时，或许一场灾祸或不幸正悄悄临近。

老子的朴素辩证法对中国文化的影响极其深远。传统文学艺术中不少体现辩证思维的范畴，就与之有明显的渊源联系。例如，“有”与“无”这对范畴出自老子哲学，“有无相生”体现了事物对立统一的辩证关系，实际也体现了艺术创作的辩证关系。后世的作家、艺术家逐步从老庄哲学中引申出了这样一种思想：通过“有声”“有色”的艺术，进入“无声”“无色”的深层艺术境界，才是至美的境界。与之相关，“虚”与“实”的概念也应运而生，而“虚实相生”理论也成为中国古代书法、绘画艺术美学中独具特色的理论。

“奇”与“正”这对范畴则涉及艺术创作中整齐与变化相统一的创造、表现方法，为中国古代作家、艺术家所常用。“正”指正常、正规、正统、整齐、均衡，“奇”指反常、怪异、创新、参差、变化，二者在艺术创造中是“多样统一”规律的具体表现之一。在创作者们看来，此二者意味着事物与事物或形式因素之间既有对称、均衡、整齐，又有参差、矛盾、变化，彼此相反相成，正中见奇，奇中有正，奇正相生，于是产生出和谐的、新颖的艺术美。倘若寻根究源，“奇”与“正”作为对立的哲学范畴，始见于《道德经》第五十七章：“以正治国，以奇用兵，以无事取天下。”奇正结合的思想被很多思想家和文艺理论家接受，并有了崭新的创造性发展，比如《孙子兵法》着重继承并发展了“以奇用兵”的思想，孙武被后世称为“兵圣”；而将这对范畴移用于文学理论研讨之中，则始于南朝齐梁年间刘勰的伟大著作《文心雕龙》；如此等等。

实际上，《道德经》全书八十一章，本身就是辩证法思想的智慧结晶，我们只要读一读原文就知道，这本书几乎全部是按照正反对比、反正逆向、正反合观的基本思维模式写作出来的，“正—反—合”或“反—正—合”是其使用最多的两种模式，在确立观点、生成句子、判定性质、论辩事物、阐述道理、揭示规律、创立学说等各方面，成为老子写作措辞的主要原理，涵盖了微观、中观、宏观各个层级，包括了自然规律、政治治理、为人处世、明哲保身、不言之教、养生保健、财富观念、语言艺术、军事策略等不同的应用领域。因此，以辩证法为理论武器的老子哲学思想体系，是中国先秦诸子各家中理论研究最深、思想成就最高、哲学思辨最多、应用范围最广的一家。《道德经》奠定了中国哲学的基本范式，成为中国哲学的主要渊源。

正是因为辩证法思想的重大理论价值和应用价值，所以，我们将其放在本书的第一讲来阐述。

## 1.《道德经》第四十章

反者[①]道之动，弱者[②]道之用。天下万物生于有[③]，有生于无[④]。

【注释】

① 反者：循环往复。一说意为相反、对立面。
② 弱者：柔弱、渺小。
③ 有：道的有形物质。
④ 无：超越有形质体的无形之道。

【今译】

循环往复的运动变化是道的运动，道的作用是微妙、柔弱的。天下的万物产生于看得见的有形物质，有形物质又产生于不可见的无形之道。

【解读】

在本章里，老子用极其简练的文字，讲述了“道”的运动变化法则和“道”产生天下万物的作用。本章和第四十二章都是就“道”的基本理论而论的。本章虽然只有两句话，但言简意赅，含义十分丰富。

老子在《道德经》里，多次涉及“事物的矛盾和对立转化是永恒不变的规律”，概括了自然和人类社会的现象与本质，这是十分光辉的思想和精辟的见解。对于“反者道之动”，历来解释者有两种观点：一是说矛盾着的对立物各自向着自己的对立面转化；二是说事物运动变化的规律是循环往复。其实这两种解释的意思是相同的。因为老子承认运动，承认运动循环往复、周而复始。“弱者道之用”，是说“道”在发挥作用的时候，用的是柔弱的方法。这不完全是消极的，同样也有积极的一面。道创造万物，并不使万物感到有什么强迫的力量，而是使万物自然而然地发生和成长。用弱和用强，也就是“无为”和“有为”的区别。老子把有与无当成相互对立的两个哲学范畴，有与无都是道的属性，是道产生天地万物时由无形质落向有形质的活动过程。

## 2.《道德经》第四十二章

道生一①，一生二②，二生三③，三生万物。万物负阴而抱阳④，冲气以为和⑤。人之所恶，唯孤、寡、不谷⑥，而王公以为称。故物或损之而益，或益之而损。人之所教，我亦教之。强梁者不得其死，吾将以为教父⑦。

【注释】

① 一：这是老子用以代替“道”这一概念的数字表示，即道是绝对无偶的。

② 二：阴气和阳气。“道”本身包含对立的两方面。阴阳二气所含育的统一体即“道”。因此，对立着的双方都包含在“一”中。

③ 三：由两个对立的方面相互矛盾冲突所产生的第三者，进而生成万物。

④ 负阴而抱阳：背阴而向阳。

⑤ 冲气以为和：冲，冲突、交融。此句意为阴阳二气互相冲突交和而达至均匀和谐状态，从而形成新的统一体。

⑥ 孤、寡、不谷：这些都是古时候君主用以自称的谦词。

⑦ 教父：有根本和指导思想的意思。父，有的学者解释为“始”，有的解释为“本”，有的解释为“规矩”。

【今译】

道是独一无二的，道本身包含阴阳二气，阴阳二气相交而形成一种适匀的状态，万物在这种状态中产生。万物背阴而向阳，并且由阴阳二气的互相激荡而成新的和谐体。人们最厌恶的就是孤、寡、不谷，但王公却用这些字来称呼自己。所以一切事物，如果减损它反而会得到增加，如果增加它反而会得到减损。别人这样教导我，我也这样去教导别人。强暴的人死无其所。我把这句话当作施教的宗旨。

【解读】

本章的前半部分讲的是宇宙生成论，其中的“一”“二”“三”，是指“道”创生万物的过程，这是继第四十章之后，又一段关于“道”的基本原理的重要论述。宇宙万物的总根源是“混而为一”的“道”，对于千姿百态的万物而言，“道”是独一无二的。后半部分则警诫王公贵族要以贱为本、以下为基，其理论渊源在于老子提倡的辩证法思想——矛盾的双方既是对立的，又是统一的，事物相反相成，双方并非不变，而是可以互相转化的，比如，平民陈胜就曾高呼“王侯将相宁有种乎”的反抗口号，发动了历史上第一次农民起义。因此，老子讲的柔弱退守，实际上是政治治理与为人处世的重要原则，《尚书》云：“满招损，谦受益。”这也合乎辩证之道。

在基本解释了老子的辩证法思想之后，我们来看一看《道德经》全书中对这一重要法则的运用。以下所选的文字内容，是《道德经》书中比较明显地体现辩证法思想的部分，因为文字太多，不能全书都讲，所以只选了一部分。大家在学习之后，可以在课后阅读原著，再从中选一部分出来，自己思考体会。

## 3.《道德经》第二章

天下皆知美之为美，斯恶已。皆知善之为善，斯不善已。故有无相生，难易相成，长短相较，高下相倾，音声相和，前后相随。是以圣人处无为之事，行不言之教；万物作焉而不辞，生而不有，为而不恃，功成而弗居。夫唯弗居，是以不去。

【今译】

天下人都知道美之所以为美，那是由于有丑陋的存在。都知道善之所以为善，那是因为有恶的存在。所以有和无互相转化，难和易互相形成，长和短互相显现，高和下互相充实，音与声互相谐和，前和后互相接随——这是永恒的。因此圣人用无为的观点对待世事，用不言的方式施行教化；听任万物自然兴起而不为其创始，使其生长而不专有，有所施为但不加自己的倾向，功成业就而不自居。正由于不居功，就无所谓失去。

【解读】

本章内容分两层。第一层集中而鲜明地体现了老子朴素的辩证法思想。他通过日常的社会现象与自然现象，阐述了世间万物之间都具有相互依存、相互联系、相互作用的关系，论说了对立统一的规律，确认了对立统一的永恒的、普遍的法则。在前一层意思的基础上，展开第二层意思。人们应当如何对待矛盾对立的客观世界呢？老子提出了“无为”的观点。此处所讲的“无为”不是无所作为、随心所欲，而是要以辩证法的原则指导人们的社会生活，帮助人们寻找顺应自然、遵循事物客观发展的规律。他以圣人为例，教导人们要有所作为，但不是强作妄为。老子认识到，宇宙间的事物都处在变化运动之中，事物从产生到消亡都是有始有终的、经常变化的，宇宙间没有永恒不变的东西。老子在本章里指出，事物都有自身的对立面，都是以对立的方面为自己存在的前提，没有

"有"也就没有"无"，没有"长"也就没有"短"，反之亦然。这就是中国古典哲学中所谓的"相反相成"。本章所用"相生、相成、相较、相倾、相和、相随"等，是指相比较而存在，相依靠而生成，只是不同的对立概念使用了不同的动词。显然，在老子哲学中有发挥主观能动性，去贡献自己的力量，去成就大众的事业的积极进取的因素。我们将在"无为而无不为的处世智慧"一讲中进行分析。

## 4.《道德经》第七章

天长地久。天地所以能长且久者，以其不自生，故能长生。是以圣人后其身而身先，外其身而身存，非以其无私邪？故能成其私。

【今译】

天长地久。天地之所以能长久存在，是因为它们不为了自己的生存而自然地运行着，所以能够长久生存。因此，有道的圣人遇事谦退无争，反而能在众人之中领先；将自己置之度外，反而能保全自身生存。这不正是因为他无私吗？所以能成就他的自身。

【解读】

本章由道论人，反映了老子以退为进的思想主张。老子认为，天地由于"无私"而长存永在，人间"圣人"由于退身忘私而成就其理想。如大禹为人民治水，十三年在外，三过家门而不入，人民拥戴他为天子。老子用朴素辩证法的观点，说明利他（"退其身""外其身"）和利己（"身先""身存"）是统一的，利他往往能转化为利己。老子想以此说服人们都来利他，这种谦退无私精神，有它积极的意义。对天地来说，"以其不自生，故能长生"。对圣人来说，"非以其无私邪？故能成其私"。不自生故能长生，不自私故能成其私，其中包含辩证法的因素，说明对立着的双方在互相转化。通俗地讲，老子所赞美的圣人能谦居人后，能置身事外，他不是对什么事都插手，而是从旁边把事情看清了再帮一把，这样反而能够站得住脚。这种思想，也可以在普通人中践行，可以看作为人处世的智慧，以无争而争，以无私而私，以无为而为。

## 5.《道德经》第八章

上善若水。水善利万物而不争，处众人之所恶，故几于道。居善地，心善渊，与善仁，言善信，正善治，事善能，动善时。夫唯不争，故无尤。

【今译】

最善的人好像水一样。水善于滋润万物而不与万物相争，停留在众人都不喜欢的地方，所以最接近于道。最善的人，居处最善于选择地方，心胸善于保持沉静而深不可测，待人善于真诚、友爱和无私，说话善于恪守信用，为政善于精简处理，能把国家治理好，处事能够善于发挥所长，行动善于把握时机。最善的人所作所为正因为有不争的美德，所以没有过失，也就没有怨咎。

【解读】

在上一章以天地之道推及圣人之道后，本章以水为喻，教人养善、行善。老子首先用水性来比喻有高尚品德者的人格，认为他们的品格像水那样，一是柔，二是停留在卑下的地方，三是滋润万物而不与争。最完善的人格也应该具有这种心态与行为，不但做有利于众人的事情而不与争，而且还愿意去众人不愿去的卑下的地方，愿意做别人不愿做的事情。他可以忍辱负重、任劳任怨，能尽其所能地贡献自己的力量去帮助别人，而不会与别人争名争利，这就是老子“善利万物而不争”的著名思想。

这与孔子关于水的观点也是相近的。《荀子·宥坐》记载了孔子回答子贡问水的一段对话：“孔子观于东流之水。子贡问于孔子曰：‘君子之所以见大水必观焉者，是何？’孔子曰：‘夫水，大偏与诸生而无为也，似德。其流也埤下，裾拘必循其理，似义。其洸洸乎不淈尽，似道。若有决行之，其应佚若声响，其赴百仞之谷不惧，似勇。主量必平，似法。盈不求概，似正。淖约微达，似察。以出以入，以就鲜洁，似善化。其万折也必东，似志。是故君子见大水必观焉。”在此处，孔子以水描述了他理想中的具备崇高人格的君子形象，这里君子涉及德、义、道、勇、法、正、察、志以及善化等道德范畴。其中的观点与老子有某些相似之处。

## 6.《道德经》第九章

持而盈之，不如其已；揣而棁之，不可长保。金玉满堂，莫之能守；富贵而骄，自遗其咎。功遂身退，天之道。

【今译】

执持盈满，不如适时停止；显露锋芒，锐势难以保持长久。金玉满堂，无法守藏；如果富贵到了骄横的程度，那是自己留下了祸根。一件事情做得圆满了，就要含藏收敛，这是符合自然规律的道理。

【解读】

本章的主旨在于写“盈”，而选择财富与地位作为论证对象，同时也有明哲保身的道理在其中。“盈”即满溢、过度，自满自骄都是“盈”的表现，持“盈”的结果，将不免于倾覆的祸患，所以老子谆谆告诫人们不可“盈”，一个人在成就了功名之后，就应当身退不盈，这才是长保之道。老子在这里说出了知进而不知退、善争而不善让的祸害，希望人们把握好度，适可而止。贪慕权位利禄的人，往往得寸进尺；恃才傲物的人，总是锋芒毕露、耀人眼目，这些是应该引以为戒的。否则，富贵而骄，便会招来祸患。就普通人而言，建立功名是相当困难的，功成名就之后的正确对待，更殊不易。老子劝人功成而不居，急流勇退，以保全天年。然而有些人则贪心不足、居功自傲、忘乎所以，结果身败名裂。秦国丞相李斯就是如此。李斯在秦国为官，已经做到丞相之职，可谓富贵功名于一身，权大势重不可一世。然而最终却做了阶下囚。临刑时，他对儿子说，“吾欲与若复牵黄犬，出上蔡东门，逐狡兔，岂可得乎？”不仅丞相做不成了，连做一个布衣百姓与儿子外出狩猎的机会也没有了，这是多么典型的一个事例啊！然而，对普通人而言，若未曾经历身败名裂之事，是不大可能领会“功成身退”的真谛的。

在物质财富极为丰富的今天，人们应以怎样的心态来对待财富？怎样才能传播财富观念的社会正能量？探究这些问题，都可以从本章的论述中展开思路，故而本章具有重大的当下价值。

## 7.《道德经》第十二章

五色令人目盲，五音令人耳聋，五味令人口爽，驰骋畋猎令人心发狂，难得之货令人行妨。是以圣人为腹不为目，故去彼取此。

【今译】

缤纷的色彩，使人眼花缭乱；嘈杂的音调，使人听觉失灵；丰盛的食物，使人舌不知味；纵情狩猎，使人心情放荡发狂；稀有的物品，使人行为不轨。因此，圣人但求吃饱肚子而不追逐声色之娱，所以摒弃物欲的诱惑而保持安定知足的生活方式。

【解读】

老子生活的时代，正处于新旧制度相交替、社会动荡不安之际，奴隶主贵族生活日趋腐朽糜烂。他目睹了上层社会的生活状况，认为社会的正常生活应当是为“腹”不为“目”，务内而不逐外，但求安饱，不求纵情声色之娱。他希望人们能够丰衣足食，建立内在宁静恬淡的生活模式，而不是外在贪俗的生活模式。一个人越是投入外在的漩涡，越会流连忘返，产生自我疏离感，而心灵则会日益空虚。所以，老子才提醒人们要摒弃外界物欲的诱惑，保持内心的安足清静，确保固有的天性。

现代文明高度发达，许多人只求声色物欲的满足，价值观、道德观严重扭曲，在许多场合可以看到这类事例。仅以高校这个小社会为例，日趋严重的“网贷”乃至“裸贷”现象、形势严峻的大学生艾滋病感染率不断增高现象、不断出现的所谓“精致利己主义者”……表明部分学生在价值观念上是扭曲的，追求物质与身体的享乐成了第一要务，精神动力与高远志向严重不足。因此，社会的精神文明应与物质文明同步发展，正能量应该得到广泛传播。普通人若能明白适度欲望的合理性，则可以从思想认知层面实现自我控制、自我调节。鼓励物质享受和精神享受，但要适度，要合理，要无害于社会与他人，要有利于身心之健康。我们将在“适度欲望的生活智慧”一讲中进行分析。

## 8.《道德经》第十三章

宠辱若惊，贵大患若身。何谓宠辱若惊？宠为下，得之若惊，失之若惊，是谓宠辱若惊。何谓贵大患若身？吾所以有大患者，为吾有身，及吾无身，吾有何患？故贵以身为天下，若可寄天下；爱以身为天下，若可托天下。

【今译】

得到宠爱和受到侮辱都感到惊慌，把荣辱这样的大患看得与自身生命一样珍贵。什么叫作得宠和受辱都感到惊慌失措？得宠是卑下的，得到宠爱感到格外惊喜，失去宠爱则令人惊慌不安。这就叫作得宠和受辱都感到惊慌。什么叫作重视大患像重视自身生命一样？我之所以有大患，是因为我有身体；如果我没有身体，我还会有什么祸患呢？所以，爱惜自己的身体是为了治理天下，天下就可以托付给他；爱惜自己的身体是为了治理天下，天下就可以依靠他了。

【解读】

老子强调“贵身”的思想，论述了宠辱对人的危害。老子认为，一个理想的可以寄托天下给他的人，首要“贵身”，不胡作妄为。只有珍重自身生命的人，才能珍重天下人的生命，才可使人们放心地把天下的重责委任于他，让他担当治理天下的任务。在上一章里，老子说到“为腹不为目”的“圣人”，能够不以宠辱荣患损易其身，才可以担负天下重任。此章接着说“宠辱若惊”。在他看来，得宠者以得宠为殊荣，为了不致失去殊荣，便在赐宠者面前诚惶诚恐、曲意逢迎。他认为，“宠”和“辱”对于人的尊严之挫伤，并没有两样，受辱固然损伤了自尊，得宠何尝不损害人自身的人格尊严呢？得宠者总觉得受宠是一份意外的殊荣，便担心失去，因而人格尊严无形地受到损害。如果一个人未经受任何辱与宠，那么他在任何人面前都可以傲然而立，保持自己完整、独立的人格。

道家是先秦诸子中唯一强调贵身、爱身的思想流派，在列子、庄子等人的努力建设下，道家养身保健的观念得以明确建立起来。除老子的言论之外，庄子《养生主》可以看作道家养生论的理论宣言。其后，道家内丹学派与道医学、养身论完美结合，成为具有鲜明民族特色的中医学体系中的重要内容。这样，从哲学理论到养身理论再到健康实践，道家的智慧在应用领域广开生面，造福亿万生灵，善莫大焉。我们将在“顺应自然的养生智慧”一讲中拓展分析。

## 9.《道德经》第二十六章

重为轻根，静为躁君。是以圣人终日行不离辎重，虽有荣观，燕处超然。奈何万乘之主，而以身轻天下？轻则失本，躁则失君。

【今译】

厚重是轻率的根本，静定是躁动的主宰。因此君子终日行走不离开载装行李的车辆，虽然有美食胜景吸引着他，却能安然处之。为什么大国的君主，还要轻率躁动以治天下呢？轻率就会失去根本，急躁就会丧失主导。

【解读】

在这一章里，老子举出两对矛盾的现象——轻与重、动与静，而且进一步认为，矛盾中一方是根本的。在重轻关系中，重是根本，轻是其次，只注重轻而忽略重，则会失去根本；在动与静的关系中，静是根本，动是其次，只重视动则会失去根本。在本章里，老子所讲的辩证法是为其政治观点服务的，他的矛头指向“万乘之主”，即大国的君主，认为他们奢侈轻淫、纵欲自残，即用轻率的举动来治理天下。在老子看来，一国的统治者，应当静、重，而不应轻、躁，如此，才可以有效地治理自己的国家。

## 10.《道德经》第四十四章

名与身孰亲？身与货孰多？得与亡孰病？是故甚爱必大费，多藏必厚亡。知足不辱，知止不殆，可以长久。

【今译】

名声和生命相比哪一样更为亲切？生命和货利比起来哪一样更为贵重？获取和丢失相比，哪一个更有害？过分地爱名利就必定要付出更多的代价；过于积敛财富，必定会招致更为惨重的损失。所以说，懂得满足，就不会受到屈辱；懂得适可而止，就不会遇见危险，这样才可以保持长久的平安。

【解读】

本章与第十三章都是论述人的尊严问题。第十三章是以宠辱荣患和人的自身价值对比，说明人要自重、自爱。这一章是以名与货和人的自身价值对比，也是要人自重、自爱。老子宣传的是这样一种人生观：人要贵生重己，对待名利要适可而止，知足知乐，这样才可以避免遇到危难；反之，为名利奋不顾身，争名逐利，则必然会落得身败名裂的可悲下场。

由人的尊严问题推进一步，可以将第十三章和本章的思想提炼运用到“养身保健”与善待名利财富等方面去。道医是今天已经风靡世界的中医的重要组成部分，其根植于黄老道家思想体系之中。在面对财富与地位的时候，老子教导人们正确对待，不要贪婪，知足不辱。只有冷静处世、站在整个生命长度思考当下的人，才能参透这些道理，所以，本章的论述需要建立在“虚静”心态的养成基础之上。《道德经》章节虽多，内在的逻辑联系却十分紧密，并不散乱。

## 11.《道德经》第四十五章

大成若缺，其用不弊。大盈若冲，其用不穷。大直若屈，大巧若拙，大辩若讷。躁胜寒，静胜热。清静为天下正。

【今译】

最完满的东西，好似有残缺一样，但它的作用永远不会衰竭；最充盈的东西，好似是空虚一样，但是它的作用是不会穷尽的。最正直的东西，好似弯曲一样；最灵巧的东西，好似最笨拙的；最卓越的辩才，好似不善言辞一样。身体动起来就可以应对寒冷，心安静就可以应对暑热。清静无为才能统治天下。

【解读】

本章讲内容和形式、本质和现象的辩证关系。老子选择的立论基点是“人格”。其中“大成”“大盈”是人格形态，“若缺”“若冲”“若屈”“若拙”“若讷”是外在表现，内外两个方面说明一个人完美的人格不在于外形上的表露，而是内在生命的含藏内收。

老子的许多思想被孔子继承。孔子说："君子敏于行而讷于言。"这是从君子人格修养的角度提出的语言与行动方面的标准，这实际上说的是他自己，孔子就是一个行动重于语言的人。但是，老子的语言观不是从君子人格与日常行为方面来说的，而是从"大辩"的角度说的。本章从若干方面详细论述"大"的体现，阐述的是从这些事物中抽象出来的方法论，即成功之道、大盈之道、大直之道、大巧之道、大辩之道与清静之道。如果将老子与孔子在语言方面的看法对比起来看，那么，老子的看法偏重理论，孔子的看法偏重实践，体现了道家方法论之"道"与儒家运用论之"技"的不同。其后的孟子，尽管善于辩论，精通论战，但因为没有贵柔与勇猛结合的思想指导他就没有达到"大辩"的层次。我们将在"美信兼备的语言智慧"一讲中进行分析。

## 12.《道德经》第七十三章

勇于敢则杀，勇于不敢则活。此两者，或利或害。天之所恶，孰知其故？是以圣人犹难之。天之道，不争而善胜，不言而善应，不召而自来，繟然而善谋。天网恢恢，疏而不失。

【今译】

勇于坚强就会死，勇于柔弱就可以活，这两种勇的结果，有的得利，有的受害。天所厌恶的，谁知道是什么缘故？有道的圣人也难以解说明白。自然的规律是，不斗争而善于取胜；不言语而善于应承；不召唤而自动到来，坦然而善于安排筹划。自然的范围，宽广无边，虽然宽疏但并不漏失。

【解读】

本章主要讲"贵柔"的人生哲学。第一层意思是柔弱胜坚强，第二层意思是天道本自然，这两层意思之间是相互沟通的。老子认为，两种不同的勇，会产生两种不同的结果，一则遭害，一则存活。"勇于敢则杀，勇于不敢则活。"自然界的万事万物只要依照自然的规律变化和发展，都会有好的结果，不会有什么漏失，颇能启迪人的心灵。比如"木秀于林，风必摧之""枪打出头鸟"等"贵柔"的俗语，就是从若干自然现象和社会现象中总结出来的。

老子认为，勇与柔相结合，人们就会得到益处；勇与妄为相结合，人们就会遭受灾祸。同样是勇，利与害大相径庭。老子的主张是很明确的，他以为自然之道，贵柔弱，不贵强悍妄为；贵卑下，不贵高上。需要指出的是，老子所说的勇、敢，是不遵循自然规律的肆意妄为，并不是我们现在所说的勇敢坚强的含义。

将这一思想运用到军事战争、科学研究、社会治理、人际关系中去，就可以找到很多例证，这表明了老子哲学思想是来源于深厚事实基础的精深理论提炼。仅仅以军事战例论之，骄傲轻敌、鲁莽冒进、有勇无谋的统帅，大都会遭遇失败，严重的会亡军亡国，身死人手，为天下笑，马陵之战中的庞涓就是典型；有勇有谋、抓住战机、勇猛突击的统帅，大都能够成功，彭城之战中的项羽就是典型。我们将在“以奇用兵的军事智慧”一讲中进行分析。

## 小　结

我们需要重申：《道德经》中的辩证法思想熠熠生辉，分散在全书不同的部分，具有形而上的哲学性与形而下的应用性，在政治、军事、社会、人生、健康、语言、思维等各个方面都有所体现，上面所选的内容只是其中一小部分。大家要学会阅读和思考，自己通读全书，这样有助于自己的思想进化，做到言行有方。

## 拓展阅读

### 塞翁失马

近塞上之人有善术者，马无故亡而入胡。人皆吊之，其父曰：“此何遽不为福乎？”居数月，其马将胡骏马而归。人皆贺之，其父曰：“此何遽不能为祸乎？”家富良马，其子好骑，堕而折其髀。人皆吊之，其父曰：“此何遽不为福乎？”居一年，胡人大入塞，丁壮者引弦而战。近塞之人，死者十九。此独以跛之故，父子相保。故福之为祸，祸之为福，化不可极深不可测也。

【解读】

《塞翁失马》的故事记载于西汉淮南王刘安组织门客编纂的《淮南子》，这是一个循环往复极富戏剧性故事，阐述了祸与福的对立统一关系，揭示了“祸兮福所倚，福兮祸所伏”的道理。如果单从哲学角度看，这则寓言启发人们用发展的眼光辩证地去看问题：身处逆境不消沉，树立“柳暗花明”的乐观信念；身处顺境不迷醉，保持“死于安乐”的忧患意识。在一定的条件下，好事和坏事是可以互相转换的，坏事可以变成好事，好事可以变成坏事。

塞翁失马的故事在民间流传了千百年，这个故事告诉我们：无论遇到福还是祸，都要调整自己的心态，要超越时间和空间去观察问题，要考虑到事物有可能出现的极端变化。因此，道家辩证法在普通大众的日常生活中有着广泛的运用。

## 河中石兽

纪昀

沧州南一寺临河干，山门圮于河，二石兽并沉焉。阅十余岁，僧募金重修，求石兽于水中，竟不可得。以为顺流下矣，棹数小舟，曳铁钯，寻十余里无迹。

讲学家设帐寺中，闻之笑曰："尔辈不能究物理，是非木柿，岂能为暴涨携之去？乃石性坚重，沙性松浮，湮于沙上，渐沉渐深耳。沿河求之，不亦颠乎？"众服为确论。

一老河兵闻之，又笑曰："凡河中失石，当求之于上流。盖石性坚重，沙性松浮，水不能冲石，其反激之力，必于石下迎水处啮沙为坎穴，渐激渐深，至石之半，石必倒掷坎穴中。如是再啮，石又再转。转转不已，遂反溯流逆上矣。求之下流，固颠；求之地中，不更颠乎？"如其言，果得于数里外。然则天下之事，但知其一，不知其二者多矣，可据理臆断欤？

【解读】

这个故事表明：辩证法的规律不仅适用于人类生活，也适用于复杂多变的自然事物。许多自然现象的发生往往有着复杂的原因，我们不能只知其一、不知其二，就根据常情主观判断，而应该正确分析、综合考虑。比如像文中的老河兵那样，既考虑石兽的比重，又正确分析水的冲力和石兽的相互作用，进而分析这种相互作用产生的反冲力对河床形态的局部改变。如此，才能得出正确结论。

纪晓岚借这个故事阐明了遇事不能主观推论，要实事求是的道理。人类在地球上出现的时间不过几百万年，而地球已经存在了几十亿年，我们对地球、对自然的认知实际上远未穷尽。某些表面上看起来顺理成章、可以推理而出的事，其真实原因恰恰与常规相悖，与常理相违；某些神秘莫测、人类当前认知根本不能认知的现象，则有待我们迎难而上，揭示秘密。比如，散落在北纬三十度线附近的那么多地球未解之谜。分析各方面因素，只是尽可能逼近事情的真实面目的一种方法，进行实地探究，采用新的科研设备和新的科学思路，才能出真知。《庄子》中说："吾生也有涯，而知也无涯。"探索永无止境，正确的认知可以理论先行，但还需要实践证明。

## 霍光家族的故事

在讲完上面两个关于普通人生活和自然现象中体现辩证法智慧的故事后，我们来看一个让人不得不掩卷深思的故事，一个关于西汉著名权臣霍光家族从煊赫三朝到一夕灭亡的故事。人们追求事功、追求荣华本无可厚非，但若沉迷其中不能自拔、不知进退，轻则自身受损、健康堪忧，重则祸及子孙、家族罹难。从古至今，这种故事在中外历史上不断重复发生，从秦相李斯到卡扎菲的灭亡，莫不如是。其中，霍光的故事具有很强的代表性，可资借鉴。

霍光（？—前 68 年），字子孟。河东平阳（今山西临汾）人。西汉权臣、政治家，麒麟阁十一功臣之首，大司马霍去病异母弟、汉昭帝皇后上官氏的外祖父、汉宣帝皇后霍成君之父。霍光身高七尺三寸，皮肤白皙，眉目疏朗，胡须很美，是当时有名的美男子。他历经汉武帝、汉昭帝、汉宣帝三朝，官至大司马大将军，其间曾主持废立昌邑王刘贺。汉宣帝地节二年（前 68 年），霍光去世，谥号“宣成”。两年后，霍家因谋反被族诛。霍光常被人与伊尹并论，称为“伊霍”。后世往往以“行伊霍之事”代指权臣摄政废立皇帝。

### 霍光起步

霍光的父亲名叫霍仲孺，公元前 141 年前后，以县中小吏身份被派到平阳侯家服役。霍仲孺和平阳侯府中侍女卫媪之女卫少儿私通生下霍去病。霍仲孺在平阳侯家任务完毕返回家中，另娶妻子生下霍光，和卫少儿不再来往。

元狩二年（前 121 年），霍去病拜骠骑将军之职，在出击匈奴的途中，被河东太守出迎至平阳侯国的传舍，并派人请来霍仲孺与之父子相见。霍去病替霍仲孺购买大量田地房屋和奴婢后离去。

霍去病此次出征凯旋时，再次拜访霍仲孺，并将异母弟弟霍光一起带到长安照顾。霍光当时年仅十多岁，在霍去病的帮助下，先任郎官，随后迁任侍中等职。

元狩六年（前 117 年），霍去病去世。霍光升任奉车都尉、光禄大夫等职位，侍奉汉武帝左右，前后出入宫禁二十多年，未曾犯一次错误。因此得到汉武帝的信任。

### 武帝托孤

征和二年（前 91 年），卫太子被江充以巫蛊之祸逼死后，汉武帝决定立钩弋夫人之子刘弗陵为储君，并计划令霍光辅佐。武帝令宫中画师画《周公辅成王朝诸侯图》赐给霍光，暗示他准备辅政。

后元二年（前 87 年），汉武帝临终之时明确指定霍光为大司马大将军，和金日磾、上官桀、桑弘羊一同辅佐时年八岁的汉昭帝。

此前的后元元年（前 88 年），霍光曾经同上官桀、金日磾共同挫败侍中仆射莽何罗与弟重合侯的叛乱阴谋。汉武帝遗诏中以此理由封他们三人为列侯。但当时也有人提出异议，认为武帝根本没有留下分封三人的遗诏。

### 昭帝时期

霍光与同为辅政大臣的金日磾和上官桀都有联姻关系，金日磾次子金赏的妻子是霍光的女儿，另外一位辅政大臣上官桀的儿子上官安所娶则是霍光长女，有一女上官氏。上官安打算让时年仅仅六岁的上官氏做皇后，遭到霍光反对，于是转而走盖长公主的门路，成功实现目的。上官家族为了回报盖长公主，想将其情夫丁外人封列侯和光禄大夫，也被霍光驳回。霍光此前又曾多次阻止上官家族其他亲戚封官，双方因而结怨，成为政敌。

上官桀父子联合盖长公主、燕王刘旦以及辅政大臣桑弘羊等共同结成反对霍光的同盟，假托燕王名义，趁霍光休假的时候向汉昭帝上书，诬陷霍光有不臣之心，并内外接应，做好准备，打算一举擒杀霍光。

时年仅十四岁的昭帝识破了他们的阴谋，不予理睬，并安抚霍光，且下令追查上书人的来历。后来汉昭帝还下令，如有人上书毁谤霍光者，必追究到底。

上官桀等人见无法从昭帝处下手，便决定发动政变杀霍光，废黜昭帝，立燕王为帝。但计划泄露，霍光族灭上官家和桑家，盖长公主和燕王旦自杀。此后霍光成为朝政实际上的决策者。

在昭帝时期，霍光得到汉昭帝的全面信任，因而得以独揽大权，他采取休养生息的措施，多次大赦天下，鼓励农业，使汉朝国力得到一定的恢复。对外也缓和了同匈奴的关系，恢复和亲政策。

这段时期和后来的宣帝朝被合称为"昭宣中兴"，史家认为西汉自"文景之治"后被武帝穷兵黩武政策所耗空的国力在这段时间得到了恢复。

元平元年（前 74 年）夏四月癸未日，汉昭帝驾崩。因为他没有儿子，霍光迎立汉武帝孙昌邑王刘贺即位，但二十七天之后就以淫乱无道的理由报请上官太后废除了他。

霍光同群臣商议后，决定从民间迎接武帝曾孙刘病已（后改名刘询）继承帝位，这就是汉宣帝。

### 宣帝时期

汉宣帝即位初，霍光表示要归政于帝，但宣帝没有接受，朝廷事务的决策仍先经过霍光过问再禀报皇帝。宣帝对霍光表面上很信任，但内心十分忌惮，与之同车时"若有芒刺在背"。霍光本人功高震主，为后来的全家族灭埋下了祸根。

汉宣帝即位后，没有依照群臣提议立霍光之女霍成君为皇后，而是委婉地以寻故剑的名义表示要立自己的原配妻子许平君为皇后。霍光没有反对，但以许皇后父亲许广汉受过宫刑的缘故反对汉宣帝依照汉朝惯例封后父为列侯。霍光的继室对女儿没有成为皇后不满，背着霍光趁许皇后生产的机会买通医生淳于衍毒死了许皇后。许皇后死后，宣帝追究医生责任，淳于衍下狱受审，霍光的妻子显因害怕而向他坦白了此事。霍光惊骇之余，想要追究妻子的责任，但最终还是碍于夫妻情分替她掩盖了过去。霍成君最终被立为后。

### 身后荣哀

地节二年（前 68 年）春三月庚午，霍光病重逝世，临终上书请分自己的封邑三千户给其侄孙霍山，以继承兄长霍去病的香火。

汉宣帝下诏褒奖霍光说："故大司马大将军、博陆侯宿卫孝武皇帝三十有余年，辅孝昭皇帝十有余年，遭大难，躬秉谊，率三公、九卿、大夫定万世册，以安社稷，天下蒸庶咸以康宁。功德茂盛，朕甚嘉之。复其后世，畴其爵邑，世世无有所与，功如萧相国。宣成侯光宿卫忠正，勤劳国家。"从事实上说，汉宣帝的褒奖是实事求是的，霍光确实为西汉政权的顺利交接和健康运转立下了这样大的功劳。

霍光死后，汉宣帝与上官太后一同到场治丧，将之与萧何相比，以皇帝级别的葬仪葬于茂陵。其葬礼上，有玉衣、梓宫、便房、黄肠题凑等葬具，以辒辌车、黄屋送葬，谥号“宣成”。霍光遗孀显犹嫌不够气派，将霍光生前自己安排的坟墓规格扩大。

此后霍光一直为汉朝皇帝所尊奉祭祀。汉成帝年间，曾增加守墓人一百户；汉平帝元始二年（公元 2 年），以千户封霍光堂弟的曾孙霍阳为博陆侯，奉祀霍光。

**家族覆灭**

地节二年（前 68 年），霍光去世，汉宣帝即宣布亲政，开始逐步剥夺霍家人的政治权力。此时的霍光一脉，在朝廷已盘根错节，势力强大。《汉书》云：“自昭帝时，光子禹及兄孙云皆中郎将，云弟山奉车都尉侍中，领胡越兵。光两女婿为东西宫卫尉，昆弟、诸婿、外孙皆奉朝请，为诸曹大夫，骑都尉、给事中。党亲连体，根据于朝廷。”汉宣帝亲政后做的第一件事，就是削弱霍光家族军权。他任命霍光的儿子霍禹为大司马，霍光侄孙霍山为尚书，削其实权。最关键的环节，就是将“羽林及两宫卫将屯兵”“悉易亲信”，换成了自己的人。第二步，则下诏封原皇后许氏所生之子刘奭为太子。

这一切，自然令霍家人坐立不安。霍禹、霍山等人，甚为恐惧。《汉书》记载，他们梦见“井水溢流庭下”“灶居树上”，家里老鼠“暴多”，与人相触，以尾画地，“鸮数鸣殿前树上”“第门自坏”，等等。显然，这些都是凶象。于是，霍氏决定冒险。《汉书》说：“谋令太后为博平君置酒，召丞相、平恩侯以下，使范明友、邓广汉承太后制引斩之，因废天子而立禹。”这是说，他们想让霍皇后下毒酒，毒死汉宣帝，然后由霍禹做皇帝。然而，此时的汉宣帝早已羽翼丰满、成竹在胸了。地节四年（前 66 年）七月，霍家谋反事情败露，汉宣帝一举将霍家及其余党一网打尽。霍禹被腰斩，霍云、霍山自杀，霍家满门抄斩。至此，霍家人除女婿金赏因告发谋反一事被赦免外，全部被杀或者自杀，女儿霍成君也被废处昭台宫，十二年后自杀，长安城中有数千家人被牵连族灭。可怜霍氏一族，几乎没有留下什么活口。霍光的老婆儿子被腰斩后，甚至还被弃尸街头。霍氏一家，真正算是死无葬身之地了。

史书有云：“威震主者不畜，霍氏之祸萌于骖乘。”霍光威震四海、自以为光宗耀祖之时，也给霍家埋下了祸根。这也是定数。另有史家评价：“骄奢则不逊，不逊必侮上。侮上者，逆道也。在人之右，众必害之。”

甘露三年（前 51 年），汉宣帝因匈奴归降，回忆往昔辅佐有功之臣，乃令人画十一名功臣图像于麒麟阁以示纪念和表扬，列霍光为第一，但因其死后家族谋反被满门抄斩，故不名霍光全名，只尊称为“大司马大将军、博陆侯，姓霍氏”。

（本故事出自《汉书·霍光传》，其中“家族覆灭”一节摘自徐世平著《扒着门缝看历史》中“权臣霍光之祸根”一节）

【点评】

综上所述，我们不妨说霍光是历史上第一个真正意义的权臣。在辅政之前，他没有周勃那样的功勋地位，也没有后世王莽那样支持自己的班底，皇帝的诏命成为他唯一的依托，然而只凭此物，他便能在政坛翻云覆雨，体现的正是皇权体制本身的强化。后世的王莽、司马懿等人，也不过是霍光的追随者。

然而，霍光身居高位几十载，身侍武帝、昭帝、宣帝三朝，其间还废黜过一任皇帝刘贺，家族势力遍布朝廷，煊赫一时而没有异心，莫说寻常人，就算是历代贤臣，有几个能做到？特别是在汉昭帝年幼即位、汉宣帝来自民间的实际情况下，霍光若真要谋反，谁也挡不住，但是他并没有这样做，他只是想控制皇帝，把持自己手上的权力而已。因此，西汉能够长治久安，霍光有功，这种天下为公的态度，必须要辩证地对待之。汉武帝托孤霍光，汉室国祚没有因对外战争的穷兵黩武而葬送，有亡秦之失而无亡秦之祸，这虽然和汉武帝晚年幡然醒悟有关，但是休养生息、使国家重新安定下来，霍光的功绩可比周公、阿衡（伊尹），不能因为他家人的错误而被掩盖。

历史上有句著名的话："伴君如伴虎。"大臣不好当：国家治理好了，是你应该做的；国家没有治理好，那就要算到你的头上。霍光为西汉长治久安鞍前马后几十年，并没有作乱。霍家后来密谋作乱，实际上是汉宣帝决心打压霍氏家族逼出来的"狗急跳墙"，露头即被灭，告密者还是霍家的女婿。汉宣帝能如此轻易地解决掉霍氏家族，表明他们根本就不具备谋反的本钱。汉宣帝开了一个大杀权臣、外戚家族并广泛牵连他人的先河，后来东汉的前几任皇帝几乎个个都这样干，汉代国运衰颓，人才凋零，似乎与此有一定关系。

【阅读链接】

## 曲突徙薪

其后，霍氏诛灭，而告霍氏者皆封。人为徐生上书曰："臣闻客有过主人者，见其灶直突，傍有积薪。客谓主人：'更为曲突，远徙其薪；不者，且有火患。'主人嘿然不应。俄而家果失火，邻里共救之，幸而得息。于是杀牛置酒，谢其邻人。灼烂者在于上行，余各以功次座，而不录言曲突者。人谓主人曰：'乡使听客之言，不费牛酒，终亡火患。今论功而请宾，曲突徙薪无恩泽，焦头烂额为上客耶？'主人乃寤而请之。今茂陵徐福数上书言霍氏且有变，宜防绝之。乡使福说得行，则国亡裂土出爵之费，臣亡逆乱诛灭之败。往事既已，而福独不蒙其功。唯陛下察之。贵徙薪曲突之策，使居焦发灼烂之右。"上乃赐福帛十匹，后以为郎。

【解读】

"曲突徙薪"是一个成语，出自《汉书·霍光传》，原指把烟囱改建成弯曲的，把灶旁的柴草搬走。比喻对可能发生的事故应防患于未然，消除产生事故的因素，同时讽刺那些不懂得防患于未然的人。引申指世上需要救火的英雄，更需要能发现忧患于毫末、有先见之明的人，提醒世人对于警示之言不要置若罔闻。

# 第二讲　治国有方的政治智慧

## 导　论

老子在治理国家方面提出了很多主张，也从正反两个方面举出了许多案例，因此，《道德经》常被称作一部治理国家的策略之书。老子的治国主张基本点有三。

一是按照正确的规律来治理国家，主张“以正治国”，即按照正确的“道”的要求来治国。什么是正确的治国之道呢？是“无为”。老子主张“无为而治”，提倡“无为而无不为”。关于“无为”，我们有专门的一讲，这里只强调一下无为的含义。无为，不是说无所作为，而是说不乱作为，不错误地作为，因此要求按照正确的规律来作为，从而有所作为。“无为而治”体现了《道德经》一书贯彻始终的辩证法思想，具有深刻的内涵、广泛的解读空间和各个层面的运用体现。

二是主张“治大国若烹小鲜”，要求积极有为、谨慎严谨、为国为民、夙夜在公。也就是说，以“无为”指导“治大国”，在正确的规律引导下积极有为地治理国家。这就要求治国者有崇高的道德修养、制定正确的治国策略、关注民生与民情、处理好各级之间的利益关系。本讲主要从这个角度来阐述道家的治国智慧。

三是眼光向下，高度关注民生。在古代所有的思想家中，道家的老子是最关注民生问题的人之一，他为百姓的生存、生活、生死、尊严问题提出了很多看法，是淳朴的民生问题专家。在此基础上，老子呼吁治国者要关心百姓生活，关注百姓生存，这对历代治国者都有积极的影响。当然，老子对民生的关注是建立在维护贵族统治利益基础之上的，所以，他的愚民政策与历史倒退主张有其不当的一面，这需要我们辩证对待。

道家的“无为之治”与“大国之治”并不是矛盾的，而是统一在“以正治国”这一“道”之内，不仅是哲学层面的方法论，还是历史上许多朝代治理国家的重要方针。道家的治国智慧不仅可用于古代，也适用于当代。

从具体的表现来说，道家的治国策略表现在无为而治、国际关系、民生问题、政治理想等几个方面。

# 无为而治

## 《道德经》第三章

不尚贤①，使民不争；不贵难得之货②，使民不为盗③；不见可欲④，使民心不乱。是以圣人之治，虚其心⑤，实其腹，弱其志⑥，强其骨，常使民无知无欲。使夫智者不敢为⑦也，为无为，则无不治⑧。

【注释】

① 尚贤：尊崇有德行、有才能的人。

② 贵：重视，珍爱。货：财物。

③ 盗：窃取财物。

④ 见：通“现”，出现，显露。此处是显示、炫耀的意思。

⑤ 虚其心：使他们心里空虚、无思无欲。虚，使……空虚。心：古人认为心主思维，此指思想、头脑。

⑥ 弱其志：使他们减弱志气。削弱他们竞争的意图。

⑦ 敢为：进取。

⑧ 治：治理，此意是治理得天下太平。

【今译】

不尊崇有才德的人，导使老百姓不互相争夺；不珍爱难得的财物，导使老百姓不去偷窃；不显耀足以引起贪心的事物，导使民心不被迷乱。因此，圣人的治理原则是：排空百姓的心机，填饱百姓的肚腹，减弱百姓的竞争意图，增强百姓的筋骨体魄，经常使老百姓没有智巧、没有欲望。致使那些有才智的人也不敢妄为造事。圣人按照“无为”的原则去做，办事顺应自然，那么，天下就不会不太平了。

【解读】

老子认为人的本性是善良的、纯真的，他所强调的“无为”，即顺应自然，其治理社会的效力，显然要比用法令、规章、制度、道德、知识来约束人的社会行为要合理得多，这就是“无为而无不为”的基础含义。而老子的这种社会理想，又是同他的“道”论密切相关的。出于对自然法则的深刻悟解，老子把适应于“道”的运动，看作人类政治制度、社会生活以及道德上都应该遵循的最高准则。具体体现在政治思想中，即他鼓吹的“无为之治”和“不言之教”。所谓“无为之治”并不是无所为，而是强调人的社会行为要顺应自然，适应于“道”的运动。李约瑟把这种行为方式解释为“抑制违反自然的行动”。具体地讲，就是要求统治者给老百姓宽松的生活和生产的环境，不强作干预，以顺应自然。老百姓在这种怡然自得的生活环境里，无苛政之苦，无重税之忧，自然会感到这种政策的好处，从而达到了“不言之教”的教化作用。

“无为之治”并不是脱离现实的乌托邦，也不是虚渺幻想中架设起来的空中楼阁，它具有现实中的可行性和合理性。最明显的史例就是汉初的黄老无为之治。由于秦王朝的残暴统治和楚汉之争，西汉初期，社会生产遭受严重破坏，经济凋敝，人口大量减少。据《史记·平准书》记载，当时“自天子不能具钧驷，而将相或乘牛车，齐民无藏盖”。在这种萧条的社会经济状况下，自高祖刘邦开始，实行了黄老的无为之治，采取“与民休息”政策。至文帝时期，更进一步推行“轻徭薄赋”“约法省禁”政策，使生产逐渐得到恢复和发展。汉初近七十余年将黄老思想用于发展生产，恢复经济，实践了“无为而治乃大治”，这是老子“无为”论给后人的有益启示。

在今天，我们要注意老子在本章中提到的“圣人之治”。老子提倡对待百姓要“虚其心，实其腹，弱其志，强其骨，常使民无知无欲”，在基本的物质生活上满足百姓的要求，也就是生存的要求，有饭吃，身体好，做一个在底层生活而能满足温饱的人——这是起码的，也是历史上很多朝代都做不到的。但是，老子反对民众学习教化，反对普通百姓读书学习，主张“弱其志”，要求让百姓“无知无欲”，这就是愚民政策了，这是不可取的。在西周，教育主要面对贵族阶层及其子弟，培养的是贵族阶层的接班人，教育不向下，不对普通人开放。直到孔子出现，才将教育改革为私学，在大部分招收贵族子弟的同时，也招收部分平民子弟，贵族阶层“礼乐书数射御”的六门功课，才第一次向社会中下层开放。这与老子明确反对普通人学习求知的主张是不同的。

## 拓展阅读一

### 曹参：无为之贤相

曹参为西汉开国之君刘邦的沛丰故旧，在三年的反秦战争和四年的楚汉战争中立下不世之功，当时汉廷诸臣论功名，曹参位次仅次于萧何。话说刘邦称帝，开国第二号功臣曹参，被封为齐国的丞相，肩负重任，辅佐刘邦的长子齐王刘肥。曹参本是武将，对安邦治国并不在行。曹参是个善于集思广益的人，他上任伊始，就邀请齐国“长老诸生”，讨论治理齐国、“安集百姓”之方。但诸人“言人人殊”，使曹参一时难以定夺。有人向曹参推荐了胶西的盖公，说他谙熟黄老之学，是治国的大贤。曹参礼贤下士，请回盖公。《史记·曹相国世家》记载：“闻胶西有盖公，善治黄老言，使人厚币请之。”曹参相齐九年间，推行黄老学说，约法省禁，与民休息，使混乱的社会秩序逐渐得以安定，使凋敝的经济慢慢得以恢复，农业人口也得到快速增长，齐国大治，曹参也被称为齐地自管仲以来贤相。

曹参不仅是齐国的贤相，也是大汉国的贤相，成语“萧规曹随”讲的就是这段历史。惠帝二年（前 193）宰相萧何去世，曹参接位。有趣的是，曹参接任后，万事无所变更，完全依照萧何时代的规划。人事上选用有治理地方实际行政经验，且木讷又拙于文辞、处事待人宽厚的人。那些有野心或企图大干一番的绝不任用。曹参每天花在处理公事上的时间非常少，并且大多大事化小事，小事化无事。细微的小过错，曹参都帮助大家掩饰过去，因此每天几乎都没有什么事情。曹参自己则日夜饮酒，以拒绝处理太多的事情。很多公卿大夫、将领们到相国府商议公事，曹参便招待他们喝酒，直到喝醉了，什么建议也来不及讲，便又回去了。曹参接替萧何，在宰相位只干了三年就去世了。曹参在任相国的短短三年中，全面推行黄老政治，既不像法家严刑酷罚，也不赞成儒家的繁文缛礼，它的原则是“无为而治”“与民休息”，从而为文景盛世打下了基础。

曹参死后，老百姓怀念，唱歌称颂说：“萧何制法，明白整齐。曹参代之，守成不失。承蒙曹相无为清静之治，百姓安宁，乐业安居。”司马迁在《史记·曹相国世家》的结尾处评述说：曹参作汉朝相国，主张清静之法，合乎道家学说。天下百姓在摆脱了秦朝的苛政之后，享受到了由曹参带来的休养生息的无为之治，对曹参交口称赞。苏东坡赞曰：“夫曹参为汉宗臣，而盖公为之师，可谓国盛矣。”

此外，“勿扰集市”也是曹参无为而治的佳话。讲的是曹参接任萧何任汉朝丞相，临走前叮嘱齐国接班的丞相说不要去干扰集市。这是道家重视市场调节作用的一个事例。齐国晒盐矿铁等工商业发达，曹参把勿扰市场作为治国的重中之重，是有道理的。

## 汉武帝颁诏谢罪

汉武帝是个好大喜功、不甘寂寞的君主。他重用窦太后之侄魏其侯窦婴和王太后同母异父弟武安侯田蚡，下诏要各郡国举荐贤良方正之士。大儒董仲舒等入选，他们主张罢黜百家，独尊儒术，武帝深为赞赏。不料他的祖母窦太后素好黄老无为之术，厌恶儒生，训斥了年轻的武帝，所以第一次独尊儒术失败。5 年后窦太后去世，21 岁的汉武帝大权在手，真正实施了独尊儒术的政策，结束了“文景之治”清静守法的时代。汉武帝穷兵黩武，短短几十年就耗尽了“文景之治”多年积累的国力，西汉王朝由盛转衰。

重税剥夺、官营掠民、穷兵黩武等，破坏了国家正常的生产和生活秩序，搞得百姓四处流亡，天下大乱，暴动接连发生。《汉书》上记载：“大群至数千人，擅自号，攻城邑，取库兵，释死罪，缚辱郡守、都尉，杀二千石，为檄告县趋具食；小群以百数，掠卤乡里者不可称数。”汉武帝用了几年的时间来对各地的暴乱进行镇压，但仍然是“散卒失亡，复聚党阻山川，往往而群，无可奈何”。

《资治通鉴》记载，由于连年征战，海内虚耗，社会动乱，人复相食。面对人吃人、饥民流民群起闹事的结果，汉武帝晚年也开始悔过了，下了一道向全国人民谢罪的诏书。他在《轮台罪己诏》中说："朕即位以来，所为狂悖，使天下愁苦，不可追悔。自今事有伤害百姓，靡费天下者，悉罢之。"他强调"当今务在禁苛暴，止擅赋，力本农"，这是说，当今的任务是停止朝廷苛暴的政策，不准再随便征税，全力从事农业生产，回到与民休息的政策中来。这是说，退回到"文景之治"与民休息的政策中来。

## 种树郭橐驼传

柳宗元

郭橐驼，不知始何名。病偻，隆然伏行，有类橐驼者，故乡人号之"驼"。驼闻之，曰："甚善。名我固当。"因舍其名，亦自谓橐驼云。

其乡曰丰乐乡，在长安西。驼业种树，凡长安豪富人为观游及卖果者，皆争迎取养。视驼所种树，或移徙，无不活，且硕茂，早实以蕃。他植者虽窥伺效慕，莫能如也。

有问之，对曰："橐驼非能使木寿且孳也，能顺木之天，以致其性焉尔。凡植木之性，其本欲舒，其培欲平，其土欲故，其筑欲密。既然已，勿动勿虑，去不复顾。其莳也若子，其置也若弃，则其天者全而其性得矣。故吾不害其长而已，非有能硕茂之也；不抑耗其实而已，非有能早而蕃之也。他植者则不然，根拳而土易，其培之也，若不过焉则不及。苟有能反是者，则又爱之太恩，忧之太勤，旦视而暮抚，已去而复顾，甚者爪其肤以验其生枯，摇其本以观其疏密，而木之性日以离矣。虽曰爱之，其实害之；虽曰忧之，其实仇之，故不我若也。吾又何能为哉！"

问者曰："以子之道，移之官理，可乎？"驼曰："我知种树而已，官理，非吾业也。然吾居乡，见长人者好烦其令，若甚怜焉，而卒以祸。旦暮吏来而呼曰：'官命促尔耕，勖尔植，督尔获，早缫而绪，早织而缕，字而幼孩，遂而鸡豚。'鸣鼓而聚之，击木而召之。吾小人辍飧饔以劳吏者，且不得暇，又何以蕃吾生而安吾性耶？故病且怠。若是，则与吾业者其亦有类乎？"

问者曰："嘻，不亦善夫！吾问养树，得养人术。"传其事以为官戒。

【解读】

郭橐驼，即郭驼子。本文题目虽称为"传"，但并非一般的人物传记，文章以老庄学派的无为而治、顺乎自然的思想为出发点，借郭橐驼之口，由种树的经验说到为官治民的道理，说明封建统治阶级有时打着爱民、忧民或恤民的幌子，却收到适得其反的效果，仍旧民不聊生。这种思想实际上就是"圣人不死，大盗不止""剖斗折衡，而民不争"的老庄思想的具体反映。唐代从"安史之乱"以后，老百姓处于水深火热之中，苦不堪言。只有休养生息，才能恢复元气。如果封建统治者仍借行政命令瞎指挥，使老百姓疲于奔命，或者以行"惠政"为名，广大人民既要送往迎来，应酬官吏，又不得不劳神伤财以应付统治者摊派的任务，这只能增加人民的财物负担和精神痛苦。

## 有为而治

## 《道德经》第六十章

治大国，若烹小鲜①，以道莅②天下，其鬼不神③。非④其鬼不神，其神不伤人。非其神不伤人，圣人亦不伤人。夫两不相伤⑤，故德交归焉⑥。

【注释】

① 小鲜：小鱼。
② 莅：临。
③ 其鬼不神：鬼不起作用。
④ 非：不唯、不仅。
⑤ 两不相伤：鬼神和圣人不侵越人。
⑥ 故德交归焉：让人民享受德的恩泽。

【今译】

治理大国好像煎烹小鱼一样。用“道”治理天下，鬼神起不了作用，不仅鬼不起作用，而且鬼怪的作用伤不了人。不但鬼的作用伤害不了人，圣人有道也不会伤害人。这样，鬼神和有道的圣人都不伤害人，所以，就可以让人民享受到德的恩泽。

【解读】

“治大国，若烹小鲜”是老子所说的一句传颂很广的名言。这是个比喻，“烹小鲜”就是煎烹小鱼，用烹鱼比喻治国。小鱼很鲜嫩，用刀乱切或在锅里频频搅动，肉就碎了。国家的统治者治理国家，要像煎小鱼那样，不要常常翻弄。此外，老子是无神论者，他并不相信鬼神，但这一章一再讲到鬼神，这里是说，鬼神都不伤害人，治理国家的统治者，就更不能够伤害、烦扰人民了。

“治大国，若烹小鲜”深刻影响了中国几千年的政治家们。这句话喻示着为政的关键在于安静无为，不扰害百姓，否则灾祸就要来临。要保证国家的平安，执政者就必须小心谨慎、认真严肃，不能以主观意愿随意左右国家政治。这句话用极其形象、简洁的语言概括了极其复杂的治国谋略。如果以个人的主观愿望去改变社会，朝令夕改、朝三暮四、忽左忽右，老百姓就会无所适从，国家就会动乱不安。相反，如果国家制定的政策法令能够坚定不移地贯彻执行，就会收到富国强兵之效。如此，则一切外在的力量，都不致发生祸难的作用。

## 拓展阅读二

### 习近平：领导者要有治大国如烹小鲜的态度

（2013 年 3 月 20 日　来源：中国新闻网）

【中新网 3 月 20 日电】据外交部网站消息，在对俄罗斯、坦桑尼亚、南非、刚果共和国进行国事访问并出席金砖国家领导人第五次会晤前夕，国家主席习近平 19 日在人民大会堂接受了俄罗斯俄通—塔斯社、俄罗斯全国广播电视公司、南非卫星电视五台、印度报业托拉斯、巴西《经济价值报》和中国新华社记者的联合采访，就中国同有关国家双边关系、中非关系、金砖国家合作、中国改革开放等问题阐述了政策主张。全文如下：

习近平：我将启程对俄罗斯、坦桑尼亚、南非、刚果共和国进行国事访问，并出席在南非举行的金砖国家领导人第五次会晤。

出访前夕，有机会接受金砖国家媒体联合采访，我感到十分高兴。借此机会，我愿通过你们，向你们各自国家的人民致以诚挚的问候！

这是我就任中国国家主席后的首次出访。访问和与会期间，我将同往访国领导人和金砖国家领导人就发展双边关系及共同关心的国际和地区问题、加强金砖国家合作交换意见。我希望通过这次访问，增进中国人民同往访国人民的友好感情，加强同各国的互利合作，推动金砖合作机制迈上新台阶。我相信，在各方共同努力下，这次访问和金砖国家领导人第五次会晤一定会取得成功。

俄通社—塔斯社和俄罗斯全国广播电视公司记者：俄罗斯是您以国家主席身份访问的第一个国家，您作出这一决定的考虑是什么？您如何评价俄中全面战略协作伙伴关系的发展水平以及两国在政治、经济、文化等领域的合作现状和前景？我们知道您对俄罗斯有很多了解，读过很多俄罗斯著作，您是如何看待俄罗斯的？

习近平：中俄互为最主要、最重要的战略协作伙伴，两国关系在各自外交全局和对外政策中都占据优先地位。我就任国家主席后即出访友好邻邦俄罗斯，体现了中方对中俄关系的高度重视，也体现了中俄全面战略协作伙伴关系的高水平和特殊性。

经过双方 20 多年不懈努力，中俄关系发展成为全面战略协作伙伴关系。双方彻底解决了历史遗留的边界问题，政治关系基础牢固，在涉及两国核心利益的问题上相互支持；双边贸易额在 20 年里增长 14 倍，去年达到创纪录的 882 亿美元，能源、投资、航空航天等领域战略性大项目合作方兴未艾；人文交流和人员往来蓬勃发展；双方在国际舞台上的战略协作更加密切，推动了国际关系民主化进程。

中俄关系已进入互相提供重要发展机遇、互为主要优先合作伙伴的新阶段。在发展双边关系和处理重大国际和地区问题上，我们两国契合点很多，合作共赢机会很多。今后一个时期，发展中俄关系的主要任务，一是巩固战略和政治互信，增强在涉及对方核心利益问题上的相互支持；二是扩大务实合作，包括提前实现双边贸易额2015年达到1000亿美元的目标，建立能源战略合作关系，开展战略性大项目合作，深化人文交流合作；三是密切在国际和地区事务中的协调和配合，坚定维护联合国宪章宗旨和国际关系基本准则，维护“二战”成果和战后国际秩序，维护世界和平、安全、稳定。总之，中俄两国有信心有能力把双方高水平的政治关系优势转化为务实合作的实际成果，造福两国人民。

中俄两国人民有着悠久的传统友谊，人文交流基础深厚。我年轻时就看过很多俄罗斯作家的作品，像普希金、莱蒙托夫、屠格涅夫、陀思妥耶夫斯基、涅克拉索夫、托尔斯泰、契诃夫、肖洛霍夫，他们的书对我们有很深的影响。中国人民对俄罗斯人民怀有深厚的感情。

我期待着访俄期间同普京总统和其他俄方领导人就进一步发展两国关系深入交换意见。我过去同普京总统见过面，他高度重视对华关系，我们很谈得来，至今记忆犹新。

南非卫星电视五台记者：您曾在2010年访问南非，中国同南非建交15年了，您如何评价两国关系发展水平？对两国合作前景有何期待？

习近平：我2010年11月访问了南非，同祖马总统举行了很好的会见，与莫特兰蒂副总统共同主持国家双边委员会机制对话，南非人民的热情和友谊给我留下了深刻印象。

中国人民和南非人民有着深厚友谊。早在南非人民反对种族隔离制度的斗争中，中国人民就坚定同南非人民站在一起。建交15年来，中南关系实现了从伙伴关系到全面战略伙伴关系的历史性跨越，双方各领域合作日益深化、成果丰硕。

中南同为新兴市场国家和发展中国家，都把对方视为自己的发展机遇和对外战略的重要支点。中南各领域合作的广度和深度在不断拓展，双方合作越来越具有战略影响和全球意义。目前，南非已接任中非合作论坛非方共同主席国，并即将担任金砖国家机制轮值主席国，这为两国深化在非洲和国际事务中的合作创造了有利条件。

我期待着访问南非期间同祖马总统就进一步发展两国关系深入交换意见，预祝金砖国家领导人第五次会晤取得成功。

南非卫星电视五台记者：中国和非洲人民友好关系源远流长。您如何评价中国在非洲的作用和影响？中国在非洲和平发展进程中将发挥什么作用？除资源外，中国还对非洲哪些领域感兴趣？

习近平：中非一家亲。我这个年纪的中国人，从小就是在中非友好的热烈气氛中长大的，对非洲有很浓厚的兴趣，熟知一些非洲国家老一代领导人的名字，熟知坦赞铁路等中非友好佳话。

中非同属发展中国家，有着广泛共同利益。近年来，中非关系在传统友好的基础上得到长足发展。中国在致力于自身发展的同时，一直为非洲和平与发展提供力所能及的帮助，在国际事务中为非洲国家说话。中非合作带动了非洲国际地位的提高，并推动国际社会加大对非关注和投入。今后，无论国际风云如何变幻，中国都会一如既往做非洲和平稳定、繁荣发展、联合自强、平等参与国际事务的支持者和促进者。

中国衷心感谢并将永远铭记非洲朋友对中国人民的友好感情，特别是在涉及中国核心利益和重大关切问题上所给予的坚定支持和宝贵帮助。2008 年北京奥运会圣火传递到“和平之城”达累斯萨拉姆时，坦桑尼亚人民像庆祝自己的节日一样载歌载舞。2010 年中国青海玉树发生强烈地震后，刚果共和国为灾区援建了一所小学，萨苏总统亲自将其命名为中刚友谊小学，显示了刚果共和国人民对中国人民的深情厚谊。这样的感人故事还有很多。

“积土为山，积水为海。”只要我们坚持不懈推进中非合作，就一定能不断取得更大成果。我想指出，中非合作是全方位合作。中国重视同所有非洲国家发展友好关系，无论大小、强弱、贫富。不管是资源富集国还是资源贫瘠国，中国都平等相待，积极开展互利共赢的务实合作。我们将抓紧落实中非合作论坛第五届部长级会议成果，推动双方关系全面均衡向前发展，造福中非人民。

印度报业托拉斯记者：中印两国有着悠久的交往。中国新领导层对印度将奉行什么样的政策？中方在解决中印边界问题上的立场是否会有变化？在双边和国际事务中，中印将如何加强合作？

习近平：中国和印度有着传统友好关系，也是两个最大的发展中国家，两国人口加起来超过 25 亿。中印一起走和平发展、合作发展道路，是两国共同利益所在，对亚洲和世界也是一件大好事。

2010 年 5 月，我与到访中国的帕蒂尔总统进行了很好的会晤。当时，我们都表示，要充分发挥两国合作的巨大潜力，推动中印关系向新的更高水平发展。近年来，在双方共同努力下，中印关系得到很大发展，深化了妥善处理分歧、谋求共同发展的友好相处之道。中方视中印关系为最重要的双边关系之一，致力于推动中印战略合作伙伴关系不断向前发展。

当前，中印两国都在加快发展，这为两国加强互利合作提供了更多机遇。双方要抓住机遇，扎扎实实推进各领域交流合作，把中印关系提高到新水平。一是要保持战略沟通，把握好双边关系发展的大方向。二是要发挥互补优势，在基础设施建设、相互投资等领域拓展互利合作。三是要加强文化纽带，增进两国人民相互了解和友谊。四是要扩大在多边领域的协调和配合，共同维护发展中国家正当权益，共同应对全球性问题。五是要照顾对方核心关切，妥善处理两国间存在的问题和分歧。

中印边界问题是历史遗留的复杂问题，解决起来并不容易。只要我们坚持友好协商，最终能够找到公平合理和双方都能接受的解决办法。在边界问题最终解决之前，双方要共同维护好边境地区和平安宁，不使边界问题影响两国关系整体发展。

巴西《经济价值报》记者：您如何评价目前的中巴关系？中方对加强两国经贸合作有何设想，是否将从巴西进口更多高附加值产品？

习近平：我最近一次访问巴西是在 2009 年 2 月，同卢拉总统举行了很好的会谈。卢拉总统后来访华，我又同他会见。我很关心卢拉总统的身体，祝他身体健康。

中国和巴西分别是东西半球最大的发展中国家，也同为新兴市场国家。中国历来重视发展同巴西的友好合作。20 年前，巴西成为第一个同中国建立战略伙伴关系的发展中国家。20 年来，中巴关系得到长足发展，给两国和两国人民带来了巨大利益，为各自发展提供了机遇，也为国际秩序和国际体系朝着更加公正合理的方向发展作出了贡献。

当前，中巴关系正处于历史最好水平，战略性和全局性日益凸显。在即将举行的金砖国家领导人第五次会晤期间，我将同罗塞芙总统举行双边会晤。我期待着届时同罗塞芙总统就推动中巴关系实现更广泛更深入的发展坦诚交换意见。

经贸合作是中巴关系的物质基础。目前，中国是巴西最大贸易伙伴，巴西是中国第十大贸易伙伴。两国发展利益从未像今天这样紧密相连，双边经贸合作对两国发展经济、改善民生的作用不断增强。中方愿同巴方进一步挖掘两国经济互补潜力，优化贸易结构，扩大合作领域。双方还可以充分发挥各自优势，促进两国产业对接，创新合作模式，提高整体经贸合作水平。

我相信，在双方共同努力下，两国经贸合作一定能够在规模和水平上不断取得新突破，既促进两国更好实现持续发展，又有利于两国增强适应经济全球化深入发展新形势、抵御国际经济风险的能力。

印度报业托拉斯记者：您如何看待以金砖国家为代表的新兴市场国家和发展中国家的兴起对现有世界格局及全球治理体系的影响？

习近平：当前，包括金砖国家在内的一大批新兴市场国家和发展中国家经济快速发展，成为维护世界和平、促进共同发展的重要力量，并在应对国际金融危机、推动全球经济增长方面发挥了重要作用。这顺应了和平、发展、合作、共赢的时代潮流。

全球经济治理体系必须反映世界经济格局的深刻变化，增加新兴市场国家和发展中国家的代表性和发言权。近年来，二十国集团领导人峰会作用明显，国际货币基金组织和世界银行进行了份额改革，这是朝着全球经济治理体系变革正确方向迈出的重要步伐。新兴市场国家和发展中国家希望全球经济治理体系更完善、更符合世界生产力发展要求、更有利于世界各国共同发展。

新华社记者：您如何评价当前金砖国家合作水平？对本次金砖国家领导人德班会晤有何期待？

习近平：金砖国家合作有利于促进世界经济更加平衡、全球经济治理更加完善、国际关系更加民主。

中方期待会晤深化金砖国家伙伴关系，完善金砖国家合作机制，加强各领域对话和合作，挖掘务实合作潜力，向国际社会传递团结、合作、共赢的积极信息。

中方支持主席国南非把成立金砖国家开发银行、外汇储备库、工商理事会、智库理事会等列入会晤筹备重点，期待会晤在这些方面取得积极成果。

德班会晤期间还将举行金砖国家同非洲领导人对话会。中方支持金砖国家同非洲加强对话和交流，构建伙伴关系，维护共同利益，实现共同发展。

俄通社—塔斯社和俄罗斯全国广播电视公司记者：展望未来，中国共产党将在中国发展的历史进程中扮演何种角色？是否会在推进改革方面迈出新步伐？中国特色社会主义是否会有进一步发展？

习近平：中国共产党在中国执政，就是要带领人民把国家建设得更好，让人民生活得更好。我说过，打铁还需自身硬。要肩负起这个使命，中国共产党就必须加强自身建设，保持自身的先进性和纯洁性，保持同人民群众的血肉联系，不断提高领导水平和执政水平，不断提高拒腐防变和抵御风险能力，不断提高科学执政、民主执政、依法执政水平，更好为人民服务。

改革开放是当代中国的鲜明标志和活力源泉，是发展中国特色社会主义的必由之路。没有改革开放，就没有中国的今天，也不会有中国更加美好的未来。我多次强调，改革开放只有进行时，没有完成时；改革开放中的矛盾只能用改革开放的办法来解决。在新的历史条件下，我们要开创发展新局面，就必须实现改革新突破。我们将加强改革的顶层设计和总体规划，协调推进经济、政治、文化、社会、生态等各方面体制改革，敢于啃硬骨头，敢于涉险滩，坚决破除一切妨碍科学发展的体制机制弊端，激发全社会创造活力，推动国家各项事业发展。

我们认为，正如一棵大树上没有完全一样的两片树叶一样，天下没有放之四海而皆准的经验，也没有一成不变的发展模式。中国特色社会主义肯定还要不断发展、不断完善。世界在变化，中国也在变化，中国特色社会主义也必须随着形势和条件的变化而向前发展。只有不断与时俱进，中国才能充满活力。我们愿意借鉴人类一切文明成果，但不会照抄照搬任何国家的发展模式。中国的改革是中国特色社会主义制度的自我完善和发展。只有走中国人民自己选择的道路，走适合中国国情的道路，最终才能走得通、走得好。

新华社记者：中国经济实力已居世界第二位，这将给中国处理同外部世界的关系带来什么变化？您最近阐述了实现中华民族伟大复兴的“中国梦”，中国的“世界梦”是什么？

习近平：经过 30 多年的改革开放，中国经济社会发展取得巨大成就，人民生活水平显著提高。这既有利于中国，也有利于世界。中国人是讲爱国主义的，同时我们也是具有国际视野和国际胸怀的。随着国力不断增强，中国将在力所能及的范围内承担更多国际责任和义务，为人类和平与发展的崇高事业作出更大贡献。

需要指出的是，尽管中国经济总量已位居世界第二位，但人均国内生产总值同世界平均水平相比还有不小差距，实现富民强国还有很长的路要走。现在，国际上有人担心，中国发展起来后会不会也搞霸权主义、欺负别人。这种担心完全没有必要。中国已经多次向国际社会庄严承诺，中国将坚定不移走和平发展道路，永远不称霸，永远不搞扩张。

"君子一言，驷马难追。"我们说话是算数的，实践已经证明中国是说到做到的。我们也希望世界各国都走和平发展道路，共同致力于促进世界和平与发展。

实现中华民族伟大复兴的中国梦，是近代以来中华民族的夙愿。1840 年鸦片战争以后，中华民族蒙受了百年的外族入侵和内部战争，中国人民遭遇了极大的灾难和痛苦，真正是苦难深重、命运多舛。中国人民发自内心地拥护实现中国梦，因为中国梦首先是 13 亿中国人民的共同梦想。

中国人自古就主张和而不同。我们希望，国与国之间、不同文明之间能够平等交流、相互借鉴、共同进步，各国人民都能够共享世界经济科技发展的成果，各国人民的意愿都能够得到尊重，各国能够齐心协力推动建设持久和平、共同繁荣的和谐世界。

巴西《经济价值报》记者：您是中国领导人，外界渴望对您本人有更多的了解。比如，您领导一个 13 亿人口的大国，感受是什么？每天工作和生活情况怎样？能有多少时间与家人相处？能否介绍一下您个人的经历和爱好？巴西明年将主办世界杯足球赛，您预测哪支球队夺冠？

习近平：我会见一些国家的领导人时，他们感慨说，中国这么大的国家怎么治理呢？的确，中国有 13 亿人口，治理不易，光是把情况了解清楚就不易。我常说，了解中国是要花一番功夫的，只看一两个地方是不够的。中国有 960 万平方公里，56 个民族，13 亿人口，了解中国要切忌"盲人摸象"。

中国有句古话，"宰相必起于州部，猛将必发于卒伍"。我们现在的干部遴选机制也是一级一级的，比如，我在农村干过，担任过大队党支部书记，在县、市、省、中央都工作过。干部有了丰富的基层经历，就能更好树立群众观点，知道国情，知道人民需要什么，在实践中不断积累各方面经验和专业知识，增强工作能力和才干。这是做好工作的基本条件。

老百姓的衣食住行，社会的日常运行，国家机器的正常运转，执政党的建设管理，都有大量工作要做。对我来讲，人民把我放在这样的工作岗位上，就要始终把人民放在心中最高的位置，牢记人民重托，牢记责任重于泰山。这样一个大国，这样多的人民，这么复杂的国情，领导者要深入了解国情，了解人民所思所盼，要有"如履薄冰，如临深渊"的自觉，要有"治大国如烹小鲜"的态度，丝毫不敢懈怠，丝毫不敢马虎，必须夙夜在公、勤勉工作。人民是我们力量的源泉。只要与人民同甘共苦，与人民团结奋斗，就没有克服不了的困难，就没有完成不了的任务。

至于工作量，你们可以想象。担任这样的职务，基本没有自己的时间。工作千头万绪。当然，我会区分轻重缓急。"众人拾柴火焰高。"我们有一个既有分工又有协作的中央领导集体，有一套比较有效的工作机制，大家各负其责，共同把工作做好。

尽管工作很忙，但"偷得浮生半日闲"，只要有时间，我就同家人在一起。

我爱好挺多，最大的爱好是读书，读书已成为我的一种生活方式。我也是体育爱好者，喜欢游泳、爬山等运动，年轻时喜欢足球和排球。巴西再度举办世界杯足球赛，我表示祝贺。体育竞赛特别是足球比赛的魅力就在于不可预测。上届世界杯有章鱼保罗，不知道明年还有没有可以预测未来的章鱼？巴西足球队有主场之利，我祝巴西队好运。

【阅读提示】

请大家注意习近平主席回答中加下画线的部分，该部分深刻体现了道家智慧的当代运用价值。

【阅读链接】

## 习近平：治大国如烹小鲜

（2015 年 12 月 7 日　来源：《内蒙古日报》）

商汤王向伊尹问政时，伊尹回答："做菜既不能太咸，也不能太淡，要调好作料才行；治国如同做菜，既不能操之过急，也不能松弛懈怠，只有恰到好处，才能把事情办好。"最后，商汤王听了伊尹的治国方法，打败了夏桀，建立了商朝。老子在写作《道德经》时把"治理大国就像伊尹做菜"这个故事被概括为"治大国若烹小鲜"。

2013 年 3 月 19 日，习近平总书记在接受金砖国家媒体联合采访时说："对我来讲，人民把我放在这样的工作岗位上，就要始终把人民放在心中最高的位置，牢记人民重托，牢记责任重于泰山……要有'如履薄冰，如临深渊'的自觉，要有'治大国如烹小鲜'的态度，丝毫不敢懈怠，丝毫不敢马虎，必须夙夜在公、勤勉工作。"习近平总书记借用古语向世界说明了自己的治国理念。而且用典灵活，把"治大国若烹小鲜"改为"治大国如烹小鲜"，一字之差，更方便现代人理解。

**如何理解"治大国如烹小鲜"？**

"治大国如烹小鲜"，其核心是用烹饪比喻治国，"烹小鲜"不能随意翻动，作料要恰到好处，火候要掌握得当，要尊重烹饪的规律，否则就会或烂或焦，或咸或淡。治大国也是这样，不能朝令夕改乱折腾，不能操之过急求政绩，也不能懈怠马虎不负责任；治大国要了解国情，体察民意，尊重规律，科学施政。

习近平总书记用"治大国如烹小鲜"表达自己的治国理念，颇有深意："烹小鲜"是日常生活小事，尚需要用心、尽心方能做好，"治大国"关乎国家前途、民族命运，更需有强烈的历史使命感与责任感。当前，中国改革已进入深水区，容易的、皆大欢喜的改革已经完成，好吃的肉都吃掉了，剩下的都是难啃的骨头，所以要用"治大国如烹小鲜"的态度、依靠人民完成人民交付的重托。

执政者做出的任何决策，都要尊重历史发展规律，尊重社会的自然秩序，尊重民心民意。"治大国如烹小鲜"，是一种战略思维，即把握一种治国的火候；是一种辩证思维，即一分为二的科学施政。

**"治大国如烹小鲜"是一种战略思维**

我们从改革开放初期强调物质文明和精神文明"两手抓"到经济、政治和文化"三位一体”发展，再到“四位一体”发展布局，我们创造了一个又一个发展奇迹。进入新的发展阶段，资源约束趋紧、环境污染严重、生态系统退化的形势十分严峻，生态文明建设地位和作用日益凸显。党的十八大从全局和战略的高度,准确把握国内外发展大势，统筹国内国际两个大局，提出了把“生态文明建设”放在突出地位的新要求，使中国特色社会主义事业总体布局扩展为“五位一体”。“五位一体”布局体现了以习近平同志为核心的党中央“治大国”的宏观战略思维。

“五位一体”总布局坚持以人为本的核心立场，顺应了人民群众对美好生活的新期待。其中经济建设是根本，政治建设是保证，文化建设是灵魂，社会建设是条件，生态文明建设是基础，五项建设相互联系、相互协调、相互促进、相辅相成。这个总布局，从全局角度、以长远眼光部署中国的发展，从整体上把握了我国的发展趋势和方向，体现出恢宏的战略思维，火候恰到好处。

“治大国如烹小鲜”要求在政治上坚持民主集中制原则。习近平总书记强调：“我们党以民主集中制为根本组织制度和领导制度，组织严密是党的光荣传统和独特优势”“民主集中制、党内组织生活制度等党的组织制度都非常重要，必须严格执行”。习近平总书记是这样说的，也是这样带头做的，他在加强中央政治局建设时要求中央政治局要带头坚持集体领导。习近平总书记在接受金砖国家媒体联合采访时也指出“有一个既有分工又有协作的中央领导集体，有一套比较有效的工作机制，大家各负其责，共同把工作做好”。“一把手”是一个乐队的指挥，要善于把“多种声音”协调为“一首乐曲”。“一把手”要有容人之气度、纳谏之雅量，充分发扬党内民主，确保决策的民主化和科学化，确保党委班子认识上的统一和行动上的一致，从而使集体决策尽可能符合客观实际和人民利益。

“治大国如烹小鲜”要求在经济发展上统筹全局、兼顾重点、综合平衡，突出重点、带动全局、全面发展。事物与事物之间的是彼此联系、不可分割的，如果孤立地、片面地、简单地看问题，就会犯形而上学的错误，必须学会“十指弹琴”，不能顾此失彼。发展要看 GDP，但不能唯 GDP，发展要处理好经济增长与生态保护、社会稳定、民生问题之间的关系。发展不能以牺牲环境为代价，金山银山买不来绿水青山，但绿水青山可以变成金山银山。

### “治大国如烹小鲜”是一种辩证思维

习近平总书记关于治国理政的一系列重要论述,集中体现了唯物辩证法坚持统筹兼顾、坚持两点论与重点论统一、坚持“十个手指弹钢琴”的辩证思维。

“治大国”要处理好解放思想和实事求是的关系。解放思想不是脱离国情的异想天开，也不是闭门造车的主观想象，更不是毫无章法的莽撞蛮干。解放思想的目的在于更好地实事求是。必须坚持解放思想和实事求是的有机统一，一切从基本国情出发，从实际出发，从人民群众的利益出发，既大胆探索又脚踏实地。这样才能保证我们遵循事物发展的内在规律，保持历史前进的正确方向。

"治大国"要处理好整体推进和重点突破的关系。治国理政不是某个领域某个方面的单项改革，而是关系党和国家事业发展全局的重大战略部署，是一个涉及经济社会发展各领域的复杂系统工程。要坚持整体推进，统筹谋划各个方面、各个层次、各个要素，注重推动各方面的相互促进、良性互动、协同配合，注重整体效果，防止畸重畸轻、单兵突进、顾此失彼。但整体推进又不是平均用力、齐头并进，而是要注重抓主要矛盾和矛盾的主要方面，注重抓重要领域和关键环节。以这些重要领域和关键环节为突破口，可以对全局起到牵引和推动作用。

"治大国"要处理好顶层设计和摸着石头过河的关系。摸着石头过河是富有中国特色、符合中国国情的改革方法，也是符合马克思主义认识论和实践论的方法。同时，我们也必须加强顶层设计和总体规划，提高决策的科学性、增强措施的协调性。摸着石头过河和加强顶层设计是辩证统一的，推进局部的阶段性改革要在加强顶层设计的前提下进行，加强顶层设计要在推进局部的阶段性改革的基础上来谋划。要加强宏观思考和顶层设计，更加注重系统性、整体性、协同性，同时也要继续鼓励大胆试验、大胆突破。

"治大国"要处理好胆子要大和步子要稳的关系。习近平总书记强调："我们一定要坚持胆子要大、步子要稳，战略上要勇于进取，战术上则要稳扎稳打。"面对新形势新任务，一定要拿出勇气，大胆探索，勇于开拓，这是第一位的。同时也要稳妥审慎，三思而后行。困难要一个一个克服，问题要一个一个解决。

这几个方面的重大关系，体现了"治大国如烹小鲜"唯物辩证的思想方法，深刻揭示了治国理政的内在规律，体现了巨大的政治智慧。

（作者：内蒙古自治区中国特色社会主义理论体系研究中心 执笔人：杨俊平）

## 里根总统对"治大国若烹小鲜"的运用

里根（Ronald Wilson Reagan），是美国第 40 任总统，连续任两届。里根是美国历史上当选和就职时年龄最大的总统，也是最长寿的总统。里根可能在 1984 年访问中国期间，了解到一点道家学说。里根总统在 1987 年的国情咨文中，引用了中国老子"治大国若烹小鲜"这句话，阐明其施政纲领。他还在咨文中鼓吹说："在别的宪法中，政府告诉人民怎么做；在我们的宪法中，咱人民告诉政府怎么做，而且只能按照宪法上规定的去做。别的革命是用新的统治者来取代旧的统治者，而我们的革命却立人民为主人，雇政府为仆人。在美国，是咱人民说了算。"里根对《道德经》的引用引起强烈反响，《道德经》一书畅销美国，一时"纽约纸贵"，于是 8 家出版社竞相出版《道德经》，其版权价值 13 万美元，可谓一字千金了。

里根引用老子"治大国若烹小鲜"一语，并不是故作高深，用外国古人的话充门面，而是深悟其妙。众所周知，里根所代表的是美国共和党的保守派，其核心价值就是坚守古典自由经济思想，反对政府干预。1984 年，里根总统在访问上海复旦大学所作的演讲一再突出了他与老子的无为思想的根本共识："我们相信每个男男女女、老老少少的尊严。这个制度是建立在对每个人的特殊天赋和才干，每个人自主、自立的权利格外珍视基础之上的。美国的宪法为什么如此特别：因为这是人民给统治者立下的、以防范统治者为目的的宪法，不是统治者领导下为防范人民所立下的宪法。"

根据美国著名调查机构盖洛普在 2001 年的一项民意调查，里根是美国公众心目中历来最伟大的总统之一。公众对里根的高度评价与里根的执政成就是分不开的。里根受命于危难之间。当时的美国受困于经济低迷、冷战高峰和伊朗人质事件，人民对国家的前途也感到十分迷惘。作为演员出身的里根，没有从事具体商业活动的经验，也不掌握精深的经济理论，更没有涉足国际事务的背景。然而，里根却迅速扭转了美国经济乃至国运的颓势，降低了一度高达两位数的通货膨胀，经济也出现了朝鲜战争以来最高的增长率。在国际政治领域，里根更是凭借自己执着的信念和美国的实力取得了历时近半个世纪的冷战的胜利。

（本段内容来自 http://blog.sina.com.cn/s/blog_bd65249c0102vw06.html）

## 国际关系

# 《道德经》第六十一章

大国者下流，天下之交①，天下之牝。牝常以静胜牡，以静为下。故大邦以下小邦，则取小邦；小邦以下大邦，则取大邦。故或下以取，或下而取②。大邦不过欲兼畜人③，小邦不过欲入事人。夫两者各得所欲，大者宜为下。

【注释】

① 交：汇集、汇总。
② 或下而取：下，谦下；取，借为聚。
③ 兼畜人：把人聚在一起加以养护。

【今译】

大国要像居于江河下游那样，使天下百川河流交汇在这里，处在天下雌柔的位置。雌柔常以安静守定而胜过雄强，这是因为它居于柔下的缘故。所以，大国对小国谦下忍让，就可以取得小国的信任和依赖；小国对大国谦下忍让，就可以见容于大国。所以，或者大国对小国谦让而取得大国的信任，或者小国对大国谦让而见容于大国。大国不要过分想统治小国，小国不要想着取代大国，两方面各得所欲求的，大国特别应该谦下忍让。

【解读】

本章讲如何处理好大国与小国之间的关系，表达了老子治国和国与国关系的政治主张。在老子看来，国与国之间能否和平相处，关键在于大国，所以一再提出大国要谦下，不可以强大而凌辱、欺压、侵略小国，带有社会政治的辩证法思想：大国应该像江海，谦居下流，天下才能交归。大国还应像娴静的雌性，以静自处下位，而胜雄性。这里的国，是指大大小小的诸侯国。春秋末期，诸侯国林立，大国争霸，小国自保，战争接连不断地发生，给人们的生活带来极大灾难。老子希望国与国之间相安无事，和平相处。然而，深入一步研究这个问题，我们感到老子还有另外一种考虑。古今中外，人类社会能否得到安宁与和平，往往由大国、强国的国策决定。大国、强国的欲望不过是要兼并和畜养小国、弱国；而小国、弱国的愿望，则是与大国修好和共处。在这两者的关系中，最主要的一方便是大国、强国。本章在开头和结语一再强调大国应该谦下包容，不可自恃强大而凌越弱小，只有这样，才可以赢得小国的信服。因此，老子的用心又符合百姓们的愿望。

自 20 世纪 90 年代初美、苏争霸的冷战格局变化为美国独大、多元共存的世界格局以来，中国逐渐从一个地缘政治大国上升为有影响力的世界政治大国。我们国家一直奉行邓小平同志提出的对外不称霸、对内谋发展的战略方针，埋头苦干自己的事，抓住了几十年宝贵的和平建设时期，这种居于江河下游的水德思想，是务实的、求真的、难得的。“处下”是现阶段中华民族实现伟大复兴的必然选择，一心一意谋发展，才是真正的大智慧。

## 民生问题

### 1.《道德经》第六十六章

江海所以能为百谷王者，以其善下之，故能为百谷王。是以欲上民，必以言下之；欲先民，必以身后之。是以圣人处上而民不重，处前而民不害。是以天下乐推而不厌。以其不争，故天下莫能与之争。

【今译】

江海所以能够成为百川河流所汇往的地方，乃是由于它善于处在低下的地方，所以能够成为百川之王。因此，要领导人民，必须用言辞对人民表示谦下，要想领导人民，必须把自己的利益放在他们的后面。所以，有道的圣人虽然地位居于人民之上，而人民并不感到负担沉重；居于人民之前，而人民并不感到受害。天下的人民都乐意推戴而不感到厌倦。因为他不与人民相争，所以天下没有人能和他相争。

【解读】

本章讲的是“不争”的政治哲学。老子通过大国与小国的关系，讲了“大者宜为下”的道理，也讲了“圣人”也要“为下”。他认为，统治者应该处下、居后，这样才能对百姓宽厚、包容，就好像居处于下游的江海可以包容百川之水那样。老子喜欢用江海来比喻人的处下居后，同时也以江海象征人的包容大度。这种立场和观点，与孟子所讲的“民贵君轻”的思想很相似。

## 2.《道德经》第七十二章

民不畏威，则大威至。无狎①其所居，无厌其所生。夫唯不厌，是以不厌。是以圣人自知不自见，自爱不自贵。故去彼取此。

【注释】

① 狎：通“狭”，使……狭窄，意为压迫、逼迫。

【今译】

当人民不畏惧统治者的威压时，那么，可怕的祸乱就要到来了。不要逼迫人民不得安居，不要阻塞人民谋生的道路。只有不压迫人民，人民才不厌恶统治者。因此，有道的圣人不但有自知之明，而且也不自我表现；有自爱之心也不自显高贵。所以要舍弃后者（自见、自贵），从而保持前者（自知、自爱）。

【解读】

本章着重讲统治者要有自知之明，反对采取高压政治，反对肆无忌惮地压榨百姓。老子认为，老百姓一旦不畏惧统治者的残暴统治，那么可怕的反暴力斗争就要发生了。他希望统治者不要自居高贵，而要自知、自爱，抛弃自见和自贵，这样，他就不会遭到人民的反抗。所以老子警告统治者，对待人民必须宽厚，“无狎其所居，无厌其所生”。如果只是凭借恐怖手段，使人民群众无法照旧生存下去的话，那么老百姓就会掀起巨大的暴动，反抗统治者的暴政。然而，老子对当时的统治者们失去了信心，而把希望寄托在理想中的“圣人”身上，认为只有“圣人”才懂得这个道理。圣人有自知之明，有自爱之心。他不会自我显示，不会自我抬高，这样就可以获得人民群众对他的拥护和支持。由此，我们感到，《道德经》这一章的内容，正是表达了人民的愿望，而不仅仅是对压迫的敌视。

## 3.《道德经》第七十四章

民不畏死，奈何以死惧之。若使民常畏死，而为奇者，吾得执而杀之，孰敢？常有司杀者杀。夫代司杀者杀，是谓代大匠斫，希有不伤其手矣。

【今译】

人民不畏惧死亡，为什么用死来吓唬他们呢？假如人民真的畏惧死亡的话，对于为非作歹的人，我们就把他抓来杀掉，谁还敢为非作歹？经常有专管杀人的人去执行杀人的任务，代替专管杀人的人去杀人，就如同代替高明的木匠去砍木头，那代替高明的木匠砍木头的人，很少有不砍伤自己手指头的。

【解读】

这一章讲老子的政治主张。他认为当时统治者施行苛政和酷刑，滥杀百姓，压制民众，其结果是，人民一旦不忍受了，就不会畏惧死亡。人的自然死亡，是由“司杀者杀”的天道掌管的，但人间的君主残暴无道，把人民推向死亡线上，这从根本上悖逆了自然法则。因此，老子对于当时严刑峻法、逼使人民走向死途的情形，提出自己的批评与抗议。他认为，应该把主观与客观两方面的情况考虑周全，并且采取宽容的政策，如果不按天道自然办事，草菅人命，就会带来无尽的祸患。仔细理解老子的本意，他并不是要用残酷的手段随意杀人。尽管在本章里我们见到好几个“杀”字，但并不是要杀害老百姓，这一点还是有必要分辨清楚的。

## 4.《道德经》第七十五章

民之饥，以其上食税之多，是以饥。民之难治，以其上之有为，是以难治。民之轻死，以其求生之厚，是以轻死。夫唯无以生为者，是贤于贵生。

【今译】

人民所以遭受饥荒，就是由于统治者吞吃赋税太多，所以人民才陷于饥饿。人民之所以难于统治，是由于统治者政令繁苛、喜欢有所作为，所以人民就难于统治。人民之所以轻生冒死，是由于统治者为了奉养自己，把民脂民膏都搜刮净了，所以人民觉得死了不算什么。只有不去追求生活享受的人，才比过分看重自己生命的人高明。

【解读】

上一章里，老子对严苛的政治压迫给予了抨击，要求统治者善待民众。这一章里，老子又对繁重的经济剥削进行指责。《道德经》的第七十二章、第七十四章、本章和第七十七章，基本上都是对统治者进行揭露和警告。他认为，宽容的政治比暴虐的政治要高明得多。因为人民一旦不畏惧死亡而进行反抗，为求生存而暴动，统治者的日子就不好过下去。剥削与高压是政治祸乱的最实际的原因。老百姓在这种情况面前，只有铤而走险，毫不畏惧死亡。

## 拓展阅读

### 史记·陈涉世家（节选）

陈胜者，阳城人也，字涉。吴广者，阳夏人也，字叔。陈涉少时，尝与人佣耕，辍耕之垄上，怅恨久之，曰："苟富贵，无相忘。"佣者笑而应曰："若为佣耕，何富贵也？"陈涉太息曰："嗟乎！燕雀安知鸿鹄之志哉！"

二世元年七月，发闾左谪戍渔阳，九百人屯大泽乡。陈胜、吴广皆次当行，为屯长。会天大雨，道不通，度已失期。失期，法皆斩。陈胜、吴广乃谋曰："今亡亦死，举大计亦死；等死，死国可乎？"陈胜曰："天下苦秦久矣。吾闻二世少子也，不当立，当立者乃公子扶苏。扶苏以数谏故，上使外将兵。今或闻无罪，二世杀之。百姓多闻其贤，未知其死也。项燕为楚将，数有功，爱士卒，楚人怜之。或以为死，或以为亡。今诚以吾众诈自称公子扶苏、项燕，为天下唱，宜多应者。"吴广以为然。乃行卜。卜者知其指意，曰："足下事皆成，有功。然足下卜之鬼乎！"陈胜、吴广喜，念鬼，曰："此教我先威众耳。"乃丹书帛曰"陈胜王"，置人所罾鱼腹中。卒买鱼烹食，得鱼腹中书，固以怪之矣。又间令吴广之次所旁丛祠中，夜篝火，狐鸣呼曰："大楚兴，陈胜王。"卒皆夜惊恐。旦日，卒中往往语，皆指目陈胜。

吴广素爱人，士卒多为用者。将尉醉，广故数言欲亡，忿恚尉，令辱之，以激怒其众。尉果笞广。尉剑挺，广起，夺而杀尉。陈胜佐之，并杀两尉。召令徒属曰："公等遇雨，皆已失期，失期当斩。藉第令毋斩，而戍死者固十六七。且壮士不死即已，死即举大名耳，王侯将相宁有种乎！"徒属皆曰："敬受命。"乃诈称公子扶苏、项燕，从民欲也。袒右，称大楚。为坛而盟，祭以尉首。陈胜自立为将军，吴广为都尉。攻大泽乡，收而攻蕲。蕲下，乃令符离人葛婴将兵徇蕲以东。攻铚、酂、苦、柘、谯皆下之。行收兵。比至陈，车六七百乘，骑千余，卒数万人。攻陈，陈守令皆不在，独守丞与战谯门中。弗胜，守丞死，乃入据陈。数日，号令召三老、豪杰与皆来会计事。三老、豪杰皆曰："将军身被坚执锐，伐无道，诛暴秦，复立楚国之社稷，功宜为王。"陈涉乃立为王，号为张楚。当此时，诸郡县苦秦吏者，皆刑其长吏，杀之以应陈涉。乃以吴叔为假王，监诸将以西击荥阳。令陈人武臣、张耳、陈馀徇赵地，令汝阴人邓宗徇九江郡。当此时，楚兵数千人为聚者，不可胜数。

## 政治理想

### 5.《道德经》第八十章

小国寡民[①]。使[②]有什伯之器[③]而不用；使民重死[④]而不远徙[⑤]；虽有舟舆[⑥]，无所乘之；虽有甲兵[⑦]，无所陈之[⑧]。使人复结绳[⑨]而用之，至治之极。甘其食，美其服，安其居，乐其俗[⑩]，邻国相望，鸡犬之声相闻，民至老死不相往来。

【注释】

① 小国寡民：使国家变小，使人民稀少。小，使……变小；寡，使……变少。

② 使：即使。

③ 什伯之器：各种各样的器具。什伯，意为极多，多种多样。

④ 重死：看重死亡，即不轻易冒着生命危险去做事。

⑤ 徙：迁移、远走。

⑥ 舆：车子。

⑦ 甲兵：武器装备。

⑧ 陈：陈列。此句引申为布阵打仗。

⑨ 结绳：文字产生以前，人们以绳记事。

⑩ 甘其食，美其服，安其居，乐其俗：使人民吃得香甜，穿得漂亮，住得安适，过得习惯。

【今译】

使国家变小，使人民稀少。即使有各种各样的器具，也并不使用；使人民重视死亡，而不向远方迁徙；虽然有船只车辆，却不必每次坐它；虽然有武器装备，却没有地方去布阵打仗。使人民再回复到远古结绳记事的自然状态之中。国家治理得好极了，使人民吃得香甜，穿得漂亮，住得安适，过得快乐。国与国之间互相望得见，鸡犬的叫声都可以听得见，但人民从生到死，也不互相往来。

【解读】

这是老子理想中的“国家”的一幅美好蓝图，也是一幅充满田园气息的农村欢乐图。老子用理想的笔墨，着力描绘了“小国寡民”的农村社会生活情景，表达了他的社会政治理想。这个“国家”很小，邻国相望、鸡犬之声相闻，大约相当于现在的一个村庄，没有欺骗和狡诈的恶行，民风淳朴敦厚，生活安定恬淡，人们用结绳的方式记事，不会攻心斗智，也就没有必要冒着生命危险远徙谋生。老子的这种设想，当然是一种幻想，是不可能实现的。

“小国寡民”是老子描绘的理想社会，它反映了中国古代社会自给自足的生活方式。老子幻想着回复到原始社会，在那里，没有战争和掠夺，没有文化，也没有凶悍和恐惧。这种单纯、质朴的社会，实在是古代农村生活理想化的描绘。老子面对急剧动荡变革的社会现实，感到一种失落，便开始怀念远古蒙昧时代结绳记事的原始生活，这是一种抵触情绪的发泄。晋朝时陶渊明写了一篇传诵至今的名篇《桃花源记》，应该讲，此文显然受到《老子》第八十章内容的影响。那是一个美丽的幻想，同时也表达了陶渊明对社会黑暗的不满，反映了人民摆脱贫困和离乱的愿望。在这一点上，陶渊明和老子的思想是一脉相承的。

在百姓生活问题上，老子的想法是很美好的。但是，在历史发展的问题上，老子则在开倒车，他认为最好的政治治理是“使人复结绳而用之，至治之极”，也就是倒退到原始社会早期的没有文字、没有文明的蒙昧状态中去，原始部落相对聚居在一个固定的地方，大家共同劳动，结绳记事，带有原始共产主义的色彩。而“邻国相望，鸡犬之声相闻，民至老死不相往来”的国际关系，没有交流，没有互动，在历史上完全不可能，在今天则更不可能。

## 拓展阅读三

### 桃花源记

晋太元中，武陵人捕鱼为业。缘溪行，忘路之远近。忽逢桃花林，夹岸数百步，中无杂树，芳草鲜美，落英缤纷，渔人甚异之。复前行，欲穷其林。

林尽水源，便得一山，山有小口，仿佛若有光。便舍船，从口入。初极狭，才通人。复行数十步，豁然开朗。土地平旷，屋舍俨然，有良田美池桑竹之属。阡陌交通，鸡犬相闻。其中往来种作，男女衣着，悉如外人。黄发垂髫，并怡然自乐。

见渔人，乃大惊，问所从来。具答之。便要还家，设酒杀鸡作食。村中闻有此人，咸来问讯。自云先世避秦时乱，率妻子邑人来此绝境，不复出焉，遂与外人间隔。问今是何世，乃不知有汉，无论魏晋。此人一一为具言所闻，皆叹惋。余人各复延至其家，皆出酒食。停数日，辞去。此中人语云：“不足为外人道也。”

既出，得其船，便扶向路，处处志之。及郡下，诣太守，说如此。太守即遣人随其往，寻向所志，遂迷，不复得路。

南阳刘子骥，高尚士也，闻之，欣然规往。未果，寻病终，后遂无问津者。

【解读】

老子的政治理想，在东晋陶渊明的《桃花源记》中得到了充分的阐释，尽管大家都知道这是虚构的，但为民着想、关注民生的思想是一脉相承的。也许理想终究不能实现，但努力为之就是好的，实在不行，以“神游”的方式创造一个理想的世界，不亦快哉！

## 史记·五帝本纪（节选）

黄帝者，少典之子，姓公孙，名曰轩辕。生而神灵，弱而能言，幼而徇齐，长而敦敏，成而聪明。轩辕之时，神农氏世衰。诸侯相侵伐，暴虐百姓，而神农氏弗能征。于是轩辕乃习用干戈，以征不享，诸侯咸来宾从。而蚩尤最为暴，莫能伐。炎帝欲侵陵诸侯，诸侯咸归轩辕。轩辕乃修德振兵，治五气，艺五种，抚万民，度四方，教熊罴貔貅貙虎，以与炎帝战于阪泉之野。三战，然后得其志。蚩尤作乱，不用帝命。于是黄帝乃徵师诸侯，与蚩尤战于涿鹿之野，遂禽杀蚩尤。而诸侯咸尊轩辕为天子，代神农氏，是为黄帝。天下有不顺者，黄帝从而征之，平者去之，披山通道，未尝宁居。

东至于海，登丸山，及岱宗。西至于空桐，登鸡头。南至于江，登熊、湘。北逐荤粥，合符釜山，而邑于涿鹿之阿。迁徙往来无常处，以师兵为营卫。官名皆以云命，为云师。置左右大监，监于万国。万国和，而鬼神山川封禅与为多焉。获宝鼎，迎日推筴。举风后、力牧、常先、大鸿以治民。顺天地之纪，幽明之占，死生之说，存亡之难。时播百谷草木，淳化鸟兽虫蛾，旁罗日月星辰水波土石金玉，劳勤心力耳目，节用水火材物。有土德之瑞，故号黄帝。

黄帝二十五子，其得姓者十四人。

黄帝居轩辕之丘，而娶于西陵之女，是为嫘祖。嫘祖为黄帝正妃，生二子，其后皆有天下：其一曰玄嚣，是为青阳，青阳降居江水；其二曰昌意，降居若水。昌意娶蜀山氏女，曰昌仆，生高阳，高阳有圣德焉。黄帝崩，葬桥山。其孙昌意之子高阳立，是为帝颛顼也。

帝颛顼高阳者，黄帝之孙而昌意之子也。静渊以有谋，疏通而知事；养材以任地，载时以象天，依鬼神以制义，治气以教化，絜诚以祭祀。北至于幽陵，南至于交阯，西至于流沙，东至于蟠木。动静之物，大小之神，日月所照，莫不砥属。

帝颛顼生子曰穷蝉。颛顼崩，而玄嚣之孙高辛立，是为帝喾。

帝喾高辛者，黄帝之曾孙也。高辛父曰蟜极，蟜极父曰玄嚣，玄嚣父曰黄帝。自玄嚣与蟜极皆不得在位，至高辛即帝位。高辛于颛顼为族子。

高辛生而神灵，自言其名。普施利物，不于其身。聪以知远，明以察微。顺天之义，知民之急。仁而威，惠而信，修身而天下服。取地之财而节用之，抚教万民而利诲之，历日月而迎送之，明鬼神而敬事之。其色郁郁，其德嶷嶷。其动也时，其服也士。帝喾溉执中而遍天下，日月所照，风雨所至，莫不从服。

帝喾娶陈锋氏女，生放勋。娶娵訾氏女，生挚。帝喾崩，而挚代立。帝挚立，不善，（崩）而弟放勋立，是为帝尧。

帝尧者，放勋。其仁如天，其知如神。就之如日，望之如云。富而不骄，贵而不舒。黄收纯衣，彤车乘白马。能明驯德，以亲九族。九族既睦，便章百姓。百姓昭明，合和万国。

【解读】

在“三皇”之后，中国历史上的原始社会进入“五帝”时代，选文涉及黄帝、颛顼、帝喾、帝挚、帝尧等上古杰出部落首领。仔细看看，哪一个帝王是在向后倒退发展的？哪一段历史是在恢复“小国寡民”呢？哪一个部落首领是不注重发展对外关系而闭关自守的呢？

黄帝被尊称为“中华民族的文明始祖”，他的天下就是打出来的：打炎帝、灭蚩尤，四方征战，而有天下；他非常注重结盟斗争、壮大实力的策略，他的妻子就是“蜀山氏”部落的女儿嫘祖——与四川蜀地部落联姻，生的儿子叫作玄嚣与昌意，一个封在岷江流域，一个封在雅砻江、金沙江流域——控制蜀地，为我所用。后来昌意生了颛顼，到中原继承了黄帝的帝位。所以，老子的“小国寡民”主张只能是空想性质的极端个人看法，不可能实现。

远在黄帝之前的“三皇”时代，伏羲部落之母族，就从四川阆中、陕西蓝田、甘肃天水（以嘉陵江流域为核心活动区）迁徙发展，伏羲仰观俯察，根据自然物象、地理天象创制了先天八卦，开创了中华民族的文明史。人类历史的发展，从原始社会到当代社会，必然是向前的，而不是倒退的，大家要辩证对待。

在当代，许多人厌倦了现代文明，追求远离城市、返璞归真的隐逸生活。陕西省终南山上常年居住着 5000 名以上的长期或短期隐居者，但是，这不是历史的倒退，而是个人生活方式的选择，现代生活追求多元状态，回归自然没有错，这与老子主张的回归结绳记事的历史倒退论不一样。

## 道家理论与中国历史兴衰

纵观道家思想的治国实践，可以发现一个规律，那就是历史上一些朝代开国前期，统治者采取道家无为而治、垂拱而治、休养生息、轻税减赋等思想治理国家，都取得了很好的成效，特别是汉初的黄老政治成为后世效法的典范。

通过深入研究，笔者认为历代王朝兴衰与道家关系如下：秦朝兴于法家，亡于法家；汉朝兴于道家，亡于儒家；唐朝兴于道家，亡于佛教；宋朝从未中兴，亡于儒家；元朝兴于法制，亡于佛教；明朝兴于道家，亡于儒家；清朝兴于道家，亡于儒佛。历史和现实充分证明了国家的兴衰取决于文化，而不是制度，这也是当代社会学奠基人马克斯·韦伯“文化决定论”的主要观点。

其实道家和儒家对中国古代经济发展的影响，早在 2000 多年前，司马迁就有了明确的结论，历代统治者读《史记》时对此不闻不见，更有儒生批评司马迁有偏见。司马迁指出道家是简单易行、事半功倍的治国理论，他说道家："旨约而易操，事少而功多。"司马迁反过来批评儒家繁文缛节多，劳而少功，他说："儒者博而寡要，劳而少功，是以其事难尽从。"(《史记・太史公自序》)

国学大师南怀瑾在《老子他说》中说："细读中国几千年的历史，会发现一个秘密。每一个朝代，在其鼎盛的时候，在政事的治理上，都有一个共同的秘诀，简言之，就是'内用黄老，外示儒术'。自汉、唐开始，接下来宋、元、明、清的创建时期，都是如此。内在真正实际的领导思想，是黄老之学，即是中国传统文化中的道家思想。而在外面所标榜的，即在宣传教育上所表示的，则是孔孟的思想、儒家的文化。但是这只是口号，只是招牌而已，亦可以旁借'挂羊头卖狗肉'的市井俚语来勉强比拟，意思就是，讲的是一套，做的又另外是一套。"（南怀瑾，2007）

中国社科院研究员胡孚琛在《21 世纪的新道学文化战略》一文中说："在中国历史上，凡如'汉唐盛世'的辉煌时期，都是黄老道学发扬光大的时期。"（胡孚琛，2003）

西方人对道家的理解远比中国人深刻，国人把道家说成是隐士玄学，但西方人都知道这是一种简单的治国术，他们把黄老道家译为"工具性道家（Instrumental Taoism）"，所谓工具性当然是表示简便操作能使用。这种译法太重要了，他们在名称上就为首次接触道家的人留下了工具性、实用性的概念。

德国学者马克斯・韦伯，在近 100 年前就看出了道家促进发展、儒家损害经济的道理，他在《儒教与道教》中说："就自然经济而言，自给自足的经济观念与'道法自然'的哲学观、伦理观是相得益彰的。事实上，在中国历史上，每当道家（道教）思想被认可的时期（例如唐初），经济的发展是较好的，社会是丰衣足食的。道家重生，不仅体现在看重个体生命，也体现在看重社会整体的生计发展。"韦伯反过来批评儒家、佛家是经济发展的祸害，认为"这或许是因为儒、佛内含的道德禁欲思想抑制了中国自然经济的发展欲望"，他还断言"儒家文化是中国现代化的障碍"。（马克斯・韦伯，1995）

美国明道大学校长、道学基金会主席张绪通认为："整个中国历史上只有两个朝代，即汉代与唐代奉行道的哲学。这两个帝国是当时全部地球文明中最健康、最幸运、最先进的国度。监狱是空的，遗落在街道上的贵重东西没有人捡，所有国民充满自信。这是因为这两个朝代的政府达到了礼制与正义政府的水准。历史学家把这两个朝代称为中国的黄金时代。"（张绪通，2002）

（本文摘自李世东、陈应发、杨国荣《老子文化与现代文明》[中国社会出版社，2008] 第二章）

# 第三讲　无为而无不为的处世智慧

## 导　论

“无为”是道家辩证智慧中闪耀着历史光辉的核心内容之一，在《道德经》第二章、第三章中连续出现。老子论“无为”，首先讲的是治理国家的国策，或制定国策的基调，属于政治智慧；其次适用于各个阶层的关系处理，属于社会智慧；再次适用于个人修养的方方面面，属于人生智慧。关于治理国家的政治智慧，我们已在第二讲中涉及了，本讲主要从社会、人生角度来谈。

现代人理解“无为”，如果没有读过《道德经》，仅从字面上看，会将其看作无所作为、无所事事、不思进取等，所以拥护儒家的积极进取、有所作为，从而批判道家，误解道家。实际上，“无为”的真实含义是不乱作为、按照规律有选择地作为，从而无所不为，其中充满了辩证法的智慧。我们可以将其运用于目标制订、个人事业、人际关系、团队合作、和谐社会建设的实践中去，提醒我们正确地学习、生活和工作。

## 1.《道德经》第二章

天下皆知美之为美，斯恶已。皆知善之为善，斯不善已。故有无相生，难易相成，长短相较，高下相倾，音声相和，前后相随。是以圣人处无为之事，行不言之教；万物作焉而不辞，生而不有，为而不恃，功成而弗居。夫唯弗居，是以不去。

【今译】

天下人都知道美之所以为美，那是由于有丑陋的存在。都知道善之所以为善，那是因为有恶的存在。所以有和无互相转化，难和易互相形成，长和短互相显现，高和下互相充实，音与声互相谐和，前和后互相接随——这是永恒的。因此圣人用无为的观点对待世事，用不言的方式施行教化；听任万物自然兴起而不为其创始，使其生长而不专有，有所施为但不加自己的倾向，功成业就而不自居。正由于不居功，就无所谓失去。

【解读】

人们应当如何对待矛盾对立的客观世界呢？老子提出了“无为”的观点。此处所讲的“无为”不是无所作为、随心所欲，而是要以辩证法的原则指导人们的社会生活，帮助人们寻找顺应自然、遵循事物客观发展的规律。他以圣人为例，教导人们要有所作为，但不是强作妄为。

在本章第三句中首次出现“无为”一词。无为不是无所作为，而是要按照自然的“无为”的规律办事。老子非常重视矛盾的对立和转化，他的这一见解是朴素辩证法思想的具体运用。他幻想着有所谓“圣人”能够依照客观规律，以无为的方式去化解矛盾，促进自然的改造和社会的发展。在这里，老子并非夸大了人的被动性，而是主张发挥人的创造性，像“圣人”那样，用无为的手段达到有为的目的。显然，在老子哲学中有发挥主观能动性，去贡献自己的力量，去成就大众的事业的积极进取的因素。

## 2.《道德经》第三章

不尚贤，使民不争；不贵难得之货，使民不为盗；不见可欲，使民心不乱。是以圣人之治，虚其心，实其腹，弱其志，强其骨，常使民无知无欲。使夫智者不敢为也，为无为，则无不治。

【今译】

不尊崇有才德的人，导使老百姓不互相争夺；不珍爱难得的财物，导使老百姓不去偷窃；不显耀足以引起贪心的事物，导使民心不被迷乱。因此，圣人的治理原则是：排空百姓的心机，填饱百姓的肚腹，减弱百姓的竞争意图，增强百姓的筋骨体魄，经常使老百姓没有智巧，没有欲望。致使那些有才智的人也不敢妄为造事。圣人按照“无为”的原则去做，办事顺应自然，那么，天下就不会不太平了。

【解读】

在老子生活的春秋末期，天下大乱，国与国之间互相征战、兼并，大国称霸，小国自保，统治者们为维持自己的统治，纷纷招揽贤才，用以治国安邦。在当时的社会生活中，处处崇尚贤才，许多学派和学者都提出“尚贤”的主张，这原本是为国家着想。然而，在尚贤的旗号下，一些富有野心的人竞相争权夺位、抢占钱财，给民间也带来恶劣影响。针对社会上被人们推崇的“尚贤”这一主张，老子在提出“不尚贤”观点的同时也批评了由“尚贤”而引起的追求物质利益的欲望。老子主张“不尚贤”“使民无知无欲”，他设想要人们回到一种无矛盾的“无为”境界。然而，人类社会的物质文明和精神文明必定都要不断地发展提高，所以老子的这种想法是不可能实现的，是消极的。老子看到了古代动乱不安、矛盾突出的社会现实是由于差别的存在，想用减少差别来减轻或避免社会矛盾，这也有进步的一面。

在第二章里，老子提出了“无为”的概念，认为要顺应自然规律，做到“无为”。在本章中，老子进一步阐述了他的社会政治思想。老子所说的“无为”并非不为，而是不妄为、不非为。他认为，体现“道”的“圣人”要治理百姓，就应当不尊尚贤才异能，以使人民不争夺功名利禄。前面说到，先秦时代关于选贤用能的学说已成强大的社会舆论，各诸侯国争用贤才已成必然趋势。老子在这种背景下，提出“不尚贤”的观点，与百家诸子形成对立，似乎不合时宜。不过，在老子的观点中，不包含贬低人才、否定人才的意思。而是说，统治者不要给贤才过分优越的地位、权势和功名，以免使“贤才”成为一种诱惑，引起人们纷纷争权夺利。这一章与前章相呼应，从社会的角度，让人人都回归纯洁的、无知无欲的自然本性。以自然规律治理人事，天下自然可以得到治理。

老子的“无为”思想和学说，在当时的历史条件下，有其进步的一面和合理的因素。他认为，历史的发展有其一定的自然规律。这规律不由上帝安排、操纵，也不受人的主观意志支配，而是客观的、自然的。这种观点对当时思想界存在的敬天法祖的观念和某些宗教迷信观念，起到一定的抑制作用。当然，其中包含的部分愚民思想，也被后代的统治者利用起来，成为古代愚民政治的理论依据之一。

## 3.《道德经》第十章

载营魄抱一，能无离乎？专气致柔，能婴儿乎？涤除玄览，能无疵乎？爱民治国，能无知乎？天门开阖，能无雌乎？明白四达，能无为乎？生之畜之。生而不有，为而不恃，长而不宰，是谓玄德。

【今译】

精神和形体合一，能不分离吗？聚结精气以致柔和温顺，能像婴儿的无欲状态吗？清除杂念而深入观察心灵，能没有瑕疵吗？爱民治国能遵行自然无为的规律吗？感官与外界的对立变化相接触，能宁静吗？明白四达，能不用心机吗？让万事万物生长繁殖，产生万物、养育万物而不占为己有，作万物之长而不主宰他们，这就叫作玄德。

【解读】

这一章着重讲修身的功夫。人们在现实生活中应使精神和形体合一而不偏离，即使肉体生活与精神生活和谐。这样就必须做到心境极其静定、洗清杂念、摒除妄见，懂得自然规律，加深自身的道德修养，才能够“爱民治国”。

本章开头提出六个疑问："能无离乎？""能婴儿乎？""能无疵乎？""能无知乎？""能无雌乎？""能无为乎？"。这六个问题有关修身、善性、为学、治国诸多方面。对待外在事物，我们应当抱"生之畜之"的态度；对待权力地位，则应该持"生而不有，为而不恃，长而不宰"的态度。不要把什么东西都往自己手上抓，适度的"无为"，才是一种大智慧。

## 4.《道德经》第二十九章

将欲取天下而为之，吾见其不得已。天下，神器，不可为也。为者败之，执者失之。故物或行或随，或嘘或吹。或强或羸，或挫或隳。是以圣人去甚，去奢，去泰。

【今译】

想要治理天下，却又要用强制的办法，我看他不能够达到目的。天下的人民是神圣的，不能够违背他们的意愿和本性而加以强力统治，否则用强力统治天下，就一定会失去天下。世人秉性不一：有前行有后随，有轻嘘有急吹；有的刚强，有的羸弱；有的安居，有的危殆。因此，圣人要除去那种极端、奢侈、过度的措施法度。

【解读】

老子论"无为"之治的同时，对"有为"之政提出了警告，即"有为"必然招致失败，"有为"就是以自己的主观意志去做违背客观规律的事，或者把天下据为己有。事实上，老子所讲的"无为"，并不是无所作为，也不是在客观现实面前无能为力。他在这里是说，如果以强力或以暴力统治人民，就会自取灭亡。世间无论人或物，都有各自的秉性，其间的差异性和各自的特殊性是客观存在的，不要以自己的主张意志强加于人，而采取某些强制措施。理想的统治者往往能够顺应自然，不强制、不苛求，因势利导，遵循客观规律。

在《道德经》里，老子多处谈到统治者应行"无为"之治。他极力宣传"无为"的政治思想，主张一切都要顺应自然，因应物性，希望那些得"道"的统治者治国安民，做任何事情都应该"去甚，去奢，去泰"，不要走极端，不要存奢望，不要好大喜功，不要追求大干快上，不要搞那么多面子工程，按规律来才是对的。

## 5.《道德经》第三十七章

道常无为，而无不为。侯王若能守之，万物将自化。化而欲作，吾将镇之以无名之朴。无名之朴，夫亦将无欲。不欲以静，天下将自定。

【今译】

道永远是顺任自然而无所作为的，却又没有什么事情不是它所作为的。侯王如果能按照道的原则为政治民，万事万物就会自我化育、自生自灭而得以充分发展。自生自长而产生贪欲时，我就要用“道”来镇住它。用道的真朴来镇服它，就不会产生贪欲之心了。万事万物没有贪欲之心了，天下便自然而然达到稳定安宁。

【解读】

本章是《道德经》中“道经”的最后一章，老子把第一章提出的“道”的概念落实到他理想的社会和政治状态——自然无为中。在老子看来，统治者能依照“道”的法则来为政，顺任自然，不妄加干涉，百姓们将会自由自在、自我发展。第二十五章还提到“道法自然”，自然是无为的，所以“道”也无为。“静”“朴”“不欲”都是无为的内涵。统治者如果可以依照“道”的法则为政，不危害百姓，不胡作非为，老百姓就不会滋生更多的贪欲，他们的生活就会自然、平静。

“无为”的思想在老子《道德经》中得到了多次阐述。本章开头第一句即“道常无为，而无不为”。老子的道不同于任何宗教的神，神是有意志的、有目的的，而“道”则是非人格化的，它创造万物，但又不主宰万物，顺任自然万物的繁衍、发展、淘汰、新生，所以“无为”实际上是不妄为、不强为。这样做的结果，当然是无不为了。第二句便引入人类社会，谈到“道”的法则在人类社会的运用。老子根据自然界的“道常无为，而无不为”，要求“侯王若能守之”，即在社会政治方面，也要按照“无为而无不为”的法则来实行，从而导引出“化而欲作，吾将镇之以无名之朴”的结论。老子认为，理想的执政者只要恪守“道”的原则，就会治理出“天下将自定”的理想社会。

## 6.《道德经》第三十八章

上德不德，是以有德；下德不失德，是以无德。上德无为而无以为；下德为之而有以为。上仁为之而无以为；上义为之而有以为。上礼为之而莫之应，则攘臂而扔之。故失道而后德，失德而后仁，失仁而后义，失义而后礼。夫礼者，忠信之薄，而乱之首。前识者，道之华，而愚之始。是以大丈夫处其厚，不居其薄；处其实，不居其华。故去彼取此。

【今译】

具备上德的人不表现为外在的有德，因此实际上是有德；具备下德的人表现为外在的不离失道，因此实际是没有德的。上德之人顺应自然无心作为，下德之人顺应自然而有心作为。上仁之人要有所作为却没有回应他，于是就扬着胳膊强引别人。所以，失去了道而后才有德，失去了德而后才有仁，失去了仁而后才有义，失去了义而后才有礼。礼这个东西，是忠信不足的产物，而且是祸乱的开端。所谓先知，不过是道的虚华，由此愚昧开始产生。所以大丈夫立身敦厚，不居于浅薄；存心朴实，不居于虚华。所以要舍弃浅薄虚华而修养朴实敦厚。

【解读】

在本章里，老子把政治分成了两种类型、五个层次。两个类型即“无为”和“有为”。“道”和“德”属“无为”的类型；仁、义、礼属“有为”的类型。五个层次是道、德、仁、义、礼。在这五个层次中，德和仁是最高标准，但“德”只是指“上德”，不是“下德”。失道而后德，这是在无为的类型内部说的，失道则沦为下德，那就与上仁相差无几了。失德而后仁，这是指离开了“无为”的类型才有了仁。仁已经是“有为”“为之”了，所以“失仁而后义”“失义而后礼”就是在“有为”范围内所显示出来的不同层次。老子使用了一些具体的规范把人的思想行为定着在固定的形式中，即按忠信行事，不执行浅薄的礼。所以老子对政治的最低要求是摒去“薄”和“华”，恢复“厚”和“实”。

这些观点与儒家主张的“礼乐制度”是背道而驰的，但不能说是道家和儒家有根本分歧。实际上，老子本身担任过周王室“图书馆馆长”职位，对由周公制定、周朝实行了几百年的“礼制”十分熟悉，当年孔子曾向老子“问礼”，即请教周代的礼乐制度。正是因为老子看到了礼制、仁义、道德的本末关系，看到了统治阶层利用礼制来统治人民、剥削人民的残酷事实和虚伪表现，才提出反对礼制的主张，因为这类人在思想品质上坏掉了，再让他们掌控礼制，就会越来越坏。所以，老子反对的是人，而不是制度本身。

## 7.《道德经》第四十三章

天下之至柔，驰骋天下之至坚。无有入无间，吾是以知无为之有益。不言之教，无为之益，天下希及之。

【今译】

天下最柔弱的东西，腾越穿行于最坚硬的东西中；无形的力量可以穿透没有间隙的东西。我因此认识到无为的益处。不言的教导，无为的益处，普天下少有能赶上它的了。

【解读】

“贵柔”是《道德经》的基本观念之一，“柔弱”是“道”的基本表现和作用，它实际上已不局限于狭义的与“刚强”相对立的概念，而成为《道德经》概括一切从属的、次要的方面的哲学概念，是“无为”思想在“有益”方面的一大外在体现。老子认为，“柔弱”是万物具有生命力的表现，也是真正有力量的象征。如果我们深入一个层次去考虑问题，就会发现老子要突出的是事物转化的必然性。他并非一味要人“守柔”“不争”，而是认为“天下之至柔，驰骋天下之至坚”，即柔弱可以战胜刚强。这是深刻的辩证法的智慧。因此，发现了“柔弱”的意义是老子的重大贡献。

## 8.《道德经》第四十八章

为学日益，为道日损，损之又损，以至于无为，无为而无不为。取天下常以无事，及其有事，不足以取天下。

【今译】

求学的人，其情欲文饰一天比一天增加；求道的人，其情欲文饰则一天比一天减少。减少又减少，到最后以至于无为的境地。如果能够做到无为，即不妄为，任何事情都可以有所作为。治理国家的人，要经常以不骚扰人民为治国之本，如果经常以繁苛之政扰害民众，那就不配治理国家了。

【解读】

“无为而无不为”是老子提出来的极富智慧的命题。事实上，在中国古代，主张“无为”的学者不止老子一人。例如孔子就曾说过：“无为而治者，其舜也与？夫何为哉，恭己正南面而已矣。”这句话的意思是，不做什么事情而使天下太平的人，大概只有舜了，他做了什么呢？他只是庄重端坐在他的王位上罢了。老子把“无为”的思想发挥到极高的程度，从哲学高度来论证“无为”的社会意义。表面看来，“无为”似乎是一种后退的手段，但其真正的目的，则在于避开前进中所存在的矛盾和问题，从而占据主动，以达到“无不为”的最终目的。

## 9.《道德经》第五十七章

以正治国，以奇用兵，以无事取天下。吾何以知其然哉？以此：天下多忌讳，而民弥贫；民多利器，国家滋昏；人多伎巧，奇物滋起；法令滋彰，盗贼多有。故圣人云：“我无为而民自化，我好静而民自正，我无事而民自富，我无欲而民自朴。”

【今译】

以无为、清静之道去治理国家，以奇巧、诡秘的办法去用兵，以不扰害人民而治理天下。我怎么知道是这种情形呢？根据就在于此：天下的禁忌越多，而老百姓就越陷于贫穷；人民的锐利武器越多，国家就越陷于混乱；人们的技巧越多，邪风怪事就越闹得厉害；法令越是森严，盗贼就越是不断地增加。所以有道的圣人说："我无为，人民就自我化育；我好静，人民就自然富足；我无欲，人民就自然淳朴。"

【解读】

在第二章、第五章和第十章里，老子已将天道自然的思想推之于人道，提出了"无为而治"的思想。在本章里，老子以"天下多忌讳，而民弥贫；民多利器，国家滋昏；人多伎巧，奇物滋起；法令滋彰，盗贼多有"反证应以"无事取天下"，章末托"圣人"之言，长言无为之治，章法井然。老子生活的时代，社会动乱不安，严峻的现实使他感到统治者依仗权势、武力，肆意横行，为所欲为，造成天下"民弥贫""国家滋昏""奇扬滋起""盗贼多有"的混乱局面。所以老子提出了"无为""好静""无事""无欲"的治国方案。他的政治主张在当时不可能被执政者接受，也绝对没有实现的可能性。总之，这一章是他对"无为"的社会政治观点的概括，充满了脱离实际的幻想成分，但这对于统治者为政治民可以起到警醒的作用。

## 10.《道德经》第六十三章

为无为，事无事，味无味。大小多少，报怨以德。图难于其易，为大于其细；天下难事必作于易，天下大事必作于细。是以圣人终不为大，故能成其大。夫轻诺必寡信，多易必多难。是以圣人犹难之，故终无难矣。

【今译】

以无为的态度去有所作为，以不滋事的方法去处理事物，以恬淡无味当作有味。大生于小，多起于少，用恩惠回报别人的怨恨。处理问题要从容易的地方入手，实现远大要从细微的地方入手。天下的难事，一定从简易的地方做起；天下的大事，一定从细微的部分开端。因此，有"道"的圣人始终不贪图大贡献，所以才能做成大事。那些轻易许下诺言的，必定很少能够兑现；把事情看得太容易，势必遭受很多困难。因此，有道的圣人总是看重困难，所以就终于没有困难了。

【解读】

本章旨在阐发“无为而无不为”的道理，也可以说是一种处世哲学。老子讲“为无为，事无事，味无味”的道理。从前几章的内容来看，老子反对以烦琐的禁令去捆住人民的手脚，限制和扰乱百姓的生活，要想有所作为，就必须采取顺应自然的态度，必须以平静的思想和行为对待生活。他提醒人们注意，做任何事情都是从小到大、由少到多、由易到难的。对于我们普通人来讲，这些格言无论用于行事还是用于求学，都是不移的至理。这也是一种朴素辩证法的方法论，符合对立统一的法则，隐含着由量变到质变的飞跃。同时，我们也看到，本章的“无为”并不是无所作为，而是以“无为”求得“无不为”，他说“是以圣人终不为大，故能成其大”。这正是从方法论上说明了老子的确是主张以无为而有所作为的。

## 11.《道德经》第六十四章

其安易持，其未兆易谋。其脆易泮，其微易散。为之于未有，治之于未乱。合抱之木，生于毫末；九层之台，起于累土；千里之行，始于足下。为者败之，执者失之。是以圣人无为，故无败，无执，故无失。民之从事，常于几成而败之。慎终如始，则无败事。是以圣人欲不欲，不贵难得之货；学不学，复众人之所过。以辅万物之自然，而不敢为。

【今译】

局面安定时容易保持和维护，事变没有出现迹象时容易图谋；事物脆弱时容易消解；事物细微时容易散失。做事情要在它尚未发生以前就处理妥当；治理国政，要在祸乱没有产生以前就早做准备。合抱的大树，生长于细小的萌芽；九层的高台，筑起于每一堆泥土；千里的远行，是从脚下第一步开始走出来的。有所作为的将会招致失败，有所执着的将会遭受损害。因此圣人无所作为，所以也不会招致失败；无所执着，所以也不遭受损害。人们做事情，总是在快要成功时失败，所以当事情快要完成的时候，也要像开始时那样慎重，就没有办不成的事情。因此，有道的圣人追求人所不追求的，不稀罕难以得到的货物；学习别人所不学习的，补救众人所经常犯的过错。这样遵循万物的自然本性而不会妄加干预。

【解读】

在本章中，老子运用了三个排比句：“合抱之木，生于毫末；九层之台，起于累土；千里之行，始于足下。”由此，再看一下荀子《劝学篇》中所写的这几句话：“积土成山”

"积水成渊""不积跬步，无以至千里；不积小流，无以成江海"。他们在思想观点上有某些相同或承继关系。但接下来的结论，荀子与老子不同，他说"锲而不舍，金石可镂"，人要像蚯蚓那样"用心一也"，虽然"无爪牙之利，筋骨之强"，也要"上食埃土，下饮黄泉"，提出了积极进取的主张。而老子则主张"无为""无执"，实际上是让人们依照自然规律办事，树立必胜的信心和培养坚强的毅力，耐心地一点一滴去完成，否则稍有松懈，常会造成前功尽弃、功亏一篑的结局。

## 拓展阅读

在多角度、多方面系统地学习了老子的"无为"思想之后，我们可以发现："无为"思想源自天道自然的运行规律，主要运用于国政治理之中。在第一讲中我们曾经提到无为治国的妙处，在这里，我们专论无为，主要是介绍其在宏观政治之外的其他方面的运用情况，比如处世、为人、不争、洞察环境局势、明辨是非真假等，使大家学习之后，能够借鉴、运用到自己的生活中去，实现处处顺利的有为人生。

### 夏后启的故事

夏后伯启与有扈战于甘泽而不胜。六卿请复之，夏后伯启曰："不可。吾地不浅，吾民不寡，战而不胜，是吾德薄而教不善也。"于是乎处不重席，食不贰味，琴瑟不张，钟鼓不修，子女不饬，亲亲长长，尊贤使能。期年而有扈氏服。

故欲胜人者，必先自胜；欲论人者，必先自论；欲知人者，必先自知。(《吕氏春秋·先己》)

【解读】

夏启是大禹的儿子，在大禹去世后，打败了大禹选定的继承人伯益，继承了大禹的部落盟主地位，并中断了历史上的"禅让制"，开启了"家天下"的政治制度，建立了夏朝，是我国第一个奴隶制国家的建立者。这就是在他称王之后，讨伐不服从者时的故事。夏启以积极"无为"的低调姿态，大行简朴之风，严于律己，以身作则，不仅使部下凝聚起了士气，也使对手深知团结起来的夏部落不可战胜，最终取得了胜利。

表面看，是夏启的美德和律己起了作用，实际上，他这样做不仅是为了有扈氏这一个部落的臣服问题，还有着更深远的考虑：大禹选定的继承人本是伯益，他强行推翻伯益，是以暴力手段抢夺王位的第一个人，天下诸侯岂能信服？于是，武力强大的夏启不可怕，人们反而会反对他；简朴而有德的夏启才是明君，连有扈氏都已经表示臣服。这就是以德服人的政治力量！

我们再来看一看下面的例子：离开政治与战争，“无为”可以体现在“明哲保身”这件大事上。

## “战神”白起之死

长平之战，白起大破赵军，坑杀赵军降卒四十余万。战后，白起准备乘胜进军，一鼓作气攻破赵国。可是却从秦国传来退兵的命令。原来秦昭王听从了范雎的话，以秦兵暴师日久，应当让士卒休整为由，允许韩、赵割地求和。范雎本是一个心胸狭窄的说客，长平大胜使他心生嫉妒，怕灭赵之后，白起威重功高，使自己无法擅权，便以巧言断送了白起宏伟的军事图谋。白起因此与范雎有隙。可是秦国罢兵后，赵国不但不愿意献城，反而展开了连齐抗秦的活动。秦昭王遂又命白起统兵攻赵，但遭到白起的拒绝。白起认为秦国已经失去了有利的战机，不宜再次出兵。暴怒的秦昭王却不懂得战机稍纵即逝的道理，于秦昭王四十九年（前 258 年），派五大夫王陵率兵攻打邯郸，结果秦军攻势受阻，将卒多有伤亡。秦昭王再次任命白起统兵，但白起认为此次必难成功，遂托病不行。范雎此时用私党郑安平代替白起，不出所料，秦军伤亡惨重且主将郑安平率两万军队降赵。孤注一掷的秦昭王亲临白府对白起说：“你就是躺在担架上也要为寡人出战。”熟知兵家之道的白起已看出残局无法收拾，坦诚劝秦昭王撤兵，等待新战机。秦昭王不听，反认为白起有意刁难自己，听信范雎谗言，下令削去白起所有封号爵位，贬为士伍，并强令他迁出咸阳。由于病体不便，白起并未立即启程。三月后，秦军战败消息不断从邯郸传来，昭王更迁怒白起，命他即刻动身不得逗留。白起只得带病上路，行至杜邮（今陕西咸阳东北处），秦昭王与范雎商议，以白起迟迟不肯奉命为由，“其意怏怏不服，有余言”，派使者赐剑命其自刎。白起仰天长叹：“我何罪于天下而至此哉？”过了很久又说：“我固当死。长平之战，赵卒降者数十万人，我诈而尽坑之，是足矣死。”于是引剑自杀。时为秦昭王五十年（前 257 年）十一月。

另外一种分析认为白起抗命不遵的原因是：白起深知自己如果再次引兵攻赵换来的将是赵国全国的抵抗。因为长平之战后，赵国深恨白起，所以昭王再次攻赵时白起应该是最不适合当统帅的人选。

（根据《史记》改写）

## 王翦将军的智慧

王翦是频阳东乡人。少年时喜欢兵法，效忠秦王。帮助秦王已经灭了韩、赵、魏三国，赶走了燕王，还数次击溃了楚国的军队。

秦国将领李信年轻气盛、英勇威武，曾经带着几千士兵追击燕太子丹到衍水，最终打败燕军捉到太子丹，秦王认为李信贤能勇敢。一天，秦王问李信：“我想攻打楚国，在将军看来用多少士兵才足够？”李信说：“最多不过二十万人。”秦王问王翦，王翦说：“没有六十万人不可行。”秦王说：“王将军老了，有什么胆怯的呢！李将军果断勇敢，他的话是对的。”于是就派李信及蒙恬带兵二十万向南进军攻打楚国。王翦则推托有病，回到频阳家乡养病。李信攻打平与，蒙恬攻打寝邑，战胜了楚军。李信接着进攻鄢、郢，打胜了，于是带领部队向西前进，要与蒙恬在城父会师。楚军正在跟踪追击他们，连着三天三夜不停止，结果李信部队大败，楚军攻入两座军营，杀死七个都尉，秦军逃跑了。

秦王听到这个消息，十分生气，亲自乘快车奔往频阳，见到王翦道歉说：“由于我没采用您的计策，李信果真使秦军受到了侮辱。现在听说楚军每天向西进发，将军虽然染病，难道忍心抛弃我吗？”王翦推辞说：“老臣我有病疲乏，没有才能了，希望大王另请名将。”秦王再次道歉说：“好了，将军不要再说什么了。”王翦说：“大王一定不得已而用我，没有六十万人不可行。”秦王说：“就只听将军的谋划了。”于是王翦率领着六十万大军出发了，秦王亲自到灞上送行。临行前，王翦请求秦王赏赐大批田宅。秦王说：“将军即将率大军出征，为什么还要担忧生活的贫穷呢？”王翦说：“臣身为大王的将军，立下汗马功劳，却始终无法封侯，所以趁大王委派臣重任时，请大王赏赐田宅，作为子孙日后生活的依凭。”秦始皇听了不由放声大笑。王翦率军抵达关口后，又五次遣使者向秦王要求封赏。有人劝王翦说：“将军要求封赏的举动，似乎有些过分了。”王翦说：“你错了。大王疑心病重，用人不专，现在将秦国所有的兵力交给我，我如果不以为子孙求日后生活保障为借口，多次向大王请赐田宅，难道要大王坐在宫中对我生疑吗？”

王翦终于代替李信进击楚国。楚王得知王翦增兵而来，就竭尽全国军力来抗击秦兵。王翦抵达战场，构筑坚固的营垒采取守势，不肯出兵交战。楚军屡次挑战，秦军始终坚守不出。王翦让士兵们天天休息洗浴，供给上等饭食抚慰他们，与士兵同饮同食。过了一段时间，王翦派人询问士兵玩什么游戏。报告说：“正在比赛投石看谁投得远。”于是王翦说：“士兵可以派用了。”楚军屡次挑战但秦军不出战，于是向东离去。王翦随即带领军队追击，命令健壮的士兵实施攻击，打败了楚军。追到蕲南，杀了他们的将军项燕，楚军终于败逃。秦军乘胜追击，占领并平定了楚国城邑。一天后，俘虏了楚王负刍，最终平定了楚国各地并设为郡县。秦军又乘势向南征伐百越国。与此同时，王翦的儿子王贲与李信攻陷并平定了燕国和齐国各地。

王翦身为四朝元老，与多位相国为同事，无论是范雎、蔡泽，乃至吕不韦，都对他十分尊重。当他攻下燕都之后，迅即上表告老还乡，此时统一大业虽已经完成一半，但重头戏还在后头，他向秦王推荐由其他将领来完成。而再度出山灭楚后，无论秦王怎么劝他都要彻底隐退，从而得以善终。

秦始皇二十六年（前 221），秦国兼并了所有的诸侯国，统一了天下，王翦和蒙恬的功劳最大，名声流传后世。

王翦很有智慧，他不仅自己功成身退，而且善于教导家人，子孙后代都很发达。他主动将子孙分开居住于中原各地，后代英才层出不穷，最著名的是太原王氏和琅琊王氏。王氏家族成为整个封建社会以军功起家、政治挂帅、文人辈出，而能历经千年不衰的著名大家族。

（根据《史记》改写）

【课堂讨论】

1. 战国四大名将，分别有哪些人？

2. 作为秦国最著名的两名大将，白起和王翦在军事上都有很高造诣，但为什么他们一个被逼自杀，一个能得善终呢？

3. 白起和王翦为什么会有那样的结局？如果是你，假设一下，在职场取得重大成功的同时，该怎样预防潜在的风险呢？

## 将相和

完璧归赵与渑池会盟结束以后，蔺相如由于功劳大，被封为上卿，位在廉颇之上。廉颇说："我是赵国将军，有攻城野战的大功，而蔺相如只不过靠能说会道立了点功，可是他的地位却在我之上，况且蔺相如本来是卑贱之人，我感到羞耻，在他下面我难以忍受。"并且扬言说："我遇见蔺相如，一定要羞辱他。"

蔺相如听到后，不肯和他相会。蔺相如每到上朝时，便推说有病，不愿和廉颇去争位次的先后。没过多久，蔺相如外出，远远看到廉颇，就掉转车子回避。于是蔺相如的门客就一起来直言进谏说："我们所以离开亲人来侍奉您，就是仰慕您高尚的节义呀。如今您与廉颇地位相同，廉将军口出恶言，而您却因害怕躲避他，您怕得也太过分了，平庸的人尚且感到羞耻，何况是身为将相的人呢！我们这些人没出息，请让我们告辞吧！"

蔺相如坚决地挽留他们，说："诸位认为廉将军和秦王相比谁厉害？"门客回答说："廉将军比不了秦王。"蔺相如说："以秦王的威势，我都敢在朝廷上呵斥他、羞辱他的群臣，我蔺相如虽然无能，难道会怕廉将军吗？但是我想到，强秦所以不敢对赵国用兵，就是因为有我们两人在呀，若两虎相斗，则势必不能共存。我所以这样忍让，就是为了要把国家的急难摆在前面，而把个人的私怨放在后面。"

廉颇听说了这些话，就脱去上衣，露出上身，背着荆条，由宾客带引，来到蔺相如的门前请罪。他说："我是个粗野卑贱的人，想不到将军您是如此宽厚啊！"二人终于和好，成为生死与共的好友。

（根据《史记》改写）

【课堂讨论】

蔺相如从一个普通的门客起步，经过完璧归赵、渑池会盟等重大事件之后，很快得到擢升。作为"职场新人"的他，地位甚至超过了在赵国有几十年"工龄"且战功赫赫的"老员工"廉颇将军，引来了直接的嫉妒、攻击和羞辱。但他以低调的作风、避让的方式、先国家而后私怨的态度，最终化解了这一矛盾，充分体现了"无为"的处世哲学。试问：

1. 在整个故事中，蔺相如的门客起到了什么作用？

2. 如果你在生活中遇到了与蔺相如类似的事情，该如何面对？

# 第四讲　宁静致远的人生智慧

## 导　论

《道德经》极为推崇“虚静”的心理状态和思维状态，以之为最佳心性。长期以来，没有系统学习过传统文化的人会认为“心虚”“虚静”“清静”“无为”等道家智慧是消极的、无用的，是在教导人们无所事事、无所作为，其实，这是对道家智慧的误解、曲解。老子讲的“心虚”，是要求一个人清理自己的心理空间，留出能装东西的必要空间，而不是内心空虚、心虚害怕的意思，这就好比电脑、手机需要定期清理垃圾一样，只有心里腾出了新的空间，才能接受新事物、产生新思想、创造新发明。而“虚静”“清静”“无为”等，则是实现“虚其心”的内外手段，使我们不那么忙碌，不那么程式化，而能集中有限精力在特定对象上，做到专心致志、心无旁骛，从而有所成就。因此，无论从个人修养、家庭和谐的小范围来说，从集体和睦、事业发达的社会化群体建设来说，还是从国策制定、军事斗争这样关系到国计民生、民族存亡的高级别、高层次的事业来说，控制杂念，专注事业，方法得当，行之有效的基本前提，都是专注投入的“虚静”智慧。

我们现代人时刻处于网络、信息、宣传之中，在享受科技进步带来的多重便利的同时，也不得不接受它们带来的害处：有的人沉溺网络，不思进取；有的人听信虚假宣传，上当受骗；凡此种种，不一而足。笔者以为：正确的态度是接受先进事物，同时“放出眼光，自己来拿”，一定要有辨识的智慧、区别的能力、选择的方法。高科技需要高智商，好的生活需要高情商。道家的虚静智慧正是这样有所选择、清静精神、创新思维的智慧。

## 1.《道德经》第十六章

致虚极，守静笃[①]；万物并作[②]，吾以观复[③]。夫物芸芸[④]，各复归其根。归根[⑤]曰静，静曰[⑥]复命[⑦]。复命曰常[⑧]，知常曰明[⑨]。不知常，妄作凶。知常容[⑩]，容乃公，公乃全[⑪]，全乃天[⑫]，天乃道，道乃久，没身不殆。

## 【注释】

① 致虚极，守静笃：虚和静都是形容人的心境是空明、宁静的状态，但由于外界的干扰、诱惑，人的私欲开始活动。因此心灵闭塞不安，所以必须注意致虚和守静，以期恢复心灵的清明。极、笃，意为极度、顶点。

② 作：生长、发展、活动。

③ 复：循环往复。

④ 芸芸：茂盛、纷杂、繁多。

⑤ 归根：根指道，归根即复归于道。

⑥ 静曰：一本作“是谓”。

⑦ 复命：复归本性，重新孕育新的生命。

⑧ 常：万物运动变化的永恒规律，即守常不变的规则。

⑨ 明：明白、了解。

⑩ 容：宽容、包容。

⑪ 全：周到、周遍。

⑫ 天：自然的天，或为自然界的代称。

## 【今译】

尽力使心灵的虚寂达到极点，使生活清静坚守不变。万物都一齐蓬勃生长，我从而考察其往复的道理。那万物纷纷纭纭，各自返回它们的本根。返回到它们的本根就叫作清静，清静就叫作复归于生命。复归于生命就叫作自然，认识了自然规律就叫作聪明，不认识自然规律的轻妄举止，往往会出乱子和灾凶。认识自然规律的人是无所不包的，无所不包就会坦然公正，公正就能周全，周全才能符合自然的“道”，符合自然的道才能长久，终生不会遭到危险。

## 【解读】

本章里，老子特别强调致虚守静的功夫。他主张人们应当用虚寂沉静的态度，去面对宇宙万物的运动变化。在他看来，万事万物的发展变化都有其自身的规律，从生长到死亡，再生长到再死亡，生生不息，循环往复以至无穷。老子希望人们能够了解、认识这个规律，并且把它应用到社会生活之中。在这里，他提出“归根”“复命”的概念，主张回归到一切存在的根源，那里是完全虚静的状态，那是一切存在的本性。

无论是认识人生哲理，还是认识客观世界，老子的基本态度是“致虚”“守静”“归根”和“复命”。“致虚”是要人们排除物欲的诱惑，回归到虚静的本性。“致虚”必“守静”，因为“虚”是本体，而“静”则在于运用。司马迁说：“李耳无为自化，清静自正。”（《史记·太史公自序》）这是很扼要的概括。“静”与“动”是一对矛盾，在这对矛盾中，老子着重于“静”而不是“动”，也不否定“动”的作用。

本章是直接与修身养性关联的原理与方法。人心不清净，杂念就多，思虑就乱，饮食睡眠和精神状态就很差，长此以往，一定生病，哪里来的健康身体呢？所以，精神上适度放松，欲望方面适度减少，安心静神，才是养身的最高法门。可惜的是，好吃好玩的那么多，刺激过瘾的那么多，烦心劳神的那么多，我们怎能够静心虚心呢？还是少些欲望吧！

## 2.《道德经》第十五章

古之善为士者，微妙玄通，深不可识。夫不唯不可识，故强为之容：豫焉，若冬涉川；犹兮若畏四邻；俨兮其若容；涣兮若冰之将释；敦兮其若朴；旷兮其若谷；混兮其若浊；孰能浊以静之徐清？孰能安以动之徐生？保此道者不欲盈。夫唯不盈，故能蔽不新成。

【今译】

古时候善于行道的人，微妙通达，深刻玄远，不是一般人可以理解的。正因为不能认识他，所以只能勉强地形容他：他小心谨慎啊，好像冬天踩着水过河；他警觉戒备啊，好像防备着邻国的进攻；他恭敬郑重啊，好像要去赴宴做客；他行动洒脱啊，好像冰块缓缓消融；他纯朴厚道啊，好像没有经过雕琢的原料；他旷远豁达啊，好像深幽的山谷；他浑厚宽容，好像含沙的浊水。谁能使浑浊慢慢澄清？谁能使静慢慢显出生机？保持这个“道”的人不会自满。正因为他从不自满，所以能够去故更新。

【解读】

这一章对悟道之士做了描写。老子称赞得“道”之人的“微妙玄通，深不可识”，他们掌握了事物发展的普遍规律，懂得运用普遍规律来处理现实存在的具体事物。一般人对“道”感到难以捉摸，而得“道”之士则与世俗之人明显不同，他们有独到的风貌、独特的人格形态。世俗之人“嗜欲深者天机浅”，他们极其浅薄，让人一眼就能够看穿；得“道”人士静谧幽沉、难以测识。他们有良好的人格修养和心理素质，有良好的静定功夫和内心活动。他们表面上清静无为，实际上极富创造性，即静极而动、动极而静，这是他们的生命活动过程。

就“虚静心态”而言，老子提出了“清静”“新变”的概念，这是一个悟道之人应有的心态。道家讲究淡泊名利，只有心态清静，内心没有杂念，才能体悟自身，去旧更新，使自己的精神状态、心理感受、境界追求有别于他人，中国传统哲学中的主体修养论与新变自成论由此建立起来。下一章中将明确提出“虚静”这一意义重大的哲学范畴。

## 3.《道德经》第二十六章

重为轻根，静为躁君。是以圣人终日行不离辎重，虽有荣观，燕处超然。奈何万乘之主，而以身轻天下？轻则失本，躁则失君。

【今译】

厚重是轻率的根本，静定是躁动的主宰。因此圣人终日行走，不离开载装行李的车辆，虽然有美食胜景吸引着他，却能安然处之。为什么大国的君主，还要轻率躁动以治天下呢？轻率就会失去根本；急躁就会丧失主导。

【解读】

在这一章里，老子举出两对矛盾的现象——轻与重、动与静，而且进一步认为，矛盾的事物中有一方是主要的、根本的、起决定作用的。在轻重关系中，重是根本，轻是其次，只注重轻而忽略重，则会失去根本；在动静关系中，静是根本，动是其次，只重视动而忽略静，也会失去根本。

推而广之，动静、轻重观念可以普遍地应用于人类社会的方方面面：一个临阵对敌的统帅，如果没有冷静的头脑，激动发热，必定败亡；一个行政部门的主管，如果不切实际，贸然跃进，这个行业一定是虚假繁荣，损失巨大；一个学生，在网络时代沉如果迷于社交软件、游戏、购物等，一定会心思杂乱，不能专注于学业；一个普通人，如果注重比较，攀比成风，一定心态失衡，浮躁埋怨……所以，古人讲究区分轻重，讲究安心专注，讲究静以修身、俭以养德，是有很高的智慧和心理体验在其中的，对我们今天的学习、生活，乃至正确价值观、人生观的养成，都有着积极的借鉴意义。

## 4.《道德经》第四十五章

大成若缺，其用不弊。大盈若冲，其用不穷。大直若屈，大巧若拙，大辩若讷。躁胜寒，静胜热。清静为天下正。

【今译】

最完满的东西，好似有残缺一样，但它的作用永远不会衰竭；最充盈的东西，好似空虚一样，但是它的作用是不会穷尽的。最正直的东西，好似弯曲一样；最灵巧的东西，好似最笨拙的；最卓越的辩才，好似不善言辞一样。身体动起来就可以应对寒冷，心安静就可以应对暑热。清静无为才能统治天下。

【解读】

老子运用辩证法认识事物、认识人。他告诫那些国富兵强、拓地千里、并国数十、成其大功的王侯将相，不应因此而昏昏然，要看到自己的缺陷和不足。丰满充盈的如果能以细小视之，富裕的以不足居之，再加上如屈、如拙，当然会受用无穷。

抛开这些大道理，回到养生保健话题，这一章给了我们两个特别好的建议：一是不要追求完美，有所缺失才是最真实的状态；二是要清静安心，才能健康养生。我们为自己设定的目标，不是越高越好，而是要力所能及；不是越多越好，而是要突出主次；不是越完美越好，其实质在于鼓励自己追求进步。因此，世界上没有完美无缺的事情，没有尽如人意的工作，没有十全十美的爱情——所有的事物，都存在不完美，这才是事物的本质和本相。“不如事常八九，能成功者常二三”，连太上老君这样的神仙都有烦恼，连白娘子简单的爱情生活都会历尽劫波。所以，在心理上，我们要接受不完美，接受缺陷，接受遗憾，只要过程中你是积极认真的，人生路上你是追求进步的，就不用怕不成功，只是不那么完美而已。有了这样的心态，你的生活品质一定会提高，身心状态一定会和谐，因为阻碍你的心理障碍——名、利、功、劳，你会看得淡一些了。

## 5.《道德经》第六十一章

大国者下流，天下之交，天下之牝也。牝常以静胜牡，以静为下。故大邦以下小邦，则取小邦；小邦以下大邦，则取大邦。故或下以取，或下而取。大邦不过欲兼畜人，小邦不过欲入事人。夫两者各得其所欲，大者宜为下。

【今译】

大国要像居于江河下游那样，使天下百川河流交汇在这里，处在天下雌柔的位置。雌柔常以安静守定而胜过雄强，这是因为它居于柔下的缘故。所以，大国对小国谦下忍让，就可以取得小国的信任和依赖；小国对大国谦下忍让，就可以见容于大国。所以，或者大国对小国谦让而取得大国的信任，或者小国对大国谦让而见容于大国。大国不要想统治小国，小国不要想着取代大国。两方面各得所欲求的，而大国特别应该谦下忍让。

【解读】

《道德经》中包含着丰富、深厚的政治谋略，本章可以看作一个成就王图霸业的谋略之术。实力雄厚的大国，既可以像秦国那样兼并诸侯，统一天下，也可以采用怀柔政策，不动兵戈，瓦解对方。表面上的处柔、谦虚、卑下，不一定是一个国家（或个人）的真实面目，其背后隐藏的真正意图，只有到了目的达成、意图实现的时候，才能看出来。这样的例子古今中外数不胜数。

我们当代人要学习老子教导的谦虚温和、平易近人、友善相处，以实现和谐的人际关系与社会关系，不能将老子的智慧转化运用到勾心斗角、谋图私利、虚与委蛇方面去。否则便与文明社会的发展轨迹相悖，最终只能异化，不利于健康地生活。

## 拓展阅读

### 学弈

孟子曰："无或乎王之不智也。虽有天下易生之物也，一日暴之，十日寒之，未有能生者也。吾见亦罕矣，吾退而寒之者至矣，吾如有萌焉何哉？今夫弈之为数，小数也；不专心致志，则不得也。

弈秋，通国之善奕者也。使弈秋诲二人弈，其一人专心致志，惟弈秋之为听。一人虽听之，一心以为有鸿鹄将至，思援弓缴而射之，虽与之俱学，弗若之矣，为是其智弗若与？曰：非然也。"

【解读】

本文选自《孟子·告子》，已进入小学语文教材之中，共五句，告诉我们只有专心致志，才能有所成就。

《孟子》中的弈秋，是历史上第一个留下姓名的棋手。由于弈秋棋术高明，当时有很多年轻人想拜他为师。弈秋收下了两个学生。一个学生诚心学艺，听先生讲课从不敢怠慢，十分专心。另一个学生大概只图弈秋的名气，虽拜在门下，却并不下功夫。弈秋讲棋时，他心不在焉，探头探脑地朝窗外看，想着天鹅什么时候才能飞来，飞来了好张弓搭箭射两下试试。两个学生同在学棋，同拜一师，前者学有所成，后者未能领悟棋艺。学棋要专心，下棋也得如此，即使是弈秋这样的大师，偶然分心也不行。有一日，弈秋正在下棋，一位吹笙的人从旁边路过。悠悠的笙乐，飘飘忽忽的，如从云中洒下。弈秋一时走了神，侧着身子倾心聆听。此时，正是棋下到决定胜负的时候，笙突然不响了，吹笙人探身向弈秋请教围棋之道，弈秋竟不知如何对答。不是弈秋不明围棋奥秘，而是他的注意力此刻不在棋上。

由此可见，道家"虚静""淡泊"的主张，实际上与儒家专心致志、用志不分的主张在本质上是一致的。道家讲究无为，指的不是不作为，而是不乱作为，是选择性地专注作为而能有所作为；儒家讲述有为，指的是在修养上、学习上、政治上奋进做事，立身做人，从而为国为民，有所贡献。《孟子》以学习围棋为例，讲述了学习必须专心致志的道理，推而广之，君王为国，也必须专心致志，才能有所作为。有所作为的君王没有多的杂念，一心为公，这就是道家“虚静”而能凝神专注的另一种说法。同样的论述还出现在荀子的《劝学》篇之中。

## 劝学（节选）

君子曰：学不可以已。

青，取之于蓝，而青于蓝；冰，水为之，而寒于水。木直中绳，輮以为轮，其曲中规。虽有槁暴，不复挺者，輮使之然也。故木受绳则直，金就砺则利，君子博学而日参省乎己，则知明而行无过矣。

故不登高山，不知天之高也；不临深溪，不知地之厚也；不闻先王之遗言，不知学问之大也。干、越、夷、貉之子，生而同声，长而异俗，教使之然也。诗曰：“嗟尔君子，无恒安息。靖共尔位，好是正直。神之听之，介尔景福。”神莫大于化道，福莫长于无祸。

吾尝终日而思矣，不如须臾之所学也；吾尝跂而望矣，不如登高之博见也。登高而招，臂非加长也，而见者远；顺风而呼，声非加疾也，而闻者彰。假舆马者，非利足也，而致千里；假舟楫者，非能水也，而绝江河。君子生非异也，善假于物也。

南方有鸟焉，名曰蒙鸠，以羽为巢，而编之以发，系之苇苕，风至苕折，卵破子死。巢非不完也，所系者然也。西方有木焉，名曰射干，茎长四寸，生于高山之上，而临百仞之渊，木茎非能长也，所立者然也。蓬生麻中，不扶而直；白沙在涅，与之俱黑。兰槐之根是为芷，其渐之滫，君子不近，庶人不服。其质非不美也，所渐者然也。故君子居必择乡，游必就士，所以防邪辟而近中正也。

物类之起，必有所始。荣辱之来，必象其德。肉腐出虫，鱼枯生蠹。怠慢忘身，祸灾乃作。强自取柱，柔自取束。邪秽在身，怨之所构。施薪若一，火就燥也，平地若一，水就湿也。草木畴生，禽兽群焉，物各从其类也。是故质的张，而弓矢至焉；林木茂，而斧斤至焉；树成荫，而众鸟息焉。醯酸，而蜹聚焉。故言有招祸也，行有招辱也，君子慎其所立乎！

积土成山，风雨兴焉；积水成渊，蛟龙生焉；积善成德，而神明自得，圣心备焉。故不积跬步，无以至千里；不积小流，无以成江海。骐骥一跃，不能十步；驽马十驾，功在不舍。锲而舍之，朽木不折；锲而不舍，金石可镂。蚓无爪牙之利，筋骨之强，上食埃土，下饮黄泉，用心一也。蟹六跪而二螯，非蛇鳝之穴无可寄托者，用心躁也。

是故无冥冥之志者，无昭昭之明；无惛惛之事者，无赫赫之功。行衢道者不至，事两君者不容。目不能两视而明，耳不能两听而聪。螣蛇无足而飞，鼫鼠五技而穷。《诗》曰：“尸鸠在桑，其子七兮。淑人君子，其仪一兮。其仪一兮，心如结兮！”故君子结于一也。

【解读】

以上《劝学》选段，主要论述了学习的重要性，指出了学习应该采取的态度和方法。

虽然荀子论学的基础是唯心主义的性恶论，但是对批判孟子的先天道德论起了积极作用。由于历史条件的限制，他劝学的目的实际上是培养合乎封建统治阶级道德规范的人才。这虽与我们今天的学习目的有本质的区别，但在那新兴地主阶级登上政治舞台、全国走向统一的历史时期，是有进步意义的。至于文中阐述的要重视学习以及学习必须善假于物、逐渐积累、持之以恒等见解，就是在今天，对我们来说也还有相当重要的启发作用和借鉴意义。

《劝学》的基本观点是“学不可以已”，强调学习的重要性，这与《老子》“绝圣弃智”的主张有所不同。老子反对的是周王朝贵族教育中的精英教育，荀子代表的是战国晚期新兴地主阶级的势力，二者论述的对象是不一样的。荀子主张专心致志、持续学习，需要虚静其心态、强化其意志、教授其方法，最主要的还是学习者要内心强大，要有持续、专注的精神动力。只有内心没有杂念，不再“险躁”，才能坚持学习，有所成就，这与老子的观念一脉相承，也是教育的基本规律。

上述著名的教育理念，经过时间的沉淀与发展变化，在后代的家训、经典、政令中有了不同形式的表现，现举例说明之。

## 诫子书

诸葛亮

夫君子之行，静以修身，俭以养德。非澹泊无以明志，非宁静无以致远。夫学须静也，才须学也，非学无以广才，非志无以成学。淫慢则不能励精，险躁则不能冶性。年与时驰，意与日去，遂成枯落，多不接世，悲守穷庐，将复何及！

### 【解读】

这篇文章作于蜀汉建兴十二年（234 年），是诸葛亮晚年写给他八岁的儿子诸葛瞻的一封家书。诸葛亮一生为国，鞠躬尽瘁，死而后已。他为了蜀汉国家事业日夜操劳，顾不上亲自教育儿子，于是写下这篇书信告诫诸葛瞻。

《诫子书》的主旨是劝勉儿子勤学立志，修身养性要从澹泊宁静中下功夫，最忌怠惰险躁。文章概括了做人治学的经验，着重围绕一个“静”字加以论述，同时把失败归结为一个“躁”字，对比鲜明。诸葛亮教育儿子，要“澹泊”自守，“宁静”自处，鼓励儿子勤学励志，从澹泊和宁静的自身修养上狠下功夫。他说：“夫学须静也，才须学也，非学无以广才，非志无以成学。”意思是说，不安定清静就不能为实现远大理想而长期刻苦学习，要学得真知必须使身心在宁静中研究探讨，人们的才能是从不断的学习中积累起来的；不下苦功学习就不能增长与发扬自己的才干；没有坚定不移的意志就不能使学业成功。诸葛亮教育儿子切忌心浮气躁，举止荒唐。在书信的后半部分，他则以慈父的口吻谆谆教导儿子：少壮不努力，老大徒伤悲。这话虽为老生常谈，但却是慈父教诲儿子的良言，字字句句是心中真话，是他人生的总结，因而格外令人珍惜。

这篇《诫子书》，不但讲明修身养性的途径和方法，而且指明了立志与学习的关系；不但讲明了宁静淡泊的重要，而且指明了放纵怠慢、偏激急躁的危害。文章短短几十字，传递出丰富的讯息，比起长篇大论，诫子效果好得多。

## 诫外甥书

诸葛亮

夫志当存高远，慕先贤，绝情欲，弃凝滞，使庶几之志，揭然有所存，恻然有所感。忍屈伸，去细碎，广咨问，除嫌吝，虽有淹留，何损于美趣，何患于不济。若志不强毅，意不慷慨，徒碌碌滞于俗，默默束于情，永窜伏于凡庸，不免于下流矣！

【解读】

本文是诸葛亮写给他的外甥庞涣的一封书信。诸葛亮家族迁徙到南阳隐居后，他的二姐嫁给襄阳大名士庞德公的儿子庞山民。诸葛亮非常敬重庞德公，多次上门求教，甚至独拜床下，“跪率益恭”。后来，庞德公也十分器重诸葛亮，称之为“卧龙”，称其侄庞统为“凤雏”。可以说，正是这门姻亲使得诸葛亮在当地名士群体中占据了一席之地。诸葛亮二姐所生之子叫庞涣，字世文，曾官至郡太守，这篇《诫外甥书》就是写给他的。诸葛亮在这封信中，教导他如何立志、修身、成材。

如果说《诫子书》强调了修身学习的重要性，那么本篇《诫外甥书》则阐述了立志做人的重要性。本文一开篇，诸葛亮便开宗明义地指出“夫志当存高远”，即做人应当抱有远大的志向。具有远大的志向是一个人走向成功的先决条件，这是毋庸置疑的。尽管这篇文章只有短短八十余字，但却有很深的内涵。作为年轻人，不光要有崇高的理想、远大的志向，还必须有实现理想志向的具体可行的措施和战胜困难、排除干扰的毅力。不然理想就可能会成为一种空想，人也在不知不觉中沦为平庸。诸葛亮的这封信讲的就是这个道理。一个人如果志存高远、意志坚定，又能缜密地思考，然后付之于行动，就很有可能在日益激烈的社会竞争中取得成功。

曾国藩在家训中也曾教育子女说：“有志、有识、有恒。有志断不甘为下流；有识则知学问无尽，不敢以一得自足；有恒则断无不成之事。”这些非同寻常人物的观点都凝聚了他们的人生经验，有着异曲同工之妙。

不仅在写实的教育类文章中时时可见道家“虚静”“澹泊”“明志”思想的影响，在现当代的武侠小说中，受传统文化滋养的作家，也会将武学的精进与心态的锤炼结合起来，从而写出精彩、有神、有文化内涵的耐读、耐思的优秀小说。

# 第五讲　适度欲望的生活智慧

## 导　论

道家主张节俭，反对奢华，这一点与儒家稍有不同。其实，在先秦诸子当中，儒家虽然也讲“节用”“节俭”，但其提倡的“礼乐制度”是需要相当花费的。从上到下，都有严格的礼制规格，越是往上，越是显赫、铺张、显摆、浪费。而在道家这里，老子认为王朝兴亡更迭的一大原因，就是贵族统治阶级过于奢华、占有社会资源太多，而不能关注民生、力行节俭，于是他明确反对铺张浪费，反对过度的欲望，对衣食住行等报以适度就好的基本态度。这不仅适用于统治阶层，对普通人也有警醒意义。

在当代，这种生活智慧对我们生活习惯、饮食习惯、对待网络、对待名利等各个方面都有直接的教育意义。牢记老子适度欲望的智慧，我们将能更健康地生活，更有质量地生活。

## 1.《道德经》第十二章

五色①令人目盲②，五音③令人耳聋④，五味⑤令人口爽⑥，驰骋⑦畋猎⑧令人心发狂⑨；难得之货令人行妨⑩。是以圣人为腹不为目⑪，故去彼取此⑫。

【注释】

① 五色：青、黄、赤、白、黑。此指色彩多样。
② 目盲：比喻眼花缭乱。
③ 五音：宫、商、角、徵、羽。这里指多种多样的乐声。
④ 耳聋：比喻听觉不灵敏，分不清五音。
⑤ 五味：酸、苦、甘、辛、咸。这里指多种多样的美味。
⑥ 口爽：味觉失灵，生了口病。古代以“爽”为口病的专用名词。
⑦ 驰骋：纵横奔走，比喻纵情放荡。
⑧ 畋猎：打猎获取动物。畋，音田，打猎的意思。
⑨ 心发狂：心旌放荡而不可制止。

⑩ 行妨：伤害操行。妨，妨害、伤害。

⑪ 为腹不为目：只求温饱安宁，而不为纵情声色之娱。腹，在这里代表一种简朴宁静的生活方式；目，则代表一种巧伪多欲的生活方式。

⑫ 去彼取此：摒弃物欲的诱惑，而保持安定知足的生活。

【今译】

缤纷的色彩，使人眼花缭乱；嘈杂的音调，使人听觉失灵；丰盛的食物，使人舌不知味；纵情狩猎，使人心情放荡发狂；稀有的物品，使人行为不轨。因此，圣人但求吃饱肚子而不追逐声色之娱，所以摒弃物欲的诱惑而保持安定知足的生活方式。

【解读】

对于这一章，人们普遍认为老子是针对奴隶主贵族贪欲奢侈、纵情声色而写的，是揭露和劝诫，也是严正警告。但对此章的具体解释，却有两种截然不同的意见。一种意见说，老子从反对统治阶级腐朽生活出发，得出一般结论，即反对一切声色，否定发展文化。持此观点的人认为，老子所谓“为腹不为目”的说法，是把物质生活和精神文明对立起来，是他的愚民思想的一种表现，即只要给人们温饱的生活就可以了，这是彻底的文化否定论。另一种意见认为，老子所说的“五色”“五音”“五味”、围猎之乐、难得之货，并非都是精神文明，所以不存在把物质生活与精神文明对立起来的问题，这些反映奴隶主贵族糜烂生活的令人目盲、令人耳聋、令人心发狂的腐朽文化，其价值也不过等同于打猎之乐和难得之货。这两种意见都有自己的道理，有理解上的差异，也有学者价值观的区别。不过，此处的争论倒是提醒我们今天在发展物质文明的同时，应重视精神文明的发展，反对物欲横流引起的精神腐蚀。

在本章里，老子并不是反对外在的种种物质生活与精神享受，而是反对过度的“五色”“五音”“五味”，反对统治阶层“驰骋畋猎”的过度狩猎行为——这样只知道享乐的统治者，一定不能得到百姓的支持，国家就会有危险！所以，他主张适度享乐，控制欲望，故笔者提出了“适度欲望”的论题。

## 2.《道德经》第九章

持而盈之，不如其已；揣而棁之，不可长保。金玉满堂，莫之能守；富贵而骄，自遗其咎。功遂身退，天之道。

【今译】

执持盈满，不如适时停止；显露锋芒，锐势难以保持长久。金玉满堂，无法守藏；

如果富贵到了骄横的程度，那是自己留下了祸根。一件事情做得圆满了，就要含藏收敛，这是符合自然规律的道理。

【解读】

世界上美好的事物有很多，比如金玉、富贵、成功等，然而拥有全部这些东西，究竟是福还是祸呢？老子认为：一旦拥有者对美好事物的作用认识不足，过度地消耗了这些东西，或者不能正确地对待这些东西，美好的事物就会在功能上走向反面。夏天水太多，则江河装不下，要发生洪灾；圆锥放在布袋子里面，越锋利就越容易戳破袋子。与此类似，养尊处优，吃喝玩乐，本是人之常情，但要是过了头，走到极端，就会消解斗志，玩物丧志，身体要垮，事业无成。

## 拓展阅读一

### 选择对修道的重要性

雪漠

我经常思考一个问题：假如我十八九岁的时候，不是生活在贫穷的乡下，而是生活在喧嚣的大城市，我会怎么选择？假如我不是出生在农民家庭，而是出生在富有的家庭，父母都是当官、做生意的，我会怎么选择？假如我最初不是清贫的小学老师，而是进入了一个热闹的、充满诱惑的环境，我又会怎么选择？假如我还没有证得心灵的自主，就接触了诸多的繁华和精彩，我还能像最初那样，守住宁静和质朴，脚踏实地地走到今天吗？不好说。现在，我觉得我的定力已经很好了，但时不时仍有诸多诱惑扑面而来，稍稍不注意，就会被裹挟而去。

我也时常发现，很多人在大城市里待久了，或是跟一些精明的城市人——尤其是成功人士——聊天，就会自然而然地谈到关于成功、财富、事业的话题。这时，人们往往就会产生强烈的目的心和功利心，想做一番惊天动地的事业。于是他们就给自己找出无数借口，让自己失去平衡、失去理性、追逐所谓的梦想、追逐所谓的成功。最后，他们往往会迷失自己，失去方向。

这就是典型的“五色令人目盲；五音令人耳聋；五味令人口爽；驰骋畋猎，令人心发狂；难得之货，令人行妨”。所以，老子非常了不起，他说出了如何在城市里保持出离心，如何在城市里守住质朴的大道。他虽然没有说出“出离”二字，却很好地说出了如何出离。

很多人对这一章的解读也都很好，包括朱元璋。

朱元璋很有意思，他批注《道德经》批注得很好，但他自己的有些行为却很糟糕。

他没有按照老子所说的，无为而治，他的统治中有很多血腥的东西。尤其是杀掉开国功臣这种做法，体现了他内心的残忍。他是个欲望极重的皇帝。在对贪官的处罚方面，他也用了非常极端的酷刑——剥皮揎草。他设了专门的剥皮场，在剥下的人皮中填满稻草和石灰，立在继任官员公堂上的桌座旁边，以示警诫。据说，他在任三十一年，发动了六次大肃杀，杀死了十多万贪官。他还处死了对他忠心耿耿的一些大臣，看来批注《道德经》并没有改变朱元璋的残忍。

汉文帝、汉景帝和窦太后治国时，用的都是黄老之术，国泰民安，出现了文景之治。汉文帝和汉景帝是爱老百姓的。他们都是典型的用老子思想改变中国的例子。

老子能改变人，他改变了无数的人。仅仅是这一章，就不知道改变了多少人的生命轨迹，改善了多少人的生命质量。他是中国最伟大的思想家。

我上高中的时候，最喜欢背的就是《道德经》和《庄子》。我十八九岁时最着力的，也是《道德经》和《庄子》。其中的大部分内容，我直到今天还记得，它直接改变了我后来的生命程序，让我远离了一些喧嚣。

很多朋友问我，如果想读传统文化经典，应该先从哪里入手？我告诉他们，最好从《道德经》入手。他们问我，读不懂怎么办？我说，读不懂也不要紧，仍然最该读它，因为，你只有登上山顶，才能窥得万相。读了《道德经》，你眼中的世界就不一样了，很多事你就会清楚明了。当然，虽说《道德经》可以改变人的生命，但要是只读不照着做，它的改变也很有限。朱元璋就是一个例子。

能不能从根本上改变生命，不是由经典决定的，而是由人自己决定的。

如何决定？选择。“是以圣人为腹不为目，故去彼取此。”

（作家简介：雪漠，原名陈开红，甘肃凉州人。国家一级作家，甘肃省作家协会副主席。三度入围“茅盾文学奖”，荣获“冯牧文学奖”等奖项，连续六次获“敦煌文艺奖”，代表作有“大漠三部曲”“灵魂三部曲”“故乡三部曲”等。作品入选《中国文学年鉴》《中国新文学大系》等，其长篇小说《野狐岭》入选大学本科教材《大学语文》阅读推荐书目，本文选自其《老子的心事——雪煮〈道德经〉第一辑》，有删改）

## 3.《道德经》第十九章

绝圣弃智，民利百倍；绝仁弃义，民复孝慈；绝巧弃利，盗贼无有。此三者以为文不足，故令有所属；见素抱朴，少私寡欲。

【今译】

抛弃聪明智巧，人民可以得到百倍的好处；抛弃仁义，人民可以恢复孝慈的天性；抛弃巧诈和货利，盗贼也就没有了。圣智、仁义、巧利这三者全是巧饰，作为治理社会病态的法则是不够的，所以要使人们的思想认识有所归属，保持纯洁朴实的本性，减少私欲杂念，抛弃圣智礼法的浮文，才能免于忧患。

【解读】

老子针对社会病态，提出了“见素抱朴，少私寡欲”的治理方案。在第十八章里，老子说“智慧出，有大伪”，因而主张抛弃这种聪明智巧。他认为“圣”“智”产生巧诈，用巧诈治国，便成为扰民的“有为”之政。抛弃这种扰民的政举，人民就可以得到切实的利益。老子提出的“见素抱朴，少私寡欲”，恢复人的自然本性的观点，是有积极意义的。

## 4.《道德经》第二十九章

将欲取天下而为之，吾见其不得已。天下，神器，不可为也。为者败之，执者失之。故物或行或随，或嘘或吹。或强或羸，或挫或隳。是以圣人去甚，去奢，去泰。

【今译】

想要治理天下，却又要用强制的办法，我看他不能够达到目的。天下的人民是神圣的，不能够违背他们的意愿和本性而加以强力统治。强力把持天下，就一定会失去天下。世人秉性不一：有前行有后随，有轻嘘有急吹；有的刚强，有的羸弱；有的安居，有的危殆。因此，圣人要除去那种极端、奢侈的、过度的措施法度。

【解读】

在老子看来，“去甚，去奢，去泰”是一个统治者必须要做好的三项工作，然而谈何容易？其实，不仅是统治者，我们普通人又何尝不需要“去甚，去奢，去泰”呢？华服美食、多套房产、百万年薪、美酒佳肴、功成名就、五子登科……哪一样不是我们竭力追求的事物呢？哪一样不是现代人“成功”的标志呢？但是，这些东西带来的反面问题，诸如人格、手段、健康、时间等各方面的问题，你看到了多少呢？

## 5.《道德经》第四十四章

名与身孰亲？身与货孰多？得与亡孰病？是故甚爱必大费，多藏必厚亡，知足不辱，知止不殆，可以长久。

【今译】

名声和生命相比，哪一样更为亲切？生命和货利相比，哪一样更为贵重？获取和丢失相比，哪一个更有害？过分爱名利就必定要付出更多的代价；过于积敛财富必定会招致更为惨重的损失。所以说，懂得满足，就不会受到屈辱；懂得适可而止，就不会遇见危险。这样才可以保持住长久的平安。

【解读】

本章所讲的“知足不辱，知止不殆”是老子为人处世的精辟见解。“知足”就是说，任何事物都有自己的发展极限，超出此限，则事物必然向它的反面发展。因而，每个人都应该对自己的言行举止有清醒的、准确的认识，凡事不可求全。贪求的名利越多，付出的代价也就越大，积敛的财富越多，失去的也就越多。他希望人们，尤其是手中握有权柄之人，对财富的占有欲要适可而止，要知足，才可以做到“不辱”。“多藏”就是指对物质生活的过度追求，一个片面追求物质利益的人，必定会采取各种手段来满足自己的欲望，甚至会以身试法。“多藏必厚亡”，意思是说丰厚的贮藏必有严重的损失。这个损失并不仅仅指物质方面的损失，还指人的精神、人格、品质方面的损失。

仅以健康问题为例：现代人生活在快节奏、高强度的工作环境中，不能按时吃饭、睡觉、休息是常有的事，有的人甚至为了更高的收入而兼职、加夜班，以致生物钟颠倒错乱。长此以往，不仅会精神倦怠，严重的还会导致很多健康问题。也许挣钱是为了解决生存问题，是房价所逼、意愿所致，但无论如何，不能以透支健康为代价，这不仅是透支问题，更是生命代价的问题。某身家上百亿的富商 38 岁时猝死于办公室；成都某月薪过万的电子商务工作者猝死于上班路上，年仅 32 岁——这些都是事实，难道不值得我们深思吗？

有能力挣钱、有办法挣钱、有本事挣钱当然是好事，但是请记住：不要以生命、健康为代价！

## 6.《道德经》第五十三章

使我介然有知，行于大道，唯施是畏。大道甚夷，而民好径。朝甚除，田甚芜，仓甚虚；服文彩，带利剑，厌饮食，财货有余。是为盗夸。非道也哉！

【今译】

假如我稍微地有了认识，在大道上行走，唯一担心的是走了邪路。大道虽然平坦，但一些人却喜欢走邪径。朝政腐败已极，弄得农田荒芜，仓库十分空虚，而人君仍穿着锦绣的衣服，佩带着锋利的宝剑，饱餐精美的饮食，搜刮占有富余的财货，这就叫作强盗头子。这是多么无道啊！

【解读】

这一章揭露了当时社会的一些矛盾现象。在《道德经》一书中，有几处谈到这个问题，如第三章、第十九章、第五十七章、第七十五章等。本章描述了社会的黑暗和统治者给人们带来的深重灾难，尤其是统治者凭借权势和武力，恣意横行，对百姓搜刮榨取，终日荒淫奢侈，过着腐朽糜烂的生活，而下层民众却陷于饥饿，农田荒芜、仓藏空虚。面对这种景况，无怪乎老子把统治者叫作“盗夸”。这一章也可以说是给无道的执政者们——暴君所画的像。

纵观历史，凡是骄奢淫逸、昏庸暴虐的国君，不管他治理下的国家国力多强、军事实力多么厉害，如果他倒行逆施，一定会走向灭亡。而且，越是看起来强大的这类国君与国家，倒台越是迅速干脆。大家看《过秦论》里面怎么说的，“一夫作难而七庙隳，身死人手，为天下笑”，秦国一统天下，多么厉害，但因为没有群众基础，倒台之快，又让人不胜唏嘘。

## 拓展阅读二

### 巫蛊之祸

【阅读提示】

巫蛊之祸是汉武帝在位后期发生的一次重大政治事件。巫蛊为一种巫术，当时人认为使巫师祠祭或以桐木偶人埋于地下，诅咒所怨者，被诅咒者即有灾难。

征和二年（前 91 年），丞相公孙贺之子公孙敬声被人告发为巫蛊咒武帝，与阳石公主通奸，公孙贺父子下狱死，诸邑公主与阳石公主、卫青之子长平侯卫伉皆坐诛。武帝宠臣江充奉命查巫蛊案，用酷刑和栽赃迫使人认罪，大臣百姓惊恐之下胡乱指认他人犯罪，数万人因此而死。

江充与太子刘据有隙，遂趁机陷害太子，并与按道侯韩说、宦官苏文等四人诬陷太子，太子恐惧，起兵诛杀江充，后遭武帝镇压兵败，皇后卫子夫和太子刘据相继自杀。壶关三老和田千秋等人上书讼太子冤，终于清醒过来的武帝夷江充三族，烧死苏文，又修建“思子宫”，于太子被害处建“归来望思之台”，以志哀思。此事件牵连者达数十万人，史称巫蛊之祸。

【事件回顾】

征和元年（前 92 年），汉武帝住在建章宫，看到一个男子带剑进入中龙华门，怀疑是不寻常的人，便命人捕捉。该男子弃剑逃跑，侍卫们追赶，未能擒获。汉武帝大怒，将掌管宫门出入的门候处死。冬十一月，汉武帝征调三辅地区的骑兵对上林苑进行大搜查，并下令关闭长安城门进行搜索，十一天后解除戒严。巫蛊事件开始出现。

丞相公孙贺的夫人卫君孺是卫皇后的姐姐，公孙贺因此受到宠信。公孙贺的儿子公孙敬声接替父亲担任太仆，骄横奢侈，不遵守法纪，擅自动用北军军费一千九百万钱，事情败露后被捕下狱。这时，汉武帝正诏令各地紧急通缉阳陵大侠客朱安世，于是公孙贺请求汉武帝让他负责追捕朱安世，来为其子公孙敬声赎罪，汉武帝批准了他的请求。后来，公孙贺果然将朱安世逮捕。朱安世却笑着说："丞相将要祸及全族了！"于是从狱中上书朝廷，揭发说："公孙敬声与阳石公主私通；他得知陛下将要前往甘泉宫，便让巫师在陛下专用的驰道上埋藏木偶人，诅咒陛下，口出恶言。"

征和二年（前 91 年）春正月，公孙贺被逮捕下狱，经调查罪名属实，父子二人都死于狱中，并被灭族，同时还牵连阳石公主和皇后卫子夫所生的另一个女儿诸邑公主以及卫青的长子卫伉全部被杀。卫氏在汉廷内部的政治盟友也因此损失殆尽。

汉武帝任命涿郡太守刘屈氂为丞相，封其为澎侯。

这时，方士和各类神巫多聚集在京师长安，大都是以左道旁门的奇幻邪术迷惑众人，无所不为。一些女巫来于宫中，教宫中美人躲避灾难的办法，在每间屋里都埋上木头人，进行祭祀。因相互妒忌争吵时，就轮番告发对方诅咒皇帝、大逆不道。汉武帝大怒，将被告发的人处死，后宫妃嫔、宫女以及受牵连的大臣共杀了数百人。

汉武帝产生疑心以后，有一次在白天小睡，梦见有好几千个木头人手持棍棒想要袭击他，霍然惊醒，从此感到身体不舒服，精神恍惚，记忆力大减。江充因与太子刘据、卫皇后有嫌隙，见汉武帝年纪已老，害怕汉武帝去世后被刘据诛杀，便定下奸谋，说汉武帝的病是因为有巫蛊术作祟。于是汉武帝派江充为使者，负责调查巫蛊案。江充率领胡人巫师到各处掘地寻找木头人，并逮捕了那些用巫术害人、夜间守祷祝及自称能见到鬼魂的人，又命人事先在一些地方洒上血污，然后对被捕之人进行审讯，将那些染上血污的地方指为他们以邪术害人之处，并施以铁钳烧灼之刑，强迫他们认罪。于是百姓们相互诬指对方用巫蛊害人；官吏则每每参劾别人为大逆不道。从京师长安、三辅地区到各郡、国，因此而死的先后共有数万人。

汉武帝年事已高，怀疑周围的人都在用巫蛊诅咒他；而那些被逮捕治罪的人，无论真实情况如何，谁也不敢诉说自己有冤。江充窥探出汉武帝的疑惧心理，便指使胡人巫师檀何言称："宫中有蛊气，不将这蛊气除去，皇上的病就一直不会好。"于是汉武帝派江充进入宫中，直至宫禁深处，毁坏皇帝的宝座，挖地找蛊；又派按道侯韩说、御史章赣、黄门苏文等协助江充。

江充先从后宫中汉武帝已很少理会的妃嫔的房间着手，然后依次搜寻，一直搜到皇后宫和太子宫中，各处的地面都被纵横翻起，以致太子和皇后连放床的地方都没有了。江充扬言："在太子宫中找出的木头人最多，还有写在丝帛上的文字，内容大逆不道，应当奏闻陛下。"

刘据非常害怕，问少傅石德应当怎么办。石德害怕因为自己是太子的老师而受牵连被杀，便对刘据说：“先前公孙贺父子、两位公主以及卫伉等都被指犯有用巫蛊害人之罪而被杀死，如今巫师与皇上的使者又从宫中挖出证据，不知是巫师放置的呢，还是确实有，自己是无法解释清楚的。你可假传圣旨，将江充等人逮捕下狱，彻底追究其奸谋。况且陛下有病住在甘泉宫，皇后和您派去请安的人都没能见到陛下，陛下是否还在，实未可知，而奸臣竟敢如此，难道您忘了秦朝太子扶苏之事了吗！”刘据说：“我这做儿子的怎能擅自诛杀大臣？不如前往甘泉宫请罪，或许能侥幸无事。”刘据打算亲自前往甘泉宫，但江充却抓住刘据之事逼迫甚急，刘据想不出别的办法，于是按着石德的计策行事。

秋七月壬午（初九），刘据派门客冒充皇帝使者，逮捕了江充等人。按道侯韩说怀疑使者是假的，不肯接受诏书，被刘据门客杀死。刘据亲自监杀江充，骂道：“你这赵国的奴才，先前扰害你们国王父子还嫌不够，如今又来扰害我们父子！”又将江充手下的胡人巫师烧死在上林苑中。

刘据派侍从门客无且携带符节乘夜进入未央宫长秋门，通过长御女官倚华将一切报告卫皇后，然后调发皇家马车运载射手，打开武器库拿出武器，又调发长乐宫的卫卒。长安城中一片混乱，纷纷传言：“太子造反。”苏文得以逃出长安，来到甘泉宫，向汉武帝报告说太子很不像话。

汉武帝说道：“太子肯定是害怕了，又愤恨江充等人，所以发生这样的变故。”因而派使臣召刘据前来。使臣不敢进入长安，回去报告说：“太子已经造反，要杀我，我逃了回来。”汉武帝大怒。丞相刘屈氂听到事变消息后，抽身就逃，连丞相的官印、绶带都丢掉了，派长史乘驿站快马奏报汉武帝。汉武帝问道：“丞相是怎么做的？”长史回答说：“丞相封锁消息，没敢发兵。”汉武帝生气地说：“事情已经这样沸沸扬扬，还有什么秘密可言！丞相没有周公的遗风，难道周公能不杀管叔和蔡叔吗！”于是给丞相颁赐印有玺印的诏书，命令他：“捕杀叛逆者，朕自会赏罚分明。应用牛车作为掩护，不要和叛逆者短兵相接，杀伤过多兵卒！紧守城门，绝不能让叛军冲出长安城！”

刘据发表宣言，向文武百官发出号令说：“陛下因病困居甘泉宫，我怀疑可能发生了变故，奸臣们想乘机叛乱。”汉武帝于是从甘泉宫返回，来到长安城西建章宫，颁布诏书征调三辅附近各县的军队，部署中二千石以下官员，归丞相兼职统辖。刘据也派使者假传圣旨，将关在长安中都官狱中的囚徒赦免放出，命少傅石德及门客张光等分别统辖；又派长安囚徒如侯持符节征发长水和宣曲两地的胡人骑兵，一律全副武装前来会合。

侍郎马通受汉武帝派遣来到长安，得知此事后立即追赶前去，将如侯逮捕，并告诉胡人：“如侯带来的符节是假的，不能听他调遣！”于是将如侯处死，带领胡人骑兵开进长安；又征调船兵楫棹士，交给大鸿胪商丘成指挥。当初，汉朝的符节是纯赤色，因刘据用赤色符节，所以在汉武帝所发的符节上改加黄缨以示区别。

刘据来到北军军营南门之外，站在车上，将护北军使者任安召出，颁与符节，命令任安发兵。但任安拜受符节后，却返回营中，闭门不出。刘据带人离去，将长安四市的市民约数万人强行武装起来，到长乐宫西门外，正遇到丞相刘屈氂率领的军队，双方会战五天，死亡数万人，鲜血像水一样流入街边的水沟。民间都说“太子谋反”，所以人们不依附太子，而丞相一边的兵力却不断加强。庚寅（十七日），刘据兵败，南逃到长安城覆盎门。司直田仁正率兵把守城门，因觉得刘据与汉武帝是父子关系，不愿逼迫太急，所以刘据得以逃出城外。刘屈氂要杀田仁，御史大夫暴胜之对刘屈氂说："司直为朝廷二千石大员，理应先行奏请，怎能擅自斩杀呢！"于是刘屈氂将田仁释放。

汉武帝听说后大发雷霆，将暴胜之逮捕治罪，责问他道："司直放走谋反的人，丞相杀他，是执行国家的法律，你为什么要擅加阻止？"暴胜之惶恐不安，自杀而死。汉武帝下诏派宗正刘长、执金吾刘敢携带皇帝下达的谕旨收回皇后的印玺和绶带，卫皇后自杀。

汉武帝认为，任安是老官吏，见出现战乱之事，想坐观成败，看谁取胜就归附谁，对朝廷怀有二心，因此将任安与田仁一同腰斩，汉武帝因马通擒获如侯，封其为重合侯；长安男子景建跟随马通，擒获石德，封其为德侯；商丘成奋力战斗，擒获张光，封其侯。刘据的众门客，因曾经出入宫门，所以一律处死；凡是跟随刘据发兵谋反的，一律按谋反罪灭族；各级官吏和兵卒凡非出于本心，而被刘据胁迫的，一律放逐到敦煌郡。因刘据逃亡在外，所以开始在长安各城门设置屯守军队。

汉武帝愤怒异常，群臣感到忧虑和恐惧，不知如何是好。壶关三老令孤茂上书汉武帝说："我听说'父亲就好比是天，母亲就好比是地，儿子就好比是天地间的万物'。所以只有上天平静，大地安然，万物才能茂盛；只有父慈，母爱，儿子才能孝顺。如今皇太子本是汉朝的合法继承人，将承继万世大业，执行祖宗的重托，论关系又是皇上的嫡长子。江充本为一介平民，不过是个市井中的奴才罢了，陛下却对他尊显重用，让他挟至尊之命来迫害皇太子，纠集一批奸邪小人，对皇太子进行欺诈栽赃、逼迫陷害，使陛下与太子的父子至亲关系隔塞不通。太子进则不能面见皇上，退则被乱臣的陷害困扰，独自蒙冤，无处申诉，忍不住忿恨的心情，起而杀死江充，却又害怕皇上降罪，被迫逃亡。太子作为陛下的儿子，盗用父亲的军队，不过是为了救难，使自己免遭别人的陷害罢了，臣认为并非有什么险恶的用心。《诗经》上说：'绿蝇往来落篱笆，谦谦君子不信谗。否则谗言无休止，天下必然出大乱。'以往，江充曾以谗言害死赵太子，天下人无不知晓。而今陛下不加调查，就过分地责备太子，发雷霆之怒，征调大军追捕太子，还命丞相亲自指挥，致使智慧之人不敢进言，善辩之士难以张口，我心中实在感到痛惜。希望陛下放宽心怀，平心静气，不要苛求自己的亲人，不要对太子的错误耿耿于怀，立即结束对太子的征讨，不要让太子长期逃亡在外！我以对陛下的一片忠心，随时准备献出我短暂的性命，待罪于建章宫外。"奏章递上去，汉武帝见到后受到感动而醒悟，但还没有公开颁布赦免。

刘据向东逃到湖县，隐藏在泉鸠里。主人家境贫寒，经常织卖草鞋来奉养刘据。刘据有一位以前相识的人住在湖县，听说很富有，刘据派人去叫他，于是消息泄露。八月辛亥（初八），地方官围捕刘据。刘据自己估计难以逃脱，便回到屋中，紧闭房门，自缢而死。前来搜捕的兵卒中，有一山阳男子名叫张富昌，用脚踹开房门。新安县令史李寿跑上前去，将刘据抱住解下。主人与搜捕刘据的人格斗而死，二位皇孙也一同遇害。汉武帝感伤于刘据之死，便封李寿为邗侯，张富昌为题侯。

征和三年（前 90 年），官吏和百姓以巫蛊害人罪相互告发的，经过调查发现多有不实。此时汉武帝也颇知太子刘据是因被江充逼迫，惶恐不安，才起兵诛杀江充，并无他意，正好守卫汉高祖祭庙的郎官田千秋又上紧急奏章，为刘据鸣冤说：“做儿子的擅自动用父亲的军队，其罪应受鞭打。天子的儿子误杀了人，又有什么罪呢？我梦见一位白发老翁，教我上此奏章。”于是汉武帝霍然醒悟，召见田千秋，对他说：“我们父子之间的事，一般外人难以插言，只有你知道其间的不实之处。这时高祖皇帝的神灵派您来指教我，您应当担任我的辅佐大臣。”立即就任命田千秋为大鸿胪，并下令将江充满门抄斩，将苏文烧死在横桥之上。曾在泉鸠里对太子兵刃相加的人，最初被任命为北地太守，后也遭满门抄斩。汉武帝怜惜刘据无辜遭害，便特修一座思子宫，又在湖县建了一座归来望思之台，天下人听说这件事后，都很悲伤。

事情水落石出后，汉武帝追悔莫及，便转手报复当初参与谋害刘据的人，丞相刘屈氂等相关人物以各种理由被杀或自杀，皇亲国戚以及显要官员牵连者甚广，震荡当时西汉政权高层几乎每一个人物，国本动摇。征和三年，内侍郭穰密告丞相刘屈氂夫人诅咒汉武帝，并与贰师将军李广利共祷祠，欲令昌邑王为帝。后刘屈氂被腰斩于东市，其妻则是枭首华阳街，李广利妻子被捕。李广利当时正在前线打仗，得知消息后仓促出击匈奴，兵败后投降，后来在卫律的运作下被杀。

汉武帝死后，幼子刘弗陵登基，是为汉昭帝。汉昭帝早逝无子，霍光等人于是立汉武帝之孙刘贺为帝，刘贺登基仅仅二三十天，便因为“品行恶劣”又被霍光废掉。然后，霍光立了戾太子刘据唯一幸存的孙子刘病已为帝，汉朝帝位回到刘据的后裔手上。

（出自《汉书》）

## 【历史影响】

班固评价说：“巫蛊之祸，岂不哀哉！此不唯一江充之辜，亦有天时，非人力所致焉。建元六年，蚩尤之旗见，其长竟天。后遂命将出征，略取河南，建置朔方。其春，戾太子生。自是之后，师行三十年，兵所诛屠夷灭死者不可胜数。及巫蛊事起，京师流血，僵尸数万，太子子父皆败。故太子生长于兵，与之终始，何独一嬖臣哉！”

司马光评价说：“古之明王教养太子，为之择方正敦良之士以为保傅、师友，使朝夕与之游处。左右前后无非正人，出入起居无非正道，然犹有淫放邪僻而陷于祸败者焉。今乃使太子自通宾客，从其所好。夫正直难亲，谄谀易合，此固中人之常情，宜太子之不终也！”

巫蛊之祸使得大量政治上层人物被杀，国本动摇，有学者认为这件事实为西汉由盛至衰的转折点。巫蛊之乱发生于国都，前后将近四十万人受到牵连，一时人人自危，统治者的权威和信任大受挑战。戾太子刘据的自杀让汉武帝多年培养接班人的计划落空，刘氏接班人大量受牵连，朝中大臣也多受株连，导致后来的霍光专权。

巫蛊之祸后不久，汉武帝下达轮台罪己诏，开始反思其执政策略，减少军事行动，而将注意力转向如何“富民”。

如果汉武帝不是那么专权跋扈，不是那么迷信长生，不是那么个人主义，不是那么疏远黄老道家治国思想，怎么会发生“巫蛊之祸”这样的政治动乱？汉王朝也就不会由盛转衰。

# 第六讲　不言之教的教育智慧

## 导　论

道家没有著名的教育家，老子是思想家而不是教育家，这一点是公认的。但是，老子言行中包含着教育理念和方法，则是肯定的。老子的教育成就有二：一是曾接受孔子的请教，可能对孔子的思想形成有一定的影响；二是倡导“不言之教”的教育观念，这一思想被庄子继承并发展，与后代主张的潜移默化、“身教重于言传”之说吻合。

在当代，随着家长教育观念的加强和对子女教育的日渐重视，许多不合理、不合适、方法不对的教育行为需要得到反思和适度调整。笔者主张家长适度教导、保护小孩的主动性和积极性。另在国家治理和干部队伍建设方面，老子“不言之教”的观念也焕发出了新的光彩，意义重大。

## 1.《道德经》第二章

天下皆知美之为美，斯恶已①。皆知善之为善，斯②不善已。故有无相③生，难易相成，长短相较，高下相倾，音声④相和，前后相随。是以圣人处无为之事⑤，行不言之教，万物作⑥焉而不辞，生而不有，为而不恃，功成而弗居。夫唯弗居，是以不去。

【注释】

① 恶已：恶、丑。已，通“矣”。

② 斯：这。

③ 相：互相。

④ 音声：汉代郑玄为《礼记·乐记》作注时说，合奏出的乐音叫作“音”，单一发出的音响叫作“声”。

⑤ 圣人处无为之事：圣人，古人所推崇的最高层次的典范人物。处，担当、担任。无为，顺应自然，不加干涉、不必管束，任凭人们去干事。

⑥ 作：兴起、发生、创造。

【今译】

天下人都知道美之所以为美，那是由于有丑陋的存在。都知道善之所以为善，那是因为有恶的存在。所以有和无互相转化，难和易互相形成，长和短互相显现，高和下互相充实，音与声互相谐和，前和后互相接随。因此圣人用无为的观点对待世事，用不言的方式施行教化；听任万物自然兴起而不为其创始，使其生长而不专有，有所施为但不加自己的倾向，功成业就而不自居。正由于不居功，就无所谓失去。

【解读】

本章鲜明地体现了老子朴素的辩证法思想以及“无为”的观点。

“不言之教”的教育观念就是在这样的思想体系之下提出来的。顺应老子思想来理解，“不言之教”不是不教，而是不要错误地、勉强地、片面地、过度地教导。对治国者而言，这是一个未经前人阐释过的教化思想。简单地说，就是一个真正的圣人如果想教化普通百姓，他是不用刻意去做什么事情或说什么话的，从他身上人们就能得到很多的启示和教育。

## 2.《道德经》第四十三章

天下之至柔，驰骋天下之至坚。无有入无间，吾是以知无为之有益。不言之教，无为之益，天下希及之。

【今译】

天下最柔弱的东西，腾越穿行于最坚硬的东西中；无形的力量可以穿透没有间隙的东西。我因此认识到无为的益处。不言的教导，无为的益处，普天之下少有人能认识到。

【解读】

本章主要讲了柔弱可以战胜刚强的原理，又讲了“不言”的教诲、“无为”的益处。此意贯穿《道德经》全书。“贵柔”是《道德经》的基本观念之一，除本章论述外，第七十六章以及其他一些章节里也多所论及。“柔弱”是万物具有生命力的表现，也是真正有力量的象征。“天下之至柔，驰骋天下之至坚”，即柔弱可以战胜刚强，这是深刻的辩证法智慧。“不言之教”正是在这样的哲学思想基础上提出来的教化观念，“不言”的正确含义是准确、得体而充满引导性地教导。

## 拓展阅读一

下面，我们以老子与孔子的几个故事为例，来阐述老子的教育智慧。

### 史记·孔子世家（节选）

鲁南宫敬叔言鲁君曰：“请与孔子适周。”鲁君与之一乘车，两马，一竖子俱，适周问礼，盖见老子云。辞去，而老子送之曰：“吾闻富贵者送人以财，仁人者送人以言。吾不能富贵，窃仁人之号，送子以言，曰：‘聪明深察而近于死者，好议人者也。博辩广大危其身者，发人之恶者也。为人子者毋以有己，为人臣者毋以有己。’”孔子自周反于鲁，弟子稍益进焉。

【解读】

老子教导孔子的几句话，是他洞察世事人情的智慧之言：一个人虽然聪明深察，但是好议论他人是非，这就会招来杀身之祸，所以聪明人不要随便议论他人，特别是在背后议论他人隐私，会招人厌恶；一个人博学多识而能言善辩，但是喜欢说他人的坏话，这就会给自己带来危险；对待父母要尊敬，不要以自己为中心；对待君上要谦卑，不要突出自己的才能。这些话，都是《道德经》一书中反复强调的贵柔、不为、不争思想的直接反映，用于修身可称智慧君子，用于为政可以功成不居！

这些也是孔子终生信奉的。他主张君子隐恶扬善，主张孝敬父母，主张侍奉国君，懂得适度进退，在鲁国作上高官之后，能够急流勇退，敢于云游天下，实际上是想找一个真正能实现自己抱负的国家。尽管孔子没有成功，但他品德高尚，言语温顺，修身、为政、著述、教学，为世楷模。

老子对孔子说的几句话言简意赅，非常精彩，不免让读者有“听君一席话，胜读十年书”的感慨。

### 史记·老子列传（节选）

老子者，楚苦县厉乡曲仁里人也，姓李氏，名耳，字聃，周守藏室之史也。

孔子适周，将问礼于老子。老子曰：“子所言者，其人与骨皆已朽矣，独其言在耳。且君子得其时则驾，不得其时则蓬累而行。吾闻之，良贾深藏若虚，君子盛德容貌若愚。去子之骄气与多欲，态色与淫志，是皆无益于子之身。吾所以告子，若是而已。”孔子去，谓弟子曰：“鸟，吾知其能飞；鱼，吾知其能游；兽，吾知其能走。走者可以为罔，游者可以为纶，飞者可以为矰。至于龙，吾不能知其乘风云而上天。吾今日见老子，其犹龙邪！”

【解读】

这一段文字的记述与上文不同，老子主要向孔子讲述了三个方面的问题：

第一，上古贤达人虽不存，但言语流传于世，可资借鉴。

第二，君子要尊重社会实际情况，“得其时则驾，不得其时则蓬累而行”，洞察世情，待时而动。其后扬雄写作《反离骚》祭奠屈原，以为“君子得时则大行，不得时则龙蛇，遇不遇命也，何必湛身哉！”与老子所言正相吻合。

第三，要谦虚，不要骄傲；要控制外在欲望，而修养内在心性。

所以，孔子盛赞老子为“乘风云而上天”的龙，这是对一个人最高的赞誉、最高的敬仰。

周王朝发迹于陕西周原，其部族以龙为图腾，《周易》一书以“乾卦”为文首，借龙阐述乾卦六爻象征的事物各段的变化。孔子对老子佩服得五体投地，神话性地将老子喻为龙，对他有着最高的精神礼赞。

老子与孔子的故事，在古代有多个版本流传，仅《史记》一书中就有孔子世家和老子列传两种。而在正史之外，民间也有各类传本，此不赘述。

## 3. 庄子·知北游（节选）

知北游于玄水之上，登隐弅之丘，而适遭无为谓焉。知谓无为谓曰：“予欲有问乎若：何思何虑则知道？何处何服则安道？何从何道则得道？”三问而无为谓不答也。非不答，不知答也。知不得问，反于白水之南，登狐阕之上，而睹狂屈焉。知以之言也问乎狂屈。狂屈曰：“唉！予知之，将语若。”中欲言而忘其所欲言。知不得问，反于帝宫，见黄帝而问焉。黄帝曰：“无思无虑始知道，无处无服始安道，无从无道始得道。”知问黄帝曰：“我与若知之，彼与彼不知也，其孰是邪？”黄帝曰：“彼无为谓真是也，狂屈似之，我与汝终不近也。夫知者不言，言者不知，故圣人行不言之教。道不可致，德不可至。仁可为也，义可亏也，礼相伪也。故曰：‘失道而后德，失德而后仁，失仁而后义，失义而后礼。’礼者，道之华而乱之首也。故曰：‘为道者日损，损之又损之，以至于无为。无为而无不为也。’今已为物也，欲复归根，不亦难乎！其易也其唯大人乎！生也死之徒，死也生之始，孰知其纪！人之生，气之聚也。聚则为生，散则为死。若死生为徒，吾又何患！故万物一也。是其所美者为神奇，其所恶者为臭腐。臭腐复化为神奇，神奇复化为臭腐。故曰：‘通天下一气耳。’圣人故贵一。”知谓黄帝曰：“吾问无为谓，无为谓不应我，非不我应，不知应我也；吾问狂屈，狂屈中欲告我而不我告，非不我告，中欲告而忘之也；今予问乎若，若知之，奚故不近？”黄帝曰：“彼其真是也，以其不知也；此其似之也，以其忘之也；予与若终不近也，以其知之也。”狂屈闻之，以黄帝为知言。

天地有大美而不言，四时有明法而不议，万物有成理而不说。圣人者，原天地之美而达万物之理。是故至人无为，大圣不作，观于天地之谓也。今彼神明至精，与彼百化。物已死生方圆，莫知其根也。扁然而万物，自古以固存。六合为巨，未离其内；秋豪为小，待之成体；天下莫不沈浮，终身不故；阴阳四时运行，各得其序；惛然若亡而存；油然不形而神；万物畜而不知：此之谓本根，可以观于天矣！

【今译】

知向北游历来到玄水岸边，登上名叫隐弅的山丘，正巧在那里遇上了无为谓。知对无为谓说："我想向你请教一些问题，怎样思索、怎样考虑才能懂得道？怎样居处、怎样行事才符合于道？依从什么、采用什么方法才能获得道？"问了好几次无为谓都不回答，不是不回答，而是不知道如何回答。知从无为谓那里得不到解答，便返回到白水的南岸，登上名叫狐阕的山丘，在那里见到了狂屈。知把先前的问话向狂屈提出请教，狂屈说："唉，我知道怎样回答这些问题，我将告诉给你，可是心中正想说话却又忘记了那些想说的话。"知从狂屈那里也没有得到解答，便转回到黄帝的住所，见到黄帝，向他再问。黄帝说："没有思索、没有考虑方才能够懂得道，没有安处、没有行动方才能够符合于道，没有依从、没有方法方才能够获得道。"

知于是问黄帝："我和你知道这些道理，无为谓和狂屈不知道这些道理，那么，谁是正确的呢？"黄帝说："那无为谓是真正正确的，狂屈接近于正确；我和你则始终未能接近于道。知道的人不说，说的人不知道，所以圣人施行的是不用言传的教育。道不可能靠言传来获得，德不可能靠谈话来达到。没有偏爱是可以有所作为的，讲求道义是可以亏损残缺的，而礼仪的推行只是相互虚伪欺诈。所以说，'失去了道而后能获得德，失去了德而后能获得仁，失去了仁而后能获得义，失去了义而后能获得礼。礼，乃是道的伪饰、乱的祸首'。所以说，'体察道的人每天都得清除伪饰，清除而又再清除以至达到无为的境界，达到无所作为的境界也就没有什么可以作为的了。'如今你已对外物有所作为，想要再返回根本，不是很困难吗！假如容易改变而回归根本，恐怕只有是得道的人啊！

"生是死的同类，死是生的开始，谁能知道它们的端绪！人的诞生，是气的聚合，气的聚合形成生命，气的离散便是死亡。如果死与生是同类相属的，那么对于死亡我又忧患什么呢？所以，万物说到底是同一的。这样，把那些所谓美好的东西看作神奇，把那些所谓讨厌的东西看作臭腐，而臭腐的东西可以再转化为神奇，神奇的东西可以再转化为臭腐。所以说，'整个天下只不过同是气罢了'。圣人也因此看重万物同一的特点。"

知又对黄帝说："我问无为谓，无为谓不回答我，不是不回答我，是不知道如何回答我。我问狂屈，狂屈内心里正想告诉我却没有告诉我，不是不告诉我，是心里正想告诉我又忘掉了怎样告诉我。现在我想再次请教你，你懂得我所提出的问题，为什么又说回答了我便不是接近于道呢？"黄帝说："无为谓他是真正了解大道的，因为他什么也不知道；狂屈他是接近于道的，因为他忘记了；我和你终究不能接近于道，因为我们什么都知道。"

狂屈听说了这件事，认为黄帝是最了解道的人。

天地具有伟大的美但却无法用言语表达，四时运行具有显明的规律但却无法加以评议，万物的变化具有现成的定规但却用不着加以谈论。圣哲的人，探究天地伟大的美而通晓万物生长的道理，所以“至人”顺应自然无所作为，“大圣”也不会妄加行动，这是说对于天地做了深入细致的观察。

大道神明精妙，参与宇宙万物的各种变化；万物业已或死、或生、或方、或圆，却没有谁知晓变化的根本，一切都是那么自然而然地自古以来就自行存在。“六合”算是十分巨大的，却始终不能超出道的范围；秋天的毫毛算是最小的，也得仰赖于道方才能成就其细小的形体。宇宙万物无时不在发生变化，始终保持着变化的新姿，阴阳与四季不停地运行，各有自身的序列。大道是那么浑沌昧暗仿佛并不存在却又无处不在，生机盛旺、神妙莫测却又不留下具体的形象，万物被它养育却一点也未觉察。这就称作本根，可以用它来观察自然之道了。

【解读】

本篇是《庄子》“外篇”中的最后一篇，以篇首的三个字作为篇名。“知”是一寓托的人名，“北游”指向北方游历。在传统的文化体系中，北方被叫作“玄”，“玄”指昏暗、幽远，因此北方就是所谓不可知的地方。本文认为“道”是不可知的，因此开篇便预示了主题。本篇内容主要是在讨论“道”，一方面指出了宇宙的本原和本性，另一方面也论述了人对于宇宙和外在事物应取的认识与态度。

《庄子·知北游》全文分成十一个部分，这里节选了前两个部分。第一部分主要说明大道本不可知，“知者不言，言者不知”，因为宇宙万物原来都是“气”，“气”聚则生，“气”散则死，万物归根结蒂乃是混一的整体。第二部分进一步提出“至人无为，大圣不作”，一切“观于天地”的主张，即一切顺其自然。在此基础上，极力主张“天地有大美而不言”，圣人应当“行不言之教”，观察体会，在内心感悟自化。但基于宇宙万物的整体性和同一性认识，本文又认为“道”是不可知的，“知”反而不成其为“道”，于是又滑向了不可知论，主张无为，顺其自然，一切都有其自身的规律，不可改变，也不必去加以改变，这显然又是消极的了。

整体上看，庄子继承并大力发展了老子“不言之教”的观点，其观点具有朴素辩证法的因素。因为庄子缺少明显的教育事迹，故主要在理论主张上阐述之。

## 拓展阅读二

### 不言之教

夜来无事，翻读历代碑帖书法，偶得《赵文敏书道德经真迹》一册（1940 年文明书局版）。除欣赏赵孟頫的书法艺术外，对《道德经》里有一句话，由于职业的敏感而有所感。《道德经》曰："不言之教，无为之益，天下希及之。"（第四十三章）我想很切合现代教育理念。

叶圣陶先生曾经说过："教是为了不教"，与老子的说法基本一致。现代教育的一个特点，就是要从教转到学。教育不是教师施教于受教育者，而是学习者自己学习、亲身体悟。这也是《道德经》里一贯主张的自然哲学思想的一种教育观点。《道德经》认为，一切事物发生发展都有规律，这个规律就是"道"，所谓"人法地，地法天，天法道，道法自然"。（第二十五章）教育就是遵循自然之规律，自由发展人的自然本性。

前不久，一位精通外语的老同志告诉我，我国文件中常用的"受教育者"这个词，在国外早已不用了，通常是用"学习者"这个词。这反映了对教育的理解和观念。现代教育是以学生为主体，不是教师把知识灌输给学生，而是学习者自己学习、自己体悟，内化为自己的知识和信念。

那么，还要不要教师呢？教师的作用何在呢？教师当然是需要的，而且教师在教育过程中，特别在学校教育过程中是很重要、很关键、不可或缺的角色，我们经常说"教育大计，教师为本"，就说明了教师的重要性。教师重要并不等于教师要包揽学生一切学习。教师的作用就在于启发学生学习的主体性，为学生设计适合的学习方案，提供良好的学习环境，帮助学生解决学习中遇到的困难。

《道德经》里说："道常无为而无不为。"（第三十七章）通常理解道家是无为之学，其实老子认为无为才有所为，为君者无为，老百姓才有所为。所以《道德经》里又说："我无为而民自化，我好静而民自正，我无事而民自富，我无欲而民自朴。"（第五十四章）这里讲的是为政之道，但引伸到教育上，也是这样。教师的无为并不是说不为，而是为了让学生有所为。教师表面上无为，其实是为了放开手让学生有所为。如果教师事事都管着学生，学生难以有为，也难以成长。

无为之治也可以用到教育管理上。教育要遵循教育规律和儿童成长的规律（即是道），教育管理部门应该放权给学校，管理部门的无为让校长有所为；校长要放手让老师改革创新，校长的无为酝酿出老师的新鲜经验。家庭教育也是这样，父母事事都包办代替，孩子的能力就难以发展。

我们现在的教育，层层管得太死了，所以要提倡老子的"不言之教"。

（《光明日报》，2013 年 10 月 16 日）

## 不言之教，无为之益[1]

### ——老子教育之道的现代智慧

崔俊

《道德经》第四十三章："天下之至柔，驰骋天下之至坚。无有入无间，吾是以知无

① 此文曾获安徽国际老子交流协会举办的"金种子杯·我所理解的老子与道"征文优秀奖。

为之有益。不言之教，无为之益，天下希及之。”其中“不言之教”的力量，普天下很少有能赶上它的了。“不言”，不是“不说教”，而是“不言不需之言，言所需之言”，即注重教育的实效性和艺术性。只有“不言之教”，方能达到“无为之益”。在新课程理念下，老子的“不言之教，无为之益”充满了现代教育智慧。

“不言之教，无为之益”给我们今天的教育启示是转变教育教学方式和学习方式。教师要从“说教者、命令者、包办者”向“身教者、启发者、引导者”转变；学生要从“被动者、服从者、依赖者”向“主动者、探究者、自学者”转变。

教师懂得“不言之教”，要学会“无为”，做到“无为之益”。

1. 摒弃空洞说教，注重身教示范。老子认为理想的执政者具有的一项重要品质是对人民以身作则的感化作用。所谓：“我无为而民自化……我无欲而民自朴。”（第五十七章）老子既然以这种人格感化来要求他理想的政治领导，也必然以同样的精神要求他理想的教师。在教育的实施中，教师要让他的学生在自由活泼的环境中发展，不应当制定繁琐的规章制度来束缚儿童天真活泼的本性。学高为师，身正为范。教师以身作则的示范，是一种“随风潜入夜，润物细无声”的境界，潜移默化的熏陶比空洞说教的效果要好得多。

2. 避免满堂灌输，注重启发诱导。传统的课堂一般是老师的“一言堂”，知识的“满堂灌”，这种“填鸭式”的教学，老师受累，学生受罪，真可谓“吃力不讨好”。显然这违背了教育的“自然之道”。“人法地，地法天，天法道，道法自然。”（第二十五章）这里的“道法自然”，从教育的角度来说，就是尊重教育的自然之道，即教育中要尊重教育主体的自然生命本性，尊重教育本身固有的规律，循序渐进。老师要懂得“设问启发”，要通过设置“有效的有梯度的问题”激发学生的求知欲，主动地参与课堂教学，做到“不愤不启，不悱不发”。

3. 绝不包办代替，注重因势利导。在传统的课堂中，老师习惯性地成了学生学习的“保姆”，会的不会的统统由老师来说教。“不言之教，无为之益”告诉我们，学生自己能解决的问题一定由学生自己解决，这就是“不言”“无为”。老师要解决的是学生完成不了的问题、需要师生共同合作探究的问题。通过学生的自主学习，发挥了学生的主体作用，增强学生的责任意识，提高自主解决问题的能力。老师有重点的因势利导，讲究的是方法，提高的是效率，老师从繁重的无用功中解放出来，更多地投入到教学研究中，达到“无为而无不为”的境界。

“有无相生”，在倡导老师“不言之教”利用“无为”之道时，学生则要“主动探究”懂得“有为”之道。

1. 由“被动地听”到“主动地学”。老师的“满堂灌”造就了一批批“被动接受知识的机器”，新课程理念下的“不言之教”激发了学生的主动性。真正的学习就是学生自己的事，要自觉地投入到学习中，发现问题、分析问题，想方设法去解决问题，在主动学习中体验学习的充实与快乐。

2. 由“一味服从”到“自主探究”。传统的教学方式，老师说什么，学生听什么；

老师怎样教，学生就怎样做；老师怎样错，学生也跟着错。一味地服从让学生失去了思辨能力、探究能力和创新精神。“不言之教”会留给学生思考的空间和创新的机会，这就要求学生要抓住机会，积极思考，从自主探究中收获学习的成功与自信。

3. 由“习惯依赖”到“自主学习”。教育的意义不在于你学到了多少知识，而在于你学到了多少学习的能力。老师只是你生命成长中的一位“指路人”，老师是“靠不住的”。知识无涯，生命有限。学生要摆脱对老师的依赖，学会独立，自主学习，才能真正立足于社会，造福于人类。

“不言之教，无为之益”，已成为我们今天倡导“自主学习、合作学习和探究学习”的智慧之源，这不仅是一种传统智慧，更是一种教育艺术。

“不言之教，无为之益。”

一心向道，那便是别样的境界。

## 不言之教与言传身教

黄卫东

中国人爱孩子、关注孩子的学习可谓举世闻名，为了“培养一个琴棋书画无所不精，天文地理无所不通”的孩子，为了“不让孩子输在起跑线上”，每个望子成龙、望女成凤的父母都在为孩子的学习绞尽脑汁、费尽心思。

大多数的家长都会有这样的经历：每天陪着孩子预习，复习，检查作业，考前突击。孩子不会做的题，父母告诉他怎么做。孩子不会写作文，家长甚至亲自上阵，替孩子完成，真正做到了“言传身教”。这样做的结果，就是家长把自己弄得疲惫不堪，而孩子却丧失了自主独立学习的能力。

看似孩子每天的作业完成得都很好，小学低年级阶段学习成绩也还可以应付，但是这样的孩子上了初中、高中之后，当家长不能再手把手帮助孩子学习的时候，他的成绩就会一落千丈。到那时，学习就会变成孩子沉重的负担。而那些从小独立完成作业、自主学习能力很强的孩子，往往可以轻松地应对紧张的小学高年级及中学的学习。

现在很多老师和家长天天都在抱怨，孩子学习浮躁、不扎实，同样的错误一而再、再而三地犯，究其原因主要是孩子的学习不得法，死记硬背，生搬硬套，对所学的知识缺乏理解，结果只能是一错再错。

那么，应该怎样培养孩子自主学习的能力呢？《道德经》中教了我们一个让孩子终身受益的好方法。

《道德经》第四十三章曰：“不言之教，无为之益，天下希及之。”意思是对于学习不要一味地灌输，在启发式的引导下，让孩子自己找到不解之处，自己找到解决问题的办法，自己解开学习中的困惑。这样的做法看似家长什么都没有做，最终都是孩子自己解决的问题，但实际上这才是培养孩子自主学习能力，真正学到知识并从中受益的最好方法。这才是“不言之教”的真谛！

孩子接受新的知识是有过程的，在这个过程中，家长绝不应滔滔不绝地说教，而应采取《道德经》中所说的“不言之教”，即学会聆听，在孩子面前当一回学生，引导孩子梳理自己学过的知识，只有孩子把所学的知识给父母讲明白了，才能说明他自己真正掌握了。

从小以这种学习方法训练孩子，使孩子变死记硬背为融会贯通，变被动学习为主动学习，这样，在孩子长大之后，当他遇到困惑和问题时，也会用这种方式积极地寻找答案，解决问题。

## “不言之教”是一种境界

读史时看到一个故事：战国初期的名将吴起，有一次见一名士卒腿上生了毒疮，便亲自用嘴给他吸出脓血。知道此事的人无不称颂。那位士卒的母亲反而悲叹：“这孩子不会活着回来了！”她解释说：“以将军之尊贵，亲自给他吸吮毒疮，他还不感恩至极，死在战场上吗？”是啊，面对将军如此体贴入微的关爱，作为属下，自当以奋力杀敌、战死疆场谢恩。吴起的无言之行，是教育官兵的最为生动的教材。

想起了老子比较信奉的教育手段，曰“不言之教”。“不言之教”，意谓靠行为、行动去实际地教育、感染和影响人。子曰：“其身正，不令则行；其身不正，虽令不从。”从一个侧面道出了“不言之教”的真谛。

对领导干部而言，因为特殊的身份和特殊的影响力，所以尤其要注意自己的言行。孔子说过：“为人君者，犹盂也，民，犹水也。盂方水方，盂圆水圆。”这就告诉我们一个简单的道理：领导干部的言行举止，时时处处影响着广大群众，领导干部只有严以律己，才能更好地凝聚群众。

讲党性、重品行、作表率是有机统一的，讲党性必须重品行，重品行才能作表率。其中，重品行具有基础意义，也是人民群众十分关注的一个问题。一个人品德高尚、行为端正，才能认真地做事、干净地做“官”，也才会有吸引力、号召力，赢得群众支持，带领群众前进。重品行，其最高境界当是“不言之教”。一切尽在不言中，毋须说什么，毋须证明什么，默默的言行举止早已说明了一切、证明了一切。

“不言之教”，无疑是领导干部必须追求的一种境界。追求这样的境界，则自须做到李源潮同志提出的要求：要有敬畏之心，敬畏历史、敬畏百姓、敬畏人生。事实上，只有做到“三敬畏”，能坚定理想信念、坚持执政为民、坚守清正廉洁；只有保持“三敬畏”，才能有自觉高尚的道德追求，以学立德、以行立德、以律立德。

想起了《国语·鲁语》中的一个故事，说季文子虽官居鲁国宰相，但他的妻子儿女却没有一个人穿绸缎衣裳；他家里的马匹，也只喂青草不喂粟米。孟献子的儿子仲孙责问：“你身为鲁国的宰相，可是你的妻子不穿丝绸衣服，你的马匹不用粟米来喂，难道你不怕朝廷上百官耻笑你吝啬吗？难道你不顾及与诸侯交往时会影响鲁国的声誉吗？”季文子答曰：“我当然也愿意穿绸衣、骑良马，可是看到国内老百姓吃粗粮穿破衣的还很多，我不敢让全国父老姐妹粗饭破衣，而我家里的妻子儿女却过分讲究衣着饮食。而且我只听说人们具有高尚品德才是国家最大的荣誉，没听说过炫耀自己的美妾良马会给国家争光。”孟献子闻知，怒而将仲孙幽禁了七天。受到管教的仲孙，亦仿而效之。消息不胫而走，在季文子的倡导下，鲁国朝野出现了俭朴的风气。连封建社会的官员都能如此而为，作为共产党的领导干部不应该比他们做得更好吗？

（政工研究动态，2008 年 11 月 14 日）

## 传统教育重在“行不言之教”

谈到传统文化教育，想到了“行不言之教”这句话。“做”“行”，是比说教和强调，更能打动人心、更有效、更持久的教育方式。为了让传统文化造福后人，不妨在这方面多一些尝试。

所谓“行不言之教”，是说我们对于传统文化的认识学习，需要讲解、记忆，更要把文化精华具体而微地融到言行举止当中，用我们的“身体”和“行动”，去记录和传播传统文化精华，用庄严的敬畏感，顶礼膜拜传统文化、道德精华。

比如对于传统节日春节、端午节、元宵节、重阳节、中秋节等，每到这些重大节日，家庭成员、社会氛围、舆论宣传、学校教育，都在努力把传统节日中的好做法广为传播，积极践行。让古老的传统文化“活”在当下。比如在春节，我们不但要贴春联，还要写春联，“写”出我们的年味；不但要包饺子，还要给亲戚朋友送饺子，“送”出我们的温情；不但要给父母压岁钱，还要对他们的生养之恩磕头膜拜，“拜”出我们的敬畏。我们不再像过去一样打麻将、看电视，而是不远数十里，去给亲戚们拜年，把春节当作一个敬畏先人、注重团圆、真诚沟通、畅所欲言的契机。春节成了当下社会生活中的活色生香的重要内容，这难道不是一种形象有效、震撼人心的传统教育吗？

传统文化中，多有浓厚的道德内涵，比如《论语》《大学》《中庸》《孟子》，不仅仅是美轮美奂的文学经典，更是道德精华，我们内化于心之后，也将古人的“修身齐家治国平天下”“仁者不忧，知者不惑，勇者不惧”等外化于行，练就自己的君子做派，提升道德水平、幸福感。这种“无声的行动”就等于将传统经典、传统道德精华，播撒到了孩子的心田，让他们得到道德成长。比如那些在家庭中履行孝道的父母，他们的子女也有这种精神追随。

很多非物质文化遗产，我们不把它们放到博物馆里，而是让其在现实生活中得到活灵活现的“展示”，当作涵养身心的悠然节奏，比如端午节的赛龙舟，元宵节的挑灯笼、扎灯笼等，孩子们也能记得非常深刻。

“行不言之教”的好处还在于，传统文化中有精华，也有糟粕，我们已进行了生动的实践，也就是在对传统文化进行“吸取精华，去其糟粕”的文化创造和改进，古为今用，与时俱进，让传统文化得到现代化的成长，这就是习近平总书记强调的，“努力实现传统文化的创造性转化、创新性发展，使之与现实文化相融相通，共同服务以文化人的时代任务”。

有了这种良好的熏染，有了鲜活的榜样效应，有了可触可摸的行动步骤，就算是周围的西方价值观、消费主义倾向比较汹涌，我们也能够轻松淡定、独立自信，不为所动，依旧主动、积极地将传统文化、传统价值观、传统美德，当作亲密伙伴、精神的知音。充分张扬传统文化自豪感、使命感、责任感，成为自觉的传承者和开拓者。

我们在做，孩子在看；我们在践行，孩子在观察；我们祭祀祖先、诵读家规、温习祖训，孩子在模仿中更能牢记祖训，践行美德。久之，传统文化就能够成为“文化 DNA”。我们不用刻意要求孩子“努力传承传统文化，”他们已经不自觉地将传统文化当作了价值信仰、文化的根基。“行不言之教”的教育效果，比专家的命令式的强调和枯燥的讲座更有效。此举还能避免枯燥形式化的“满堂灌”，值得尝试。

因此，请让公共机构、社会个体在“不言之教”方面多一些自信而坚韧的践行、承担。用实际行动，将传统文化“写”到当下的社会细节中，对传统文化，做出最有效、有力的担当和传承。

（佛山文明网，2015 年 12 月 1 日）

## 编者按

道家“不言之教”的教育智慧博大精深，具有普遍的指导意义和相当高的方法论价值。在当代中国，大学生学会自我管理，以积极向上的精神鼓励自己，以正面卓越的榜样激励自己，心怀天下，设计未来蓝图，抓紧时间认真学习成长，一定会成为一个有用于社会、有用于国家，甚至有用于全人类的人才。西华大学校友王华明教授，从一个普通的本科生成长为中国工程院院士，在尖端领域为国家建设做出了杰出贡献，他的事迹激励着我们学习成长，这就是不言之教。

# 第七讲　顺应自然的养生智慧

## 导　论

道家的养生观是一种自然之道的养生观，是顺应自然、适性重生的生命观。“贵身”是老庄道家的重要思想。老子认为人存天地之间，与道、天、地并为“域中四大”，身体是人的根本，人应该像重视大患一样重视身体。他说：“吾所以有大患，为吾有身。及我无身，吾有何患！”只有真正懂得“贵身”“爱身”的人，才可以将天下托付给他。道家养生术在文献上源于先秦《黄帝内经》，在观念上继承老子虚静、淡泊、无为、不争之说并有所发展，早于庄子养生论，经历各种演变，但始终不离长生之术。历史上，第一次直接明确提出“养生全性”概念和方法论的是庄子《养生主》。这是一篇谈养生之道的文章，“养生主”意思就是养生的要领。庄子认为，养生之道重在顺应自然，忘却情感，不为外物所滞。庄子思想的中心，一是无所依凭而自由自在，一是反对人为而顺其自然，字里行间虽是在谈论养生，实际上却体现着作者的哲学思想和生活旨趣。

道家养生的精髓可以用八个字来概括：“顺乎自然”和“清静虚无”。意思是说生老病死是自然规律，人活着应该少一点欲望，追求心灵的清净。

（1）顺乎自然。道家养生的根本目的就是要摒绝一切外来因素对生命活动的干扰，求得身心的解脱。因此，崇尚自然成了道家养生的基本原则。道家认为，以自然界的秩序变化为法，摒弃人的理性因素，在养生中采取顺乎自然的行动，就能维护健康，延年益寿。老子说“人法地，地法天，天法道，道法自然”，人的一切都应该顺应自然规律，要不悖天地之理。而人最初的状态最接近自然，因此他提出返璞归真，把婴儿推为“至朴”“至真”的理想标准，养生以重返婴儿状态为最高标准。庄子认为人与自然合一是养生的最高境界，主张破除一切人为的刻意追求，认为“无为”“无己”“绝对逍遥”是达到人天合一的根本途径。

（2）清静虚无。老子主张“见素抱朴，少私寡欲”，排斥人的一切欲望，排斥外界事物给人带来的诱惑。且“虚其心，实其腹，弱其志，强其骨”，通过柔弱无为、虚静自守来排斥干扰，以达到返璞归真的目的。“虚静自守”即庄子的养生方法：“养神”“守形”“忘我、无欲”“目无所见，耳无所闻，心无所知……”《庄子·养生主》说：“缘督以为经，可以保身，可以全生，可以养亲，可以尽年。”

道家的养生文化是对自我锻炼的理论与方法所做的深入探索与生动总结。道家追求的是使得生命本质解脱和获得精神的安宁，它更注重精神的超然与人格的独立，渴望人生自由的最高境界。当代人生活节奏越来越快，健康观念也越来越强，服药、饮食、运动等不失为健康身体的基本保证，但养气静心、得失取舍、内修为本的心态修为和实践操作，多数人是不懂的，从根本上讲，这才是养身保健的主要途径。

## 1.《道德经》第十三章

宠辱①若惊，贵大患若身②。何谓宠辱若惊？宠为下③，得之若惊，失之若惊，是谓宠辱若惊。何谓贵大患若身？吾所以有大患者，为吾有身，及吾无身，吾有何患④？故贵以身为天下，若可寄天下；爱以身为天下，若可托天下⑤。

【注释】

① 宠辱：荣宠和侮辱。

② 贵大患若身：重视大患就像珍惜自己的身体一样。贵，珍惜、重视。

③ 宠为下：受到宠爱是下等的。

④ 及吾无身，吾有何患：如果我没有身体，有什么大患可言呢？

⑤ 此句意为以贵身的态度去为天下，才可以把天下托付给他；以爱身的态度去为天下，才可以把天下托付给他。

【今译】

得到宠爱和受到侮辱都感到惊慌，把荣辱这样的大患看得与自身生命一样珍贵。什么叫作得宠和受辱都感到惊慌失措？得宠是卑下的，得到宠爱感到格外惊喜，失去宠爱则令人惊慌不安。这就叫作得宠和受辱都感到惊慌。什么叫作重视大患像重视自身生命一样？我之所以有大患，是因为我有身体；如果我没有身体，我还会有什么祸患呢？所以，爱惜自己的身体是为了治理天下，天下就可以托付给他；爱惜自己的身体是为了治理天下，天下就可以依靠他了。

【解读】

这一章有多重含义，首先讲的是人的尊严问题。老子强调“贵身”的思想，论述了宠辱对人身的危害。老子认为，一个理想的统治者首要在于“贵身”，不胡作妄为。只有珍重自身生命的人，才能珍重天下人的生命，才可使人们放心地把天下的重责委任于他，让他担当治理天下的任务。在第十二章里，老子说到“为腹不为目”的“圣人”，能够“不以宠辱荣患损易其身”，才可以担负天下重任。此章接着说“宠辱若惊”。在他看来，得宠者以得宠为殊荣，为了不致失去殊荣，便在赐宠者面前诚惶诚恐，曲意逢迎。他认为，“宠”和“辱”对于人的尊严之挫伤并没有两样，受辱固然损伤了自尊，受宠何尝不损害人自身的人格尊严呢？得宠者总觉得受宠是一份意外的殊荣，便担心失去，因而人格尊严无形中受到损害。如果一个人未经受任何辱与宠，那么他在任何人面前都可以傲然而立，保持自己完整、独立的人格。

将“贵身”的思想用于当代人养生保健的领域，最主要的是重视身体健康和重视病患。保健观念要常记在心，时时警醒自己的身体反应，有病得治，平时要加强锻炼。现在有很多青年人和中年人，不重视自己的身体健康，过度熬夜、过度饮酒、过度娱乐、过多修饰，平时不重视作息安排，小病不治，突然在某一天检查出大病、绝症，这样的案例实在很多很多。所以说，一定要“贵大患若身”，健康是自我管理得来的！

## 2.《道德经》第四十四章

名与身孰亲？身与货①孰多？得②与亡③孰病④？是故甚爱必大费⑤，多藏必厚亡⑥。知足不辱⑦，知止不殆，可以长久。

【注释】

① 货：财富。
② 得：名利。
③ 亡：丧失性命。
④ 病：有害。
⑤ 甚爱必大费：过于爱名就必定要付出很大的耗费。
⑥ 多藏必厚亡：丰厚的藏货就必定会招致惨重的损失。
⑦ 知足不辱：懂得满足，就不会受到屈辱。

【今译】

声名和生命相比，哪一样更为亲切？生命和货利相比，哪一样更为贵重？获取和丢失相比，哪一个更有害？过分地爱名利就必定要付出更多的代价；过于积敛财富，必定会招致更为惨重的损失。所以说，懂得满足，就不会受到屈辱；懂得适可而止，就不会遇见危险；这样才可以保持住长久的平安。

【解读】

此章与第十三章都是讲人之尊严的，同样可以运用到养身保健方面去。第十三章是以宠辱荣患和人的自身价值对比，说明人要自重、自爱，我们现代人要以“贵身”观念爱惜自己的身体，防病治病。这一章是以名与货和人的自身价值对比，也是要人自重、自爱，提醒我们不可贪多求厚，保持适可而止的心态和行为，身体、心理自然会健康。

老子宣传的是这样一种人生观：人要贵生重己，对待名利要适可而止，知足知乐，这样才可以避免遇到危难；反之，为名利奋不顾身，争名逐利，则必然会落得身心俱疲，乃至身败名裂之可悲下场。

现代人为了多挣钱、为了地位高、为了多买房、为了脸面足、为了吃穿好、为了很多很多光鲜的名声或内心的欲望，拼命工作、拼命挣钱、拼命劳累，当终于拥有了上述东西的时候，大部分人身体垮了、疾病来了、生命之花谢了。这样的例子我们在新闻报道、身边已见到太多太多。特别是年轻一代，家庭建设、事业理想，当这些东西一起像大山一样压过来的时候，一定要注意节制欲望、主动休息、不要过劳，一定要将身体健康和可持续发展放在第一位。事业、工作和生活都是一辈子的事，我们肯定主张积极进取，但是所有这些的基本存在前提是身体健康，只有身体健康，生命之树才能常青！否则，一切都是空的。

## 3. 列子·汤问（节选）

鲁公扈、赵齐婴二人有疾，同请扁鹊[1]求治。扁鹊治之，既同愈。谓公扈、齐婴曰："汝曩之所疾，自外而于府藏者，固药石之所已。今有偕生之疾，与体偕长，今为汝攻之，何如？"二人曰："愿先闻其验[2]。"扁鹊谓公扈曰："汝志强而气弱，故足于谋而寡于断。齐婴志弱而气强，故少于虑而伤于专。若换汝之心，则均于善矣。"扁鹊遂饮二人毒酒，迷死三日，剖胸探心，易而置之，投以神药，既悟如初。二人辞归。于是公扈反齐婴之室，而有其妻子，妻子弗识。齐婴亦反公扈之宝，有[3]其妻子，妻子亦弗识。二室因相与讼，求辨于扁鹊。扁鹊辨其所由，讼乃已[4]。

【注释】

① 扁鹊：战国时医学家。姓秦，名越人，渤海郡鄚（今河北任丘）人，医名甚著。后因诊治秦武王病，被秦太医令妒忌杀害。

② 验：征兆。

③ 有：占有。

④ 讼乃已：卢重玄解释说："夫形体者，无知之物也。神识者，有知之主也。守乎本则真全而合道，滞乎质由失性而徇情。俗人徒见形之有憎爱，不知神之为主宰也。今言易其心而各有妻子者，明心为情主，形实无知耳。所以道者莫贵乎养神也。"

【今译】

鲁公扈和赵齐婴两人有病，一同到扁鹊那里请求医治。扁鹊为他们看了病，不久他们就一起痊愈了。扁鹊对公扈和齐婴说："你们以前所害的病，是从外面侵入腑脏的，用药草和针砭就能治好。你们还有生下来就有的病，和身体一同增长，现在我为你们治疗，怎么样？”他二人说：“请先说说我们病的症状。”扁鹊对公扈说：“你的心志刚强但气魄柔弱，所以计谋太多而缺乏果断。齐婴心志柔弱但气魄刚强，所以计谋太少而十分专横。如果把你们的心交换一下，那就都会很好了。”扁鹊于是叫两人喝了毒酒，让他们昏迷了三天，剖开胸膛，取出心脏，交换以后又放了进去，给他们吃了神药，醒来以后一切和原来一样。两人告辞回家。于是公扈回到了齐婴的家，并拥有他的妻子儿女，妻子儿女却不认识他。齐婴也回到了公扈的家，占有他的妻子儿女，妻子儿女也不认识他。两家人因此打起了官司，求扁鹊来分辨缘由。扁鹊说明了此事发生的原因，官司才解决。

## 4. 庄子·养生主（节选）

【原文】

吾生也有涯①，而知②也无涯。以有涯随③无涯，殆④已；已⑤而为知者，殆而已矣！为善无近⑥名，为恶无近刑。缘⑦督⑧以为经⑨，可以保身，可以全生⑩，可以养亲⑪，可以尽年⑫。

【注释】

① 涯：边际，极限。

② 知：同“智”，知识，才智。

③ 随：追随，索求。

④ 殆：危险，这里指疲困不堪，神伤体乏。

⑤ 已：此，如此，这里指上句所说的用有限的生命索求无尽的知识的情况。

⑥ 近：接近，这里含有追求、贪图的意思。

⑦ 缘：顺着，遵循。

⑧ 督：中，正道。中医有奇经八脉之说，所谓督脉即身背之中脉，具有总督诸阳经之作用。“缘督”就是顺从自然之中道的含意。

⑨ 经：常。

⑩ 全生：保全天性。生，通“性”。

⑪ 养亲：不为父母留下忧患。

⑫ 尽年：终享天年，不使夭折。

【今译】

人们的生命是有限的，而知识却是无限的。以有限的生命去追求无限的知识，势必体乏神伤，既然如此还在不停地追求知识，那可真是十分危险了！做了世人所谓的善事却不去贪图名声，做了世人所谓的恶事却不至于面对刑戮的屈辱。遵从自然的中正之路并把它作为顺应事物的常法，这就可以护卫自身，就可以保全天性，就可以不给父母留下忧患，就可以终享天年。

## 【原文】

庖丁为文惠君解牛，手之所触，肩之所倚，足之所履，膝之所踦，砉然向然，奏刀騞然，莫不中音，合于桑林之舞，乃中经首之会。

文惠君曰："嘻，善哉！技蓋至此乎？"庖丁释刀对曰："臣之所好者道也，进乎技矣。始臣之解牛之时，所见无非全牛者。三年之后，未尝见全牛也。方今之时，臣以神遇而不以目视，官知止而神欲行。依乎天理，批大郤，导大窾，因其固然；技经肯綮之未尝，而况大軱乎！良庖岁更刀，割也；族庖月更刀，折也。今臣之刀十九年矣，所解数千牛矣，而刀刃若新发于硎。彼节者有间，而刀刃者无厚。以无厚入有间，恢恢乎其于游刃必有余地矣，是以十九年而刀刃若新发于硎。虽然，每至于族，吾见其难为，怵然为戒，视为止，行为迟，动刀甚微。謋然已解，如土委地。提刀而立，为之四顾，为之踌躇满志，善刀而藏之。"

文惠君曰："善哉！吾闻庖丁之言，得养生焉。"

## 【今译】

厨师给文惠君宰杀牛牲，分解牛体时，手接触的地方、肩靠着的地方、脚踩踏的地方、膝抵住的地方，都发出"砉砉"的声响，还有快速进刀时"刷刷"的声音，无不像美妙的音乐旋律，符合桑林舞曲的节奏，又合于经首乐曲的乐律。

文惠君说："嘻，妙呀！技术怎么达到如此高超的地步呢？"厨师放下刀回答说："我所喜好的是摸索事物的规律，比起一般的技术、技巧又进了一层。我开始分解牛体的时候，所看见的没有不是一头整牛的。几年之后，就不曾再看到整体的牛了。现在，我只用心神去接触而不必用眼睛去观察，眼睛的官能似乎停了下来而精神世界还在不停地运行。依照牛体自然的生理结构，劈击肌肉骨骼间大的缝隙，把刀导向那些骨节间大的空处，顺着牛体的天然结构去解剖，从不曾碰撞过经络结聚的部位和骨肉紧密连接的地方，何况那些大骨头呢？优秀的厨师一年更换一把刀，因为他们是在用刀割肉；普通的厨师一个月就更换一把刀，因为他们是在用刀砍骨头。如今我使用的这把刀已经十九年了，所宰杀的牛牲上千头了，而刀刃锋利就像刚从磨刀石上磨过一样。牛的骨节乃至各个组合部位之间是有空隙的，而刀刃几乎没有什么厚度，用薄薄的刀刃插入有空隙的骨节和组合部位间，对于刀刃的运转和回旋来说那是多么宽绰而有余地呀。所以我的刀使用了十九年刀锋仍像刚从磨刀石上磨过一样。虽然这样，每当遇上筋腱、骨节聚结交错的地方，我看到难于下刀，仍为此而格外谨慎不敢大意，目光专注，动作迟缓，动刀十分轻微。牛体霍霍地全部分解开来，就像是一堆泥土堆放在地上。我于是提着刀站在那儿，为此而环顾四周，为此而踌躇满志，这才擦拭好刀收藏起来。”

文惠君说：“妙啊，我听了厨师这一番话，从中得到养生的道理了。”

【原文】

公文轩见右师而惊曰：“是何人也？恶乎介也？天与，其人与？”曰：“天也，非人也。天之生是使独也，人之貌有与也。以是知其天也，非人也。”

泽雉十步一啄，百步一饮，不蕲畜乎樊中。神虽王，不善也。

老聃死，秦失吊之，三号而出。弟子曰：“非夫子之友邪？”曰：“然。”“然则吊焉若此，可乎？”曰：“然。始也吾以为其人也，而今非也。向吾入而吊焉，有老者哭之，如哭其子；少者哭之，如哭其母。彼其所以会之，必有不蕲言而言，不蕲哭而哭者。是遁天倍情，忘其所受，古者谓之遁天之刑。适来，夫子时也；适去，夫子顺也。安时而处顺，哀乐不能入也，古者谓是帝之县解。”

指穷于为薪，火传也，不知其尽也。

【今译】

公文轩见到右师大吃一惊，说：“这是什么人？怎么只有一只脚呢？是天生只有一只脚，还是人为地失去一只脚呢？”右师说：“天生成的，不是人为的。老天爷生就了我这样一副形体让我只有一只脚，人的外观完全是上天所赋予的。所以知道是天生的，不是人为的。”

沼泽边的野鸡走上十步才能啄到一口食物，走上百步才能喝到一口水，可是它丝毫不会祈求被畜养在笼子里。生活在樊笼里不必费力寻食，但即使精力十分旺盛，那也是很不快意的。

老聃死了，他的朋友秦失去吊丧，大哭几声便离开了。老聃的弟子问道：“你不是我们老师的朋友吗？”秦失说：“是的。”弟子们又问：“那么吊唁朋友像这样，行吗？”秦失说：“行。原来我认为你们跟随老师多年都是超脱物外的人了，现在看来并不是这样的。刚才我进入灵房去吊唁，有老年人在哭他，像做父母的哭自己的孩子；有年轻人在哭他，像做孩子的哭自己的父母。他们之所以会聚在这里，一定有人本不想说什么却情不自禁地诉说了什么，本不想哭泣却情不自禁地痛哭起来。如此喜生恶死是违反常理、背弃真情的，他们都忘掉了人是秉承于自然、受命于天的道理，古时候人们称这种做法为背离自然的过失。偶然来到世上，你们的老师他应时而生；偶然离开人世，你们的老师他顺依而死。安于天理和常分，顺从自然和变化，哀伤和欢乐便都不能进入心怀，古时候人们称之为自然的解脱，好像解除倒悬之苦似的。”

取光照物的烛薪终会燃尽，而火种却传续下来，永远不会熄灭。

【解读】

这是一篇谈养生之道的文章。“养生主”的意思就是养生的要领。庄子认为，养生之道重在顺应自然，忘却情感，不为外物所滞。全文分成三个部分，第一部分至“可以尽年”是全篇的总纲，指出养生最重要的是要做到“缘督以为经”，即秉承事物中虚之道，顺应自然的变化与发展。第二部分至“得养生焉”以厨工分解牛体比喻人之养生，说明处世、生活都要“因其固然”“依乎天理”，而且要取其中虚“有间”，方能“游刃有余”，从而避开是非和矛盾的纠缠。余下为第三部分，进一步说明听凭天命、顺应自然、“安时而处顺”的生活态度。

庄子思想的中心，一是无所依凭而自由自在，一是反对人为而顺其自然，字里行间虽是在谈论养生，实际上体现了作者的哲学思想和生活旨趣。全文的核心在以下几点。

第一，个人生命有限，社会知识无穷。回想我们成年以来，一直以有限的生命去追求无穷的知识，累得身心两疲，违背养生主旨，已犯险了。明明晓得已犯险了，为了恢复身心健康，又去苦学养生百科，那就没改，险犯定了。

第二，你想做出所谓的好表现吗？可以，但是切忌捞取名利。你想做出所谓的坏表现吗？也行，但是切忌触犯刑律。然而，世上哪有大做其好表现而不存名利之心的呢？世上哪有大做其坏表现而不冒刑律之险的呢？何况做这些所谓的好或坏的给众人看，徒劳自己身心，根本没有必要。应该在所谓的好与坏交界之处，找到一条中缝，就像长袍背后连缀左右两片布的中缝，顺着空隙，不偏左不偏右，正道直行。这样走下去，一可维护健康，二可保全性命，三可供养亲人，四可享尽天年。气聚则生，气散则死。养生之主，就是精气神。能使精气神沿其自然轨道运行，则可以保身，可以全生，可以养亲，可以尽年。

第三，人们常常注重人为，而不注重天然。本可像庖丁解牛一样，以无厚入有间，游刃必有余，却往往以有涯随无涯，忘掉自己禀于自然、受命于天，常常随众，不祈言而言，不祈哭而哭，就像泽鸟被关在樊笼之内，虽然有吃有喝，但却不自由。当然，人活在世间，十有八九不如意。钻木取火，柴薪烧尽了，但火种却可以延续。有缺陷当然遗憾，而人却应有不忘者，应有永存者。

第四，为善不一定当时有报，为恶也不一定立刻受惩罚，不可因善小而不为，也不可因恶小而为之。养生必须从细处做起，持之以恒。

这些，就是《养生主》所讲的。针对养身保健这一命题来说，如同庖丁解牛一样，首先要专注于对象（贵身、爱身），其次要花时间勤练技术（学习养身方法），最后由技术层面上升到哲学层面（顺应个体本性，懂得养生之法）。

## 拓展阅读一

当代人对生病治疗、健康饮食、针灸按摩等外在的养生保健已经高度重视起来，在实践上也积极主动起来，这些观念和行动是正确的。但是，在内在的气血保养、精神修持、脏腑调理方面，却做得很不够。根据我们的调查问卷，懂得后者意义的人很多，但实践这些养生方法的人，百里能挑十个就算是不错了。因此，我们选录了几篇古人论述对待疾病与养气畅神的文章，供大家阅读，以增强内在调养的意识。

## 扁鹊见蔡桓公

韩非

扁鹊见蔡桓公，立有间，扁鹊曰："君有疾在腠理，不治将恐深。"桓侯曰："寡人无疾。"扁鹊出，桓侯曰："医之好治不病以为功。"

居十日，扁鹊复见曰："君之病在肌肤，不治将益深。"桓侯不应。扁鹊出，桓侯又不悦。

居十日，扁鹊复见曰："君之病在肠胃，不治将益深。"桓侯又不应。扁鹊出，桓侯又不悦。

居十日，扁鹊望桓侯而还走。桓侯故使人问之，扁鹊曰："疾在腠理，汤熨之所及也；在肌肤，针石之所及也；在肠胃，火齐之所及也；在骨髓，司命之所属，无奈何也。今在骨髓，臣是以无请也。"

居五日，桓侯体痛，使人索扁鹊，已逃秦矣，桓侯遂死。

【解读】

这篇故事选自《韩非子·喻老》，题目是后人加的，内容带有劝谕性。文章以时间为序，以蔡桓公病情的发展为线索，通过扁鹊四次面见的局势，记叙蔡桓公因讳疾忌医致死的故事，阐明一个道理：不能盲目相信自己，不能讳疾忌医。同时给人们以启迪：对待自己的缺点、错误，也应像对待疾病一样，决不能讳疾忌医，而应当虚心接受批评，防患于未然。文中深刻揭示了及时医过、防微杜渐的道理，颇能引人深思。

## 论衡·气寿

王充

凡人禀命有二品，一曰所当触值之命，二曰强弱寿夭之命。所当触值，谓兵烧压溺也。强寿弱夭，谓禀气渥薄也。兵烧压溺，遭以所禀为命，未必有审期也。若夫强弱夭寿以百为数，不至百者，气自不足也。夫禀气渥则其体强，体强则其命长；气薄则其体弱，体弱则命短。命短则多病，寿短。始生而死，未产而伤，禀之薄弱也。渥强之人，不卒其寿，若夫无所遭遇，虚居困劣，短气而死，此禀之薄，用之竭也。此与始生而死，未产而伤，一命也，皆由禀气不足，不自致于百也。

人之禀气，或充实而坚强，或虚劣而软弱。充实坚强，其年寿；虚劣软弱，失弃其身。天地生物，物有不遂；父母生子，子有不就。物有为实，枯死而堕；人有为儿，夭命而伤。使实不枯，亦至满岁；使儿不伤，亦至百年。然为实、儿而死枯者，禀气薄，则虽形体完，其虚劣气少，不能充也。儿生，号啼之声鸿朗高畅者寿，嘶喝湿下者夭。何则？禀寿夭之命，以气多少为主性也。妇人疏字者子活，数乳者子死。何则？疏而气渥，子坚强；数而气薄，子软弱也。怀子而前已产子死，则谓所怀不活。名之曰怀，其意以为已产之子死，故感伤之子失其性矣。所产子死、所怀子凶者，字乳亟数，气薄不能成也；虽成人形体，则易感伤，独先疾病，病独不治。

百岁之命，是其正也。不能满百者，虽非正，犹为命也。譬犹人形一丈，正形也，名男子为丈夫，尊公妪为丈人。不满丈者，失其正也，虽失其正，犹乃为形也。夫形不可以不满丈之故谓之非形，犹命不可以不满百之故谓之非命也。非天有长短之命，而人各有禀受也。由此言之，人受气命于天，卒与不卒，同也。语曰："图王不成，其弊可以霸。"霸者，王之弊也。霸本当至于王，犹寿当至于百也。不能成王，退而为霸；不能至百，消而为夭。王霸同一业，优劣异名；寿夭或一气，长短殊数。何以知不满百为夭者百岁之命也？以其形体小大长短同一等也。百岁之身，五十之体，无以异也；身体不异，血气不殊；鸟兽与人异形，故其年寿与人殊数。

何以明人年以百为寿也？世间有矣。儒者说曰：太平之时，人民侗长，百岁左右，气和之所生也。《尧典》曰："朕在位七十载。"求禅得舜，舜征三十岁在位。尧退而老，八岁而终，至殂落，九十八岁。未在位之时，必已成人，今计数百有余矣。又曰："舜生三十，征用三十，在位五十载，陟方乃死。"适百岁矣。文王谓武王曰："我百，尔九十。吾与尔三焉。"文王九十七而薨，武王九十三而崩。周公，武王之弟也，兄弟相差，不过十年。武王崩，周公居摄七年，复政退老，出入百岁矣。邵公，周公之兄也，至康王之时，尚为太保，出入百有余岁矣。圣人禀和气，故年命得正数。气和为治平，故太平之世多长寿人。百岁之寿，盖人年之正数也，犹物至秋而死，物命之正期也。物先秋后秋，则亦如人死或增百岁，或减百也；先秋后秋为期，增百减百为数。物或出地而死，犹人始生而夭也；物或逾秋不死，亦如人年多度百至于三百也。传称：老子二百余岁，邵公百八十。高宗享国百年，周穆王享国百年，并未享国之时，皆出百三十四十岁矣。

## 【今译】

人们承受（气而形成的）寿命有两种：一是恰好碰上（意外情况短命）的命，二是因身体强弱而造成的寿命长短的命。恰好碰上的意外情况，为被兵器杀死、火烧死、土压死、水淹死。体强长寿，体弱夭折，是说人承受气的厚薄多少。被兵器杀死、火烧死、土压死、水淹死，是以遇上的承受的意外情况来决定的命，这就未必有确定的日期。至于说人因身体强弱而造成的寿命长短，是以一百岁为界限，活不到一百岁，是因为承受的气本身不充足，如果承受的气多，人的体质就强健，体质强健，人的寿命就长；要是承受的气少，人的体质就虚弱，体质虚弱寿命就短。刚出生来就死了，还没有出生就亡了，都是承受的气太少了的缘故。承受的气多，体质强健的人，必定能活满他的百岁寿限。至于说没有什么坎坷的遭遇，闲居在家，都会感到疲乏气短，气短而死，这是承受的气少，被用尽了的缘故。这与刚出生就死了，没有出生就亡了的，同属一种命，都因为承受的气不充足，不能自己活到一百岁。

人承受气，有的充实而坚强，有的虚少而软弱。充实坚强的，他的寿命就长；虚少软弱的，就会丧失他的生命。天地生出万物，万物中有的长不成；父母生下子女，子女中有的长不大。万物长成了果实，却会枯死落下。人生出了子女，却会短命死亡。假使果实不枯死，也能够长到成熟；假使子女不死亡，也能够活到百岁。然而，长成了果实，生下了子女之所以会枯死短命，那是因为承受的气太稀薄，虽然他们形体完整了，但是由于他们承受的气虚而少，不能充满整个果实和身体。婴儿出生，哭喊声洪亮高亢畅通的就会长寿，声音沙哑低小的就会夭折。为什么呢？因为承受长寿、夭折的命，是由气的多少来决定的。妇女少怀孕，子女就会存活；多生育，子女则活不成。这又是为什么呢？因为生育少气充足，子女体质坚强；生育频繁，气稀少，子女体质软弱。怀孕时，如果先前生下的孩子死了，人们就会认为这次所怀的胎儿活不成，于是命名它叫“殰”。他们认为，早先生下来的孩子死了，母亲必然很悲痛，所以悲伤时怀的胎儿就会失去他的正常寿命。生下孩子死过的人，所怀的胎儿不吉利，生育频繁，由于承受的气稀薄，胎儿不能形成。即使长成人的形体，也容易感染疾病受到伤害，而且唯独他比别人先得疾病，这种疾病又治不好。

活到百岁，是人的正常寿限。不能活满百岁的，虽然不是正常寿限，但仍是寿命。比如人的身高一丈，是正常形体。所以称男子为丈夫，尊称老头、老妇为丈人。不满一丈的，就丧失了人的正常身高。即使丧失了人的正常身高，但仍是人体。不能因为身高不满一丈的缘故，就说他不是人体，如同人的寿命不能因为不满一百岁的缘故，就说他不是寿命。不是天支配着人寿命的长短，而是人承受的气各有不同。这样说来，人是从天那儿承受气与命，能不能活满百岁都相同。俗话说：“谋取王业不成，退一步大约能称霸。”霸业，比王业次一等。霸业本来应当达成王业的，就像人的寿命应当活到百岁一样。不能成就王业，退而称霸；不能活到百岁，缩短而为夭折。王业霸业同是治国之业，只是优劣的不同名称；长寿与短命同是承受一种气，只是寿命时间长短不同。

怎么知道不满一百岁死去的算夭亡呢？以百岁作为人的正常寿命，是因为人身体的大小、高矮都一样（差不多）。百岁人的身体与五十岁人的身体，没有什么不同。他们身体一样，血与气也相同。鸟兽与人有不同的形体，所以它们的生命长短与人的寿数不同。怎么能证明人的年龄以百岁为寿数呢？（百岁的人）世间是有的。儒者说：“社会太平的时候，人民身体高大，能活到百岁左右，那是由于阴气阳气调和而成的缘故。《尧典》上说：“我尧在位七十年。”寻求禅让找到了舜，舜被征召二十年后才即位。尧退位养老，八年后去世，到死时已又经历了九十八年。没有在位的时候，一定已经成人，如今计算岁数也该有一百多岁了。又说：“舜有三十岁，被召用二十年，在位五十年，到去各地巡游时才死。”应当有百岁了。文王对武王说：“我一百岁，你九十岁，我给你三岁。”那文王就是九十七岁死，武王是九十三岁死。周公，是武王的弟弟，兄弟相差不过十岁。武王死，周公摄政七年，还政退休养老，活到百岁上下。邵公，周公的兄长，到康王时，还做了太保，活了一百多岁。圣人承受的是和气，所以年龄都活到了百岁。阴气阳气调和使社会得到安定，天下太平，所以，太平社会多长寿的人。百岁的寿命，大概是人年龄的正常寿限，就像植物到秋死去，是植物生命的正常期限。人超过百岁死与不到百岁死也标志正常寿限。植物有的在秋天前死去，有的在秋天后死去，这也同有人超过百岁死，有人不到百岁死一样。植物秋前死与秋后死都算正常期限。植物有的长出地面而死，就像人刚出生而夭亡。植物有的过了秋天不死，也同人的年龄超过百岁达到三百岁一样。传说老子有两百多岁，邵公有一百八十岁。高宗在位一百年，周穆王在位一百年，加上没有在位的时间，都超过一百三四十岁了。

【解读】

气血是身体最根本的物质，而气更显得玄乎一点。其实，每时每刻我们都在呼吸，都在和气打交道。人的身体要健康，气就要足，就要畅，否则就会气紧、气喘、气闷、气虚，就会生病，就不健康。现代人特别讲究空气质量，向往天然氧吧，反对雾霾污染，注重这些外在的质量因素是对的，而讲究内在气血的畅达和高品质是最根本的。

## 养生论

嵇康

【原文】

世或有谓神仙可以学得，不死可以力致者。或云：上寿百二十，古今所同，过此以往，莫非妖妄者。此皆两失其情，请试粗论之。

夫神仙虽不目见，然记籍所载，前史所传，较而论之，其有必矣。似特受异气，禀之自然，非积学所能致也。

至于导养得理，以尽性命，上获千余岁，下可数百年，可有之耳。而世皆不精，故莫能得之。何以言之？夫服药求汗，或有弗获；而愧情一集，涣然流离。终朝未餐，则嚣然思食；而曾子衔哀，七日不饥。夜分而坐，则低迷思寝；内怀殷忧，则达旦不瞑。劲刷理鬓，醇醴发颜，仅乃得之；壮士之怒，赫然殊观，植发冲冠。由此言之，精神之于形骸，犹国之有君也。神躁于中，而形丧于外，犹君昏于上，国乱于下也。

【今译】

世上有种说法：神仙可以修成，长生不老也可以实现。也有一种说法是人寿不过一百二十岁，古今认知差不多，超过这个寿限岂不就成了妖妄。这两种说法都不符合实情，请听听我的见解。

虽然神仙没有被人亲眼所见，但史书文献记载以及各种传记中有明确的定论，神仙是必有的。这种人似乎承受了特异的气，禀赋于天然，不是积学而能达到的。至于说导养得法，穷极性命，上达千余岁，下到数百年，这种情况也是可以有的。然而由于世人都不精通导养之法，所以无法达到这种境界。

凭什么这么说呢？这就好比有人服用药物求发汗，或许不能如愿；可有人愧疚情绪凝集，也会大汗淋漓。人整个早晨都不吃东西，就容易饥肠辘辘而想吃；而曾参由于心中悲痛，却七天都不觉得饥饿。平常人半夜枯坐就会昏沉思睡；而深怀忧患的人彻夜难眠。使劲用梳子理直鬓发，喝厚味的酒令人有颜色；与壮士发怒而呈现的气色是不同的，甚至有人怒发直立得能冲掉帽子。从这些例子来看，精神对于形体而言，就像一个国家要有君主一样。精神思想不能静守于内，形体必会损伤于外（意同《内经》：精神内守，病安何来），就跟君王昏庸于上、国家动乱于下的道理一样。

【原文】

夫为稼于汤之世，偏有一溉之功者，虽终归燋烂，必一溉者后枯。然则，一溉之益，固不可诬也。而世常谓一怒不足以侵性，一哀不足以伤身，轻而肆之，是犹不识一溉之益，而望嘉谷于旱苗者也。是以君子知形恃神以立，神须形以存，悟生理之易失，知一过之害生。故修性以保神，安心以全身，爱憎不栖于情，忧喜不留于意，泊然无感，而体气和平。又呼吸吐纳，服食养身，使形神相亲，表里俱济也。

夫田种者，一亩十斛，谓之良田，此天下之通称也。不知区种可百余斛。田种一也，至于树养不同，则功收相悬。谓商无十倍之价，农无百斛之望，此守常而不变者也。

且豆令人重，榆令人瞑，合欢蠲忿，萱草忘忧，愚智所共知也。薰辛害目，豚鱼不养，常世所识也。虱处头而黑，麝食柏而香；颈处险而瘿，齿居晋而黄。推此而言，凡所食之气，蒸性染身，莫不相应。岂惟蒸之使重而无使轻，害之使暗而无使明，薰之使黄而无使坚，芬之使香而无使延哉？

故神农曰"上药养命，中药养性"者，诚知性命之理，因辅养以通也。而世人不察，惟五谷是见，声色是耽。目惑玄黄，耳务淫哇。滋味煎其府藏，醴醪鬻其肠胃。香芳腐其骨髓，喜怒悖其正气。思虑销其精神，哀乐殃其平粹。夫以蕞尔之躯，攻之者非一涂；易竭之身，而外内受敌。身非木石，其能久乎？

【今译】

在商汤那样的盛世种庄稼也有七年大旱的时候，常常习惯一次灌溉禾苗等着收成的，虽然最终免不了枯死的结局，但必定也是得灌溉之后的枯死。显然，一次灌溉的好处也是不能轻视的。但世人常以为偶尔一次的发怒不足以侵害自己的心性，一次哀伤不足以伤害自己的身体，所以就轻率地放纵自己的情绪，这就像不懂得一次灌溉的好处，却希望在旱苗上长出好庄稼一样。因此君子明白自己的形体靠精神才能立稳，精神靠形体才得长存，觉悟到自己生理机能的变化与缺失，懂得一次过失也会伤害生命的道理。所以要陶冶性情以保养精神，心平气和以保全躯体，爱憎不留积于情志上，忧喜不留积于意念里，心性澹泊而洒脱，而保持气血的平和稳定；还要常用呼吸吐纳和服食来调养身体，使形体与精神亲合，内外都得到和谐统一。

对种田的人，一亩地有十斛的收成，就可以叫作良田，这是天下人所公认的。殊不知用区种法，一亩地能有百余斛的收成。土地、种子都是一样的，只是耕种管理的方法不同，就会有如此悬殊的收获。认为行商没有十倍的利润，种田的没有百斛的希望，是墨守成规不知变通的认识。吃黑豆多能使人重滞（黑豆久服令人身重，见《神农本草经》），吃白榆令人贪睡，合欢解除忿怒，萱草令人忘忧，这是愚、智都知道的常识。有薰辛之气的大蒜等能伤人眼睛，有毒的河豚鱼没有人养，也是世间的常识。生在头部的虱子会渐黑，麝吃柏叶就产生麝香（陶弘景言麝“常食柏叶”）。生活在崎岖的山石地区的人颈部容易生瘿，而生活在山西一带的人的牙齿就容易发黄。据此推断，人所食入的东西，熏陶情志，沾染形体，没有不产生彼此相应结果的。难道所有的食物之气只能使身体滞重而不能使身体轻捷？只能使眼睛昏暗而不能使眼睛明亮？只能使牙齿发黄而不能使牙齿坚固？只能使麝产生麝香而不能使它产生腥臊？

所以神农氏说：“上品药物延年益寿，中品药物陶冶性情。”这的确是懂得性和命的道理，借辅养之法以通达。可是世人不明白这个道理，只盯着五谷，沉溺于歌舞和声色之中，眼睛迷恋于炫目的色彩，耳朵专注于靡靡之音，厚味煎熏其脏腑，醇酒伤害其肠胃，淫色腐蚀其骨髓，喜怒悖乱其正气，思虑耗散其心神，哀乐毁坏其宁静纯粹的情绪。以如此渺小的躯体，而攻击它的不止一途；如此容易衰弱的身体，内外受敌。身体又不像是木块、石头，怎么能坚持长久呢？

## 【原文】

其自用甚者，饮食不节，以生百病；好色不倦，以致乏绝；风寒所灾，百毒所伤，中道夭于众难。世皆知笑悼，谓之不善持生也。至于措身失理，亡之于微，积微成损，积损成衰，从衰得白，从白得老，从老得终，闷若无端。中智以下，谓之自然。纵少觉悟，咸叹恨于所遇之初，而不知慎众险于未兆。是由桓侯抱将死之疾，而怒扁鹊之先见，以觉痛之日，为受病之始也。害成于微，而救之于著，故有无功之治；驰骋常人之域，故有一切之寿。仰观俯察，莫不皆然。以多自证，以同自慰，谓天地之理尽此而已矣。

纵闻养生之事，则断以所见，谓之不然。其次狐疑，虽少庶几，莫知所由。其次，自力服药，半年一年，劳而未验，志以厌衰，中路复废。或益之以畎浍，而泄之以尾闾。欲坐望显报者，或抑情忍欲，割弃荣原，而嗜好常在耳目之前，所希在数十年之后，又恐两失，内怀犹豫，心战于内，物诱于外，交赊相倾，如此复败者。

夫至物微妙，可以理知，难以目识。譬犹豫章生七年，然后可觉耳。今以躁竞之心，涉希静之涂，意速而事迟，望近而应远，故莫能相终。

夫悠悠者既以未效不求，而求者以不专丧业，偏恃者以不兼无功，追术者以小道自溺，凡若此类，故欲之者万无一能成也。

善养生者则不然矣。清虚静泰，少私寡欲。知名位之伤德，故忽而不营，非欲而强禁也。识厚味之害性，故弃而弗顾，非贪而后抑也。外物以累心不存，神气以醇白独著，旷然无忧患，寂然无思虑。又守之以一，养之以和，和理日济，同乎大顺。然后蒸以灵芝，润以醴泉，晞以朝阳，绥以五弦，无为自得，体妙心玄，忘欢而后乐足，遗生而后身存。若此以往，恕可与羡门比寿，王乔争年，何为其无有哉！

【今译】

那些过于自以为是的人，饮食无节制，以致体生百病；乐此不疲地贪恋女色，以致精气亏绝；受风寒侵袭，百毒损伤，都在半途中灾难缠身，甚至丧失了生命。世人既笑话他又哀怜他，说他不会爱惜身体。还有那些保养身体缺失方法，损耗发生于日常的一点一滴，积累小毛病而终造成身体损伤，损伤再累加就会造成身体衰败，身体衰败引起头发变白，头发变白发展到老态龙钟，由此从老态龙钟走向死亡，稀里糊涂地死了还不知道根由。中等智慧以下的，认为生老病死是自然因素。即便稍有觉悟，也都是在感叹和怨恨得病这一刻的情景，却不懂得在各种危险未露端倪时就慎终若始地防备。这就跟齐桓侯得了危及生命的大病，却恼怒扁鹊的先见之明，把自己感到病痛之时当作是患病的开始一样。病害酿成于细微的损耗，却在病发时才想起来救治，所以才会出现治也白治；按照大多数人的方式去生活，所以只能有一般人的寿命。俯仰观察天地万物，莫不如此。以多数人的寿限来证实自己，觉得与多数人相同就以此自慰，以为天地之理不过就是这个样子了。

即使是听说了些养生之道，也凭一己之见识去判断，不认同那些养生方法；或自己狐疑，虽然稍有志于养生，却几乎不懂养生的道理和方法；或相信自己的诊断来服药，一年半载，忙乎而不见效验，对于养生的志趣已倦怠衰减，半途而废了。有的人养生像用田间小沟蓄水灌溉那样来积蓄精气，却用像出海口水流那样的力度来宣泄，还指望坐求显报；有的人能够抑制情绪克制欲望，割弃荣耀显贵，可是各种嗜好又常在眼前耳边，所追求的养生希望却远在几十年以后，两方面都惦记着，于是内心犹豫不决，思想长寿于内，物欲相诱于外，内外反复倾轧，这样又导致失败。

有些事物十分微妙，可以通过推理了解它，却很难用肉眼看清它。比如枕木和樟木生长七年后才能显现出自身的特性。(《史记·司马相如列传》："二木生至七年，枕、章乃可分别。") 如今却以急躁好胜的心态，妄想进入清静的境界，欲速而不达，欲望在眼前而养生实现在将来，所以得不到好的养生结果。

许多人因未见养生功效就不再寻求养生了，而那些追求养生之道的人又因为不能精于养生之理而丧失了功效，偏执于修性保命或者服食养身的人因为没有两方面的配合而无成效，追求方术的人只沉迷于养生偏方，诸如此类想长生的人连万分之一的机会都没有。

擅长养生的人就不是这样了，而是保持身心清虚通泰，少私寡欲。他们知道名利地位会妨碍品德修养，因此轻视名位而不去钻营，这是从心底里轻视它们，并不是思想上贪恋而行动上强行抑制。他们认识到厚味的美食会伤害性命，所以抛弃它而毫不顾惜，不是先动吃念而后克制。身外事物能使人劳心费神，所以不要留念想在心里，这样神气就会变得淳朴恬静。豁达开朗而没有忧虑，心神安宁而没有杂念。守住如天地般的安宁，以平和之气来调养身心，身心日益协调，就能与天地的安定境界相同。然后用丹田之气熏蒸五脏六腑，用养生功引得舌下腺分泌的金津玉液来滋润五脏六腑，沐浴于朝阳，安抚以古琴，清静无为，深沉静默，体会呼吸的玄妙。不去寻眼前欢乐从而留下更多的欢乐，留下足够的生机从而得以长寿。长此以往，几乎就可以同羡门子比长寿，与王子乔争长生，还管他真的有没有神仙！

【解读】

嵇康（224—263 或 223—262），字叔夜，汉族，谯国铚县（今安徽省濉溪县）人，三国时期曹魏思想家、音乐家、文学家。嵇康为曹魏宗室的女婿，娶曹操曾孙女长乐亭主为妻，官至中散大夫，世称“嵇中散”。后隐居不仕，屡拒为官。因得罪钟会，遭其构陷，而被司马昭处死，时年四十岁。

嵇康注重养生，其《养生论》是我国古代养生论著中较早的名篇。本文论述了养生的必要性与重要性，主张形神共养，尤重养神；提出养生应见微知著，防微杜渐，以防患于未然；要求养生须持之以恒，通达明理，并提出了一些具体养生途径，如食物疗法等。文章论述透彻，富有文采，现存《昭明文选》《嵇中散集》等书中。

经常与嵇康一起合作打铁的向秀写了《难嵇叔夜养生论》，以世俗见解立意，肯定了“口思五味，目思五色”是“自然之理”“天地之情”，主张“开之自然，不得相外也”，又认为必须“节之以礼”“求之以事，不苟非义”，由此推及人的社会心理和欲求，如名利富贵等，从而强调合“自然”与“名教”为一。针对好友的问难，嵇康写作了《答向子期难养生论》，进一步发挥了他的养生思想，提出了“养生有五难”，反驳了“行逾曾、闵，服膺仁义，动由中和”却“不荡喜怒、平神气，而欲却老延年”的人得以养生的观点，进一步提出具体养生途径。

## 文心雕龙·养气

刘勰

昔王充著述，制《养气》之篇，验己而作，岂虚造哉！夫耳目鼻口，生之役也；心虑言辞，神之用也。率志委和，则理融而情畅；钻砺过分，则神疲而气衰：此性情之数也。

夫三皇辞质，心绝于道华；帝世始文，言贵于敷奏。三代春秋，虽沿世弥缛，并适分胸臆，非牵课才外也。战代技诈，攻奇饰说，汉世迄今，辞务日新，争光鬻采，虑亦竭矣。故淳言以比浇辞，文质悬乎千载；率志以方竭情，劳逸差于万里。古人所以余裕，后进所以莫遑也。

凡童少鉴浅而志盛，长艾识坚而气衰，志盛者思锐以胜劳，气衰者虑密以伤神，斯实中人之常资，岁时之大较也。若夫器分有限，智用无涯；或惭凫企鹤，沥辞镌思。于是精气内销，有似尾闾之波；神志外伤，同乎牛山之木。怛惕之盛疾，亦可推矣。

至如仲任置砚以综述，叔通怀笔以专业，既暄之以岁序，又煎之以日时，是以曹公惧为文之伤命，陆云叹用思之困神，非虚谈也。

夫学业在勤，功庸弗怠，故有锥股自厉，和熊以苦之人；志于文也，则有申写郁滞。故宜从容率情，优柔适会。若销铄精胆，蹙迫和气，秉牍以驱龄，洒翰以伐性，岂圣贤之素心，会文之直理哉！

且夫思有利钝，时有通塞，沐则心覆，且或反常；神之方昏，再三愈黩。是以吐纳文艺，务在节宣，清和其心，调畅其气，烦而即舍，勿使壅滞，意得则舒怀以命笔，理伏凑则投笔以卷怀，逍遥以针劳，谈笑以药倦，常弄闲于才锋，贾馀于文勇，使刃发如新，凑理无滞，虽非胎息之迈术，斯亦卫气之一方也。

赞曰：纷哉万象，劳矣千想。玄神宜宝，素气资养。

水停以鉴，火静而朗。无扰文虑，郁此精爽。

## 【今译】

从前王充著书，曾写《养性》十六篇，是经过自己的验证而写的，怎能是凭空编造的呢？人的耳、目、口、鼻是为生命服务的；心思、言辞则是精神的运用。顺着情感的发展而自然谐和，就能思理融和而情绪顺畅；如果钻研过度，就精神疲乏而元气衰损：这就是性情的一般原理。上古三皇时期，言辞朴质，还没有丝毫追求华丽的思想。唐虞之世的言辞，开始有了文采，仍以敷陈上奏为贵。从夏、商、周三代到春秋时期，虽然一代比一代文采增多，都是随作者个人的心意表达出来，而不是于作者才性之外去强求。战国时期的著述，繁杂而不真实，作者大都追求奇特以文饰自己的学说。从汉代到现在，文辞写作一天比一天新奇，争妍斗丽，炫耀文采，已是绞尽脑汁的了。所以，淳厚的作品和浇薄的文辞相较，其华丽和质朴的不同相差千年；随顺情志的创作和绞尽脑汁的创作相比，其劳神苦思和轻松愉快的不同更是相去万里：古代作者其所以从容不迫，后代作家之所以忙个不停，就是这个原因。

大凡青少年认识不深而志气旺盛，老年人则认识力强而气血衰弱；志气旺盛的人，思考敏锐而经得起劳累，气血衰弱的人，思考周密却损伤精神：这是一般人的资质，不同年龄的人的大概情况。至于人的才分，都有一定的限度，而智力的运用却是无边无际的。有的就像不满于鸭腿之短，而羡慕鹤腿之长，在写作中一字一字地挖空心思。于是精气消损于内，有如海水永不停止地外泄；神思损伤于外，像牛山上的草木被砍得精光。过分的惊惧紧张必将造成疾病，也就可想而知了。至于王充在门窗墙柱上放满笔墨以进行创作，曹褒在走路睡觉时都抱着纸笔而专心于礼仪，既累月不断地苦思，又整天不停地煎熬。所以曹操曾担心过分操劳会伤害性命，陆云曾感叹过分用心使精神困乏，都不是没有根据的空话。

在掌握学问上，是应该勤劳的，所以苏秦在读书困倦时，曾用锥子刺股以鞭策自己。至于文学创作，是要抒发作者郁闷的情怀，因此应该从容不迫地随顺着情感，舒缓沉着地适应时机。如果大量消耗精神，过分逼迫人的和气，拿着纸张驱赶自己的年龄，挥动笔杆砍伐自己的生命，这岂是圣贤的本意，写作的正理呢？何况作者的文思有敏锐和迟钝之别，写作的时机有畅通或阻塞之异。人在洗头的时候，心脏的位置有了变动，这时考虑问题还可能违反常理；当人的精神已经昏乱不清时，继续思考就必然更加糊涂。因此，从事文学创作务必适时休息，保持心情清静和谐，神气调和通畅；运思过烦就停止，不要使思路受到阻塞。意有所得便心情舒畅地写下去，想写的事理隐伏不明，就放下笔墨停止写作。在自由自在中解除劳累，用说说笑笑来医治疲倦，就能经常轻松愉快地显露其才华，有使用不完的创作力量。经常保持像新磨出来的锐利刀锋，使全身的气脉畅行无阻，这虽不是保养身心的万全之术，也是养气的一种方法。

总之，天地间万事万物是纷纭复杂的，千百度思考这些现象十分劳神。人的精神应该珍惜，恒常的精气有待保养。停止奔流的水才更为清明，静止不动的火就显得明亮。要不扰乱创作的思虑，就应保持精神爽朗。

## 【解读】

《养气》是《文心雕龙》的第四十二篇，论述保持旺盛的创作精神的问题。所谓“神疲而气衰”。本篇所讲的“气”和人的精神密不可分，所以常常“神”“气”并称。其主要区别在于：“气”是人体所具有的内在因素，精神则是“气”的外在表现。因此，在本篇具体论述中，或称“气”，或称“神”，或称“精气”等，大都是措辞上的变化，并无实质区别。黄侃《文心雕龙札记》说：“养气谓爱精自保，与《风骨》篇所云诸‘气’不同。此篇之作，所以补《神思》篇之未备，而求文思常利之术也。”文思的通塞，的确和作者精神的盛衰有关，但《神思》和《养气》两篇所论，也有其各不相同的旨意。

本篇有三个部分。第一部分从两个方面说明养气的必要：首先就一般规律来说，人的性情不允许“钻砺过分”；其次以实际创作来印证，古今作者劳逸不同，因而作品的优劣大异。第二部分论神伤气衰的危害。人的智慧和精力是有一定限度的，操之过急，煎熬过度，就势将“成疾”，以致“伤命”。第三部分根据文学创作的特点讲“卫气之方”。刘勰认为，在掌握学识上，勤学苦练是应该的，但文学创作的特点是抒发情志，它本身就是一种精神活动，如果不遵循志之所至、情之所生的特点，而强逼它，损伤它，搅得头昏脑胀，就难以“理融而情畅”，写出好的作品来。

至于“卫气之方”，本篇提到的“清和其气”“烦而即舍”“逍遥以针劳，谈笑以药倦”等，只是些一般的、消极的方法。对人的生理性能来说，适度的劳逸结合是完全必要的，但要使作者精神饱满，思绪畅通，有充沛的创作活力，仅靠保养精神，或“逍遥”“谈笑”之类显然不可能。本篇是只就“养气”这个侧面而论，孤立起来，意义不大，如果过分看重“伤神”“伤命”之类，甚至是有害的。积极地养气，不应只是保养，而要培养加强；不仅要从生理上考虑，还要从精神上考虑。

## 拓展阅读二

### 白居易养眼

在唐人的诗作中，我们常常读到有关眼科疾病的诗句，其中以“诗翁”白居易的最多。据统计，白居易现存的2000多首诗歌中，涉及医药学的就有100余篇，居唐代诗人之首。

白居易一生坎坷，家庭生活也很不幸。他于27岁考取进士后，先后做过秘书省校书郎、翰林学士、左拾遗、江州司马、杭州刺史等，宦海沉浮，仕途辗转，直到37岁才结婚。长女金銮3岁夭折，白居易有诗哭之。58岁时，他喜得一个儿子阿崔，3岁又夭折了。老年丧子使诗翁痛苦异常，他在诗作中追思说：“悲肠自断非因剑，啼眼加昏不是尘。”由于官场失意和生活清苦，再加上子女的夭殇，白居易患了很严重的眼疾。从他的诗作中，屡屡可读到这方面的内容。为了疗疾养生，修身怡性，诗翁曾经称病休官，辞去苏州刺史的官职，回家乡静心调养。当地的百姓自发地送别这位廉洁勤政的清官，祝愿他早日康复。

在《眼暗》诗中，白居易写道：“早年勤倦看书苦，晚岁悲伤出泪多。眼损不知都自取，病成方悟欲如何？”诗翁在此谈及自己是由于年轻时秉烛苦读、穷经积学，不注意视力的保护，到了晚年视力减退，又屡遭子女夭亡的精神打击，悲郁多泣，才导致眼疾缠身，发出“欲如何”的无奈感叹！接着诗翁详细描写了自己患眼病的症状：“夜昏乍似灯将灭，朝暗长疑镜未磨。”你看，一朝一夕，铜镜松灯前，模糊的视力给理政读书写诗的诗翁带来多少难言的痛苦。频发的眼疾使白居易与中医药结下了不解之缘。他阅览眼科医书，服用滋阴养肝的中药，并用黄连的汁液点眼治疗。后来还“烧大药”和“服气”（即炼丹和练气功）来养目除疾。

在另一首《眼病》诗中，白居易还将患眼病的症状描述为“散乱空中千片雪，朦胧物上一重纱。纵逢晴景如看雾，不是春天亦见花。僧说客尘来眼界，医言风眩在肝家”。诗翁用生动形象的语言叙述了患眼疾的症状，简直就是一例诗体的眼科病案。从白诗中的自述来分析，他的双眼出现了羞明、睛上生翳、视物不清的症状，即患了老年性白内障，中医眼科称之为“云雾移睛”和“浮翳内障”。清代医家张倬在《医通・金针开内障论》中指出，本病是“肝气上冲，凝结而成”。其主要表现是“视物微昏或朦胧如轻烟薄雾。次则空中常见黑花，或如蝇飞蚁垂，睹一成二”。将诗翁的病史自述和医家的中医眼科学的辨证论说对照起来看，可以洞观白居易的医学素养有多么深厚。

在另一首诗中，诗翁记录了他请医服药、自我养护的康复生活："医师尽劝先停酒，道侣多教早罢官。案上漫铺龙树论，盒中虚捻决明丸。人间方药应无益，争得金篦试刮看。"诗中提到的《龙树论》又称《龙树菩萨药方》，是隋唐时印度医学随佛教传入中国后被译成中文的印度医书。决明丸由石决明、车前子、黄连蜜丸而成，是中医治疗肝虚气浮、风眩眼花的方剂。可以想见，诗翁接受道友的劝告，休官回乡，"谢绝名利，洞身静修"。浏览医药学的书籍，炮制丹药，遵守医嘱节酒养目。但药力有限而痼疾难却，诗翁不得不求治于金针拨障术。金针拨障术又称金篦刮目、开金针法，即针拨白内障术，唐代孙思邈的《千金方》有记载。早在1000多年前的唐代，这种由印度僧人执业的眼科手术就很普及了。

虽然眼疾给诗翁带来这么大的痛苦，但在那个年代，这位幼年体弱、经历磨难而且仕途也颇坎坷的诗人却享年75岁，超过古稀之年5岁，也算是当时的长寿者了。

（百姓健康养生，2017年12月31日）

【解读】

在当代，从小学生到大学生再到中年人，近视率越来越高，视力越来越差，特别是在电视、电脑、智能手机已经普及的地方，许多人整天盯着屏幕看，除了导致视力问题，还导致其他健康问题，比如长期静坐、姿势不对，"葛优瘫""熊猫瘫"、颈椎病、肌无力层出不穷，现代人条件越好，锻炼越少，网络越发达，身体越差。我们应该认识到现代科技虽带来了便利，但可能磨灭人的部分天性。如果我们不能合理管理自己的身体健康，不能有意识锻炼，有意识、有限度地使用网络，那么，视力、身体必然会垮，大家要警醒！

## 微信朋友圈"拼步数"，她差点失去双脚

时下流行的微信运动在朋友圈掀起了一股"拼步数"的热潮，对于大多数人而言，除去正常生活所需消耗的热量，每天走一万步能将多余的热量消耗掉。但是对于一些特殊人群，每天走一万步可能带来健康问题！日前，解放军454医院就接诊了这样的一名在微信圈拼步数的患者，该患者差点失去双脚。

**糖尿病患者也在微信"拼步数"**

今年45岁的南京市民杨女士，去年在单位的例行体检中，发现血糖高，后经过各项检查，被确诊为2型糖尿病。因为没有任何症状出现，能吃又能睡的，所以杨女士自己觉得不是什么大病，就没有放在心上。

最近微信朋友圈流行比行走的步数，杨女士也不想落伍，便也加入其中。"医生也说糖尿病人要经常锻炼！"杨女士说，这一加入进来，热情便一发而不可收。她不管走到哪里都会带着手机，生怕落下任何一步。但是，每天看占据前几名的朋友，都能走一

两万步，杨女士心里很不舒服，总想着要争个第一名。

在这种争强好胜的心理作用下，杨女士开始每天加大步行量，每天吃完晚饭出门，要走一个多小时，朋友圈步行的名次也在前进中。但是，由于运动量太大加上鞋子没选好，双脚开始出现血泡。

**自挑血泡却严重感染，差点失去双脚**

担心血泡影响正常行走，杨女士自己在家用针将它们都“挑掉”。可她怎么也想不到，这一“挑”差点让她失去双脚。

一周后，被杨女士“挑掉”的血泡伤口不但没有愈合，反而开始溃烂，不断有液体流出，伤情发展之快可吓坏了她。

于是，在家人的陪同下，杨女士来到社区医院就诊，发现她的血糖高达 16.8 毫摩尔/升（一般空腹血糖正常值为 3.9 ~ 6.1 毫摩尔/升），在社区医生的建议下，她转到解放军第 454 医院内分泌科就诊。经进一步检查，除了血糖高之外，杨女士还有合并糖尿病周围神经病变，最终，她被诊断为“糖尿病足 2 级”。

该院内分泌科孙新娟博士作为杨女士的主治医生，为她制订了合理的治疗方案，予以降糖、抗感染、清创换药、营养神经等处理后，感染终于被控制住。一段时间后，伤口未继续恶化并长出了新鲜的肉芽组织，这才使得她免去截肢，保住了双脚。

孙新娟博士提醒广大糖尿病患者，在确定自己患病之后，一定要重视自己的病情，时刻监测血糖，切勿因为自身盲目酿成不可挽回的后果。

“虽然说，运动疗法作为糖尿病治疗过程中重要环节，对糖尿病患者控制血糖来说起到重要的作用，但是选择合适的运动和适度的运动量非常关键”，孙新娟说。另外，糖尿病患者运动时要选择合适的鞋袜，做到运动完自查足部皮肤，如果发现问题一定要及时就医。

**不是所有人都适合“日行万步”**

日行万步，会让身体的热量得到消耗，变得越来越健康。但是，对于有些人来说，每天一万步，身体却不答应。

除了像杨女士那样的糖尿病患者，患有心血管疾病或关节疾病的人群，走路的量与速度都需要低于普通的健康人群，最好在医生建议下进行科学的锻炼，不适合健走锻炼的人群切不可强求。

解放军 454 医院内分泌科专家说，最佳健身方式应是快走 30 ~ 50 分钟，以人体微微出汗、肌肉轻微酸胀为最佳，锻炼结束后人体感觉轻松愉悦，第二天醒来后也不感觉太累。但这也不是一概而论，每个人每天的精神和身体状态不一样，状态不好时，可以适当减量，甚至不走；状态较好时，可多运动一会儿。

另外，如果你正在实行或打算实行走路健身，那么提醒你，备好一双弹性较好的运动鞋是必不可少的。这能缓冲在水泥地上行走对骨骼和膝关节形成的震动，避免因长期行走带来的慢性关节损伤。而对于糖尿病人来说，选一双合适的鞋子是非常重要的。

对于不宜健走的人群来说，有没有可以替代的锻炼方式呢？答案是肯定的，比如太极、游泳等运动都可以。这些运动的共同特点是节奏舒缓，对关节带来的压力较小，与此同时带来的心血管负荷也较小，通过肢体的舒展、肌肉的拉伸达到与走路一样，甚至更好的效果。

**这些人不适合“拼步数”**

- 糖尿病患者
- 心血管疾病患者
- 关节疾病患者

健康人群，走路也有讲究，你的走路速度，影响你的寿命！

朋友圈每天都充斥着“晒步”，这对健康是好事。但若是以为只要迈开步子走就可以了，就大错特错！你的走路速度影响着你的寿命！

研究发现普通人的走路速度是 0.9 米/秒；走路速度≤0.6 米/秒的人，死亡率增加；走路速度≥1 米/秒的人，寿命较长；因此快走才能达到健康长寿的目的！

**快走对人体好处多多**

快步走在几千年前就被医学之父希波克拉底称为“人类最好的医药”。现代医学研究也证实，有规律的快步走，对健康起到非常多的良性作用。

据美国一项国民健康调查，每周走路总里程最长的人服用药物的可能性是最低的。《临床肿瘤学期刊》上一篇研究显示，已患上乳腺癌的女性如果经常快走锻炼，生存率要比不爱走的乳腺癌患者高 45%。

研究发现，经常快走的人比少走路的人患上中风的可能性低 40%。意大利学者召集 749 名记忆力有障碍的病人，记录他们的体育锻炼情况。4 年后发现，那些爱散步的人比不爱散步的人最终患上老年痴呆症的可能性低 27%。

快步走除了可以强筋健骨、提高机体运动功效、健脑益智、预防骨质疏松、提高工作效率、防治便秘、增进胃肠蠕动改善食欲、减肥瘦身、加速能量消耗、保持体形外，还能够增强心肺功能、增进胰岛素功能、调节改善血脂，对心脑血管病和糖尿病具有很好的防治作用。

有研究表明，成年人每天步行 30 分钟，可增加热量消耗 30%，每天步行一千米，每月可减少约 0.3 千克的脂肪。快走对于需要减肥和强身健体的人们非常有用。

- 特别提醒：快走也要有正确姿势

专家提醒，快走虽然好处很多，但也需要有正确的姿势。

速度：每分钟 120 ~ 140 步，跑步机速度约 6 左右。

强度：呼吸和心跳加快，有点喘但仍可说话。

时间：每次 30 分钟以上、每周累计 150 分钟以上，消脂甩肉的效果比较好。

快走时，上半身眼睛自然地直视正前方，上半身挺直，不要前倾或驼背，肩膀自然放松，收小腹。双手轻轻握拳，手臂弯曲、配合步伐向后摆动。摆动手臂除了可以增加运动强度，也能有效地带动整个身体的节奏。

下半身尽可能跨大步伐（但也不用太刻意），感觉臀部的肌肉也被牵动到。踏出时脚跟先着地，再把重心移到脚掌处。

（扬子晚报网，2015 年 10 月 22 日）

## 结 语

就实用性来说，这一讲的道家智慧对我们日常生活帮助最大，直接与大家的身心健康相联系，实践价值很高。因此，我们不仅要阅读凝结古人智慧的原文，还要在学习、生活中实践这些观念，让古代优秀传统文化在今天焕发出价值之光，为我们打下一生健康的身体基础，以利于学习、工作和生活。上面的例子只是众多健康案例中的一个，大家要引起重视。

结尾时，送大家一句教育部阳光体育工程的宣传语：“每天锻炼一小时，健康工作五十年，幸福生活一辈子！”希望大家互勉！

# 第八讲　道遥神游的思维智慧

## 导　论

在先秦诸子中，道家有两点与众不同：一是主张“贵身”，重视养身保健，重视养生全性，这是独一份的智慧思想；二是主张“逍遥神游”，重视超然物外的自由精神状态，这是中国文学艺术得以蓬勃发展的根本思维之源，充满了浪漫的色彩与创造的激发力量，这是其他任何一家都不具备的。

“逍遥神游”的前提条件有二：一是养成“虚静”的心态，心中没有阻碍，疏瀹五藏，澡雪精神，才能静心感悟天地，洞察自然，思辨人生，有所感悟；二是放飞自我，以活跃而饱满的心理思维，在广阔无限的想象空间里自由驰骋，飞越有限，超然无限，然后独创新意，物我合一，达到绝对自由的精神状态。

自老子“虚静”之后，列子援引先秦神仙家思想进入道家思想体系，独创仙道传统体系，大大开拓了道家理论从物质世界到精神世界的大道；其后，庄子在继承老子与列子思想的基础上，创造性地提出了以世界物化、异化为基础的“逍遥游”理论，自此，中国的文学、艺术领域有了创造性发展的奠基理论，特别在艺术思维方面独具一格。历代著名的文学家、书法家、绘画家、音乐家及其作品，大多与道家艺术思维关系密切，并由此产生了很多具有重大影响的艺术学理论。比如著名文学家屈原、司马相如、贺知章、李白、苏轼，都深受道家思想特别是道家思维理论的影响；著名书画家王羲之、王献之、顾恺之、吴道子，不仅是道家思想的受益者，还是忠实的道教信徒……类似的例子不胜枚举。

当代思维科学研究证明：具有创造力的艺术家、文学家，往往是浪漫主义情怀极为饱满的人，比如毕加索、古龙。不仅艺术家、文学家需要创造灵感，我们普通人也需要认知神秘的思维，或乐以解忧，或神思天外，或悠然向往，或严谨谨慎……所以，探究道家神奇的思维原理，对我们当代人具有重大的生存价值、科学价值和美学价值。

## 1.《道德经》第十六章

致虚极，守静笃；万物并作，吾以观复。夫物芸芸，各复归其根。归根曰静，静曰复命。复命曰常，知常曰明。不知常，妄作凶。知常容，容乃公，公乃全，全乃天，天乃道，道乃久，没身不殆。

【今译】

尽力使心灵的虚寂达到极点，使生活清静坚守不变。万物都一齐蓬勃生长，我从而考察其往复的道理。那万物纷纷芸芸，各自返回它的本根。返回到它的本根就叫作清静，清静就叫作复归于生命。复归于生命就叫作自然，认识了自然规律就叫作聪明，不认识自然规律的轻妄举止，往往会出乱子和灾凶。认识自然规律的人是无所不包的，无所不包就会坦然公正，公正就能周全，周全才能符合自然的“道”，符合自然的道才能长久，终生不会遭到危险。

【解读】

老子特别强调致虚守静的功夫。他主张人们应当用虚寂沉静的发境，去面对宇宙万物的运动变化。只有心灵的“虚静”才能带来心灵的“逍遥”，这是道家思维哲学原理的根本基础理论，后世道家思维哲学与文学、艺术类的相关理论，都是以“虚静”原理为基础建立起来的。

老子之后，道家理论学派的著名代表是列子，列子将神仙家思想引入道家，创立了重要的仙道思想体系，有了神仙的无穷法力之后，一切人力不可及的东西都变得简单起来，文学、艺术的发展开始有了无穷无尽的想象空间与变化空间东汉道教的产生，以及神仙、鬼怪、法力、变异、玄幻……这一切的形象，从古代到当代，从传说到文字再到影视艺术，都要感谢列子这个大思想家。现在，我们来看一看《列子》中的几个小故事，感受一下神奇的道家变异思想。

## 2.《列子》故事节选

### （1）夸父逐日

夸父不量力，欲追日影，逐之于隅谷之际。渴欲得饮，赴饮河、渭。河、渭不足，将走北饮大泽。未至，道渴而死。弃其杖，尸膏肉所浸，生邓林。邓林弥广数千里焉。

【解读】

《夸父逐日》的神话最初记载于《山海经》，比较简略，在列子所写的《汤问》篇中，成为现在选文的样子。传说夸父是峨眉山上夸父族的首领，他身材魁梧、力大无穷。为了弄清太阳在一年四季对农作物的影响，能够让人们合理利用阳光以及洞悉大自然的规律，夸父拿一根桃木棍儿从东至西测量日影定四季，再从黄河和渭河的涨水痕迹上标出最高洪水的水位，这样可以为人们提供农作物耕种参考。至于为什么拿桃木棍儿，那可能是古代人迷信，为了避邪。说起来，夸父应是中国农业科学家的鼻祖。他从东至西到达灵宝市西部，后来寿终于此。

《夸父逐日》的最大艺术贡献是：神奇的变异现象开始出现，人力所不能及的理想与愿望，可以通过异化来实现。从此以后，神奇瑰丽的艺术形象层出不穷地出现于道家经典之中。

## （2）愚公移山

太行、王屋二山，方七百里，高万仞。本在冀州之南，河阳之北。

北山愚公者，年且九十，面山而居。惩山北之塞，出入之迂也，聚室而谋，曰："吾与汝毕力平险，指通豫南，达于汉阴，可乎？"杂然相许。其妻献疑曰："以君之力，曾不能损魁父之丘，如太行、王屋何？且焉置土石？"杂曰："投诸渤海之尾，隐土之北。"遂率子孙荷担者三夫，叩石垦壤，箕畚运于渤海之尾。邻人京城氏之孀妻有遗男，始龀，跳往助之。寒暑易节，始一反焉。

河曲智叟笑而止之曰："甚矣，汝之不惠！以残年馀力，曾不能毁山之一毛，其如土石何？"北山愚公长息曰："汝心不固，固不可彻，曾不若孀妻弱子。虽我之死，有子存焉。子又生孙，孙又生子；子又有子，子又有孙：子子孙孙，无穷匮也，而山不加增，何苦而不平？"河曲智叟亡以应。

操蛇之神闻之，惧其不已也，告之于帝。帝感其诚，命夸娥氏二子负二山，一厝朔东，一厝雍南。自此，冀之南、汉之阴，无陇断焉。

【解读】

《愚公移山》讲述了愚公不畏艰难，坚持不懈，挖山不止，最终感动天帝而将大山搬走的故事。愚公家门前有两座大山挡着路，他决心把山平掉，河曲智叟笑他太傻，认为不能。愚公说："我死了有儿子，儿子死了还有孙子，子子孙孙无穷无尽的，又何必担心挖不平呢？"后因感动天帝，所以天帝命夸娥氏的两个儿子搬走两座山。《愚公移山》是一篇具有朴素的唯物主义和朴素的辩证法思想的寓言故事。它借愚公形象的塑造，表现了中国古代劳动人民移山填海的坚定信心和顽强毅力，说明了只要不怕困难，坚持斗争，定能获得事业上的成功，这对人们有很大的启发。

文中的愚公、智叟在命名上形成了一组鲜明对比，最后的结局是：愚公不愚，智叟不智，踏实勤奋的人能够感天动地，神仙也会来帮忙。这就是列子写作能力超越往古的地方——人力做不到的事，但又代表了老百姓的心声，那么，就让神仙来帮助他们实现愿望吧！这种模式一直发展到唐宋明清乃至现当代。大家想一想，仅仅以所学的文章或看过的影视作品为例，就有多少呢？《柳毅传》是不是？《天仙配》是不是？《封神榜》是不是？《西游记》是不是？《新白娘子传奇》是不是？其中，《新白娘子传奇》反复播放了 600 多次；《西游记》已经重播过 3000 多次，保持着世界纪录。槐荫树下结良缘、西子湖畔报恩还、大闹天宫显神通……多么神奇的想象，多么神奇而且符合人民愿望的想象，有群众基础，有肥沃土壤，当然流传得广，深入人心！

【阅读链接】

除了《列子》中的这篇名文，还有一篇同名为《愚公移山》的政论文，是毛泽东同志在中国共产党第七次全国代表大会上的闭幕词，与《为人民服务》《纪念白求恩》并称为“老三篇”。毛主席把帝国主义和封建主义比作两座大山，共产党以愚公自喻，表明了我党坚决反帝国反封建的决心。

## 愚公移山

毛泽东

我们开了一个很好的大会。我们做了三件事：第一，决定了党的路线，这就是放手发动群众，壮大人民力量，在我党的领导下，打败日本侵略者，解放全国人民，建立一个新民主主义的中国。第二，通过了新的党章。第三，选举了党的领导机关——中央委员会。今后的任务就是领导全党实现党的路线。我们开了一个胜利的大会，一个团结的大会。代表们对三个报告发表了很好的意见。许多同志作了自我批评，从团结的目标出发，经过自我批评，达到了团结。这次大会是团结的模范，是自我批评的模范，又是党内民主的模范。

大会闭幕以后，很多同志将要回到自己的工作岗位上去，将要分赴各个战场。同志们到各地去，要宣传大会的路线，并经过全党同志向人民作广泛的解释。

我们宣传大会的路线，就是要使全党和全国人民建立起一个信心，即革命一定要胜利。首先要使先锋队觉悟，下定决心，不怕牺牲，排除万难，去争取胜利。但这还不够，还必须使全国广大人民群众觉悟，甘心情愿和我们一起奋斗，去争取胜利。要使全国人民有这样的信心：中国是中国人民的，不是反动派的。中国古代有个寓言，叫做“愚公移山”。说的是古代有一位老人，住在华北，名叫北山愚公。他的家门南面有两座大山挡住他家的出路，一座叫做太行山，一座叫做王屋山。愚公下决心率领他的儿子们要用锄头挖去这两座大山。有个老头子名叫智叟的看了发笑，说是你们这样干未免太愚蠢了，你们父子数人要挖掉这样两座大山是完全不可能的。愚公回答说：我死了以后有我的儿子，儿子死了，又有孙子，子子孙孙是没有穷尽的。这两座山虽然很高，却是不会再增高了，挖一点就会少一点，为什么挖不平呢？愚公批驳了智叟的错误思想，毫不动摇，每天挖山不止。这件事感动了上帝，他就派了两个神仙下凡，把两座山背走了。现在也有两座压在中国人民头上的大山，一座叫做帝国主义，一座叫做封建主义。中国共产党早就下了决心，要挖掉这两座山。我们一定要坚持下去，一定要不断地工作，我们也会感动上帝的。这个上帝不是别人，就是全中国的人民大众。全国人民大众一齐起来和我们一道挖这两座山，有什么挖不平呢？

昨天有两个美国人要回美国去，我对他们讲了，美国政府要破坏我们，这是不允许的。我们反对美国政府扶蒋反共的政策。但是我们第一要把美国人民和他们的政府相区别，第二要把美国政府中决定政策的人们和下面的普通工作人员相区别。我对这两个美国人说：告诉你们美国政府中决定政策的人们，我们解放区禁止你们到那里去，因为你们的政策是扶蒋反共，我们不放心。假如你们是为了打日本，要到解放区是可以去的，但要订一个条约。倘若你们偷偷摸摸到处乱跑，那是不许可的。赫尔利已经公开宣言不同中国共产党合作，既然如此，为什么还要到我们解放区去乱跑呢？

美国政府的扶蒋反共政策，说明了美国反动派的猖狂。但是一切中外反动派的阻止中国人民胜利的企图，都是注定要失败的。现在的世界，民主是主流，反民主的反动只是一股逆流。目前反动的逆流企图压倒民族独立和人民民主的主流，但反动的逆流终究不会变为主流。现在依然如斯大林很早就说过的一样，旧世界有三个大矛盾：第一个是帝国主义国家中的无产阶级和资产阶级的矛盾，第二个是帝国主义国家之间的矛盾，第三个是殖民地半殖民地国家和帝国主义宗主国之间的矛盾。这三种矛盾不但依然存在，而且发展得更尖锐了，更扩大了。由于这些矛盾的存在和发展，所以虽有反苏反共反民主的逆流存在，但是这种反动逆流总有一天会要被克服下去。

现在中国正在开着两个大会，一个是国民党的第六次代表大会，一个是共产党的第七次代表大会。两个大会有完全不同的目的：一个要消灭共产党和中国民主势力，把中国引向黑暗；一个要打倒日本帝国主义和它的走狗中国封建势力，建设一个新民主主义的中国，把中国引向光明。这两条路线在互相斗争着。我们坚决相信，中国人民将要在中国共产党领导之下，在中国共产党第七次大会的路线的领导之下，得到完全的胜利，而国民党的反革命路线必然要失败。

（摘自《毛泽东选集（第三卷）》，人民出版社 1990 年版第 1049-1052 页，注释有删减）

## （3）周穆王西巡狩

周穆王西巡狩，越昆仑，不至弇山。反还，未及中国，道有献工人名偃师，穆王荐之，问曰："若有何能？"偃师曰："臣唯命所试。然臣已有所造，愿王先观之。"穆王曰："日以俱来，吾与若俱观之。"越日，偃师谒见王，王荐之曰："若与偕来者何人邪？"对曰："臣之所造能倡者。"穆王惊视之，趣步俯仰，信人也。巧夫顉其颐，则歌合律；捧其手，则舞应节。千变万化，惟意所适。王以为实人也，与盛姬内御并观之。技将终，倡者瞬其目而招王之左右侍妾。王大怒，立欲诛偃师。偃师大慑，立剖散倡者以示王，皆傅会革、木、胶、漆、白、黑、丹、青之所为。王谛料之，内则肝、胆、心、肺、脾、肾、肠、胃，外则筋骨、支节、皮毛、齿发，皆假物也，而无不毕具者。合会复如初见。王试废其心，则口不能言；废其肝，则目不能视；废其肾，则足不能步。穆王始悦而叹曰："人之巧乃可与造化者同功乎？"诏贰车载之以归。夫班输之云梯，墨翟之飞鸢，自谓能之极也。弟子东门贾、禽滑厘、闻偃师之巧以告二子，二子终身不敢语艺，而时执规矩。

【今译】

周穆王到西部视察，越过昆仑山，到达弇兹山。然后返回来，尚未到达中原地区，路上有人自愿奉献技艺给穆王，名叫偃师。穆王召见他，问道："你有什么才能？"偃师说："我能按你的任何想法去做。但我已经造出了一件东西，希望大王先看一看。"穆王说："过几天你把它带来，我们一块儿看看。"过了一天，偃师又来拜见穆王，穆王召见了他，说："和你一道来的是什么人啊？"偃师回答说："是我所造的能唱歌跳舞的人。"穆王惊奇地看着它，它行走俯仰和真人一样。那个巧木匠摇它的头，它便唱出了符合乐律的歌；捧它的手，它便跳起了符合节拍的舞。千变万化，你想叫它干什么它就能干什么。穆王以为是个真人，便叫盛姬及宫内待御一起来观看。表演快要结束的时候，那个会唱歌跳舞的人眨了眨眼睛，向穆王的左右嫔妃招手。穆王大怒，立刻要杀偃师。偃师十分害怕，连忙剖开那唱歌跳舞的人让穆王看，原来都是用皮革、木料、胶水、油漆、白粉、黑粉、红粉、青粉等材料凑合起来的。穆王仔细察看，体内的肝、胆、心、肺、脾、肾、肠、胃，体外的筋骨、四肢、骨节、皮肤、汗毛、牙齿、头发等，全是假的，但却没有不具备的，聚合起来又和一开始见到的一样。穆王试探着拿走它的心，它的嘴便不能再说话；拿走它的肝，它的眼睛便不能再看东西；拿走它的肾，它的脚便不能再走路。穆王这才高兴地赞叹道："人的技巧竟然可以与创造万物的天帝具有相同的功能吗？"命令偃师坐上副车回到中原。班输的云梯，墨翟的飞鸢，自称是最高的技能了。他们的弟子东门贾、禽滑厘听到了偃师的技巧，便告诉了两位老师，这两位终身再也不敢谈论自己的技艺，却时时拿着规矩在研究。

## 编者按

列子，生活在公元前 450 年—公元前 375 年，本名列御寇，列子是后人对他的尊称。列子为周朝郑国圃田（今河南省郑州市）人，古帝王列山氏之后，道家学派的杰出代表人物，先秦天下十豪之一，著名的思想家、文学家。它著有《列子》一书，其学说本于黄帝、老子，归同于老、庄，它创立了先秦哲学学派贵虚学派（列子学），是介于老子与庄子之间的道家学派承前启后的重要传承人物，对后世哲学、文学、科技、养生、乐曲、宗教影响非常深远。

在本讲中，我们主要学习列子的“贵虚”主张。所谓贵虚，其目的就是驱除内心的杂念，包括一切人为的有可能伤害真性的观念，忘怀而静守本心，以期保存人的清静自然之本性。故忘形骸，虚物我，一荣辱，齐生死，任天真于智虑之表，超情思于得失之源。列子贵虚尚玄，修道炼成御风之术，能够御风而行，常在春天乘风而游八荒。庄子《逍遥游》中描述列子乘风而行的情景，“泠然善也，旬有五日而后返”。他驾风行到哪里，哪里就枯木逢春，重现生机。飘然飞行，逍遥自在，其轻松自得，令人羡慕。至于庄子讲到的列子“御风而行”，显然不是绝顶轻功的意思，而是列子超然物外，给人飘飘欲仙的感觉。实际上，先秦道家和其他各家一样，并不是一成不变的，这从老子、杨朱、列子、庄子学说的内容可以清楚地看出来。列子做的一件大事，是将先秦神仙家的思想吸收过来，纳入道家思想体系，使之成为仙道传统，这也是后来道教得以出现的重要思想基础。

列子在后世得到了极高的政治待遇：唐玄宗天宝元年（739），李隆基封其为冲虚真人，其书名为《冲虚真经》；宋徽宗封列子为致虚观妙真君；北宋景德年间加封“至德”，作品号曰《冲虚至德真经》。

列子对庄子思想的形成产生了重大影响，特别是在“逍遥神游”与物化异变方面。请看下文。

## 3.《庄子·逍遥游》（节选）

北冥有鱼，其名曰鲲。鲲之大，不知其几千里也；化而为鸟，其名为鹏。鹏之背，不知其几千里也；怒而飞，其翼若垂天之云。是鸟也，海运则将徙于南冥。南冥者，天池也。齐谐者，志怪者也。谐之言曰：“鹏之徙于南冥也，水击三千里，抟扶摇而上者九万里，去以六月息者也。”野马也，尘埃也，生物之以息相吹也。天之苍苍，其正色邪？其远而无所至极邪？其视下也，亦若是则已矣。且夫水之积也不厚，则其负大舟也无力。覆杯水于坳堂之上，则芥为之舟；置杯焉则胶，水浅而舟大也。风之积也不厚，则其负大翼也无力，故九万里则风斯在下矣。而后乃今培风，背负青天而莫之夭阏者，而后乃今将图南。蜩与学鸠笑之曰：“我决起而飞，枪榆枋，时则不至，而控于地而已矣；奚以之九万里而南为？”适莽苍者，三飡而反，腹犹果然；适百里者，宿舂粮；适千里者，三月聚粮。之二虫又何知？小知不及大知，小年不及大年。奚以知其然也？朝菌不知晦朔，蟪蛄不知春秋，此小年也。楚之南有冥灵者，以五百岁为春，五百岁为秋；上古有大椿者，以八千岁为春，八千岁为秋。而彭祖乃今以久特闻，众人匹之，不亦悲乎？

汤之问棘也是已：“穷发之北，有冥海者，天池也。有鱼焉，其广数千里，未有知其修者，其名曰鲲。有鸟焉，其名为鹏，背若太山，翼若垂天之云；抟扶摇羊角而上者九万里，绝云气，负青天，然后图南，且适南冥也。斥鴳笑之曰：‘彼且奚适也？我腾跃而上，不过数仞而下，翱翔蓬蒿之间，此亦飞之至也。而彼且奚适也？’”此小大之辩也。

故夫知效一官、行比一乡、德合一君、而徵一国者，其自视也亦若此矣。而宋荣子犹然笑之。且举世而誉之而不加劝，举世而非之而不加沮，定乎内外之分，辩乎荣辱之境，斯已矣。彼其于世，未数数然也。虽然，犹有未树也。夫列子御风而行，泠然善也，旬有五日而后反。彼于致福者，未数数然也。此虽免乎行，犹有所待者也。若夫乘天地之正，而御六气之辩，以游无穷者，彼且恶乎待哉？故曰：至人无己，神人无功，圣人无名。

## 【译文】

北方的大海里有一条鱼，它的名字叫作鲲。鲲的体积，真不知道大到几千里；变化成为鸟，它的名字就叫鹏。鹏的脊背，真不知道长到几千里；当它奋起而飞的时候，那展开的双翅就像天边的云。这只鹏鸟呀，随着海上汹涌的波涛迁徙到南方的大海。南方的大海是个天然的大池。《齐谐》是一部专门记载怪异事情的书，这本书上记载说：“鹏鸟迁徙到南方的大海，翅膀拍击水面激起三千里的波涛，海面上急骤的狂风盘旋而上直冲九万里高空，离开北方的大海用了六个月的时间方才停歇下来。”春日林泽原野上蒸腾浮动犹如奔马的雾气，低空里沸沸扬扬的尘埃，都是大自然里各种生物的气息吹拂所致。天空是那么湛蓝湛蓝的，难道这就是它真正的颜色吗？抑或是高旷辽远没法看到它的尽头呢？鹏鸟在高空往下看，不过也就像这个样子罢了。

再说水汇积不深，它浮载大船就没有力量。倒杯水在庭堂的低洼处，那么小小的芥草也可以给它当作船；而搁置杯子就粘住不动了，因为水太浅而船太大了。风聚积的力量不雄厚，它托负巨大的翅膀便力量不够。所以，鹏鸟高飞九万里，狂风就在它的身下，然后方才凭借风力飞行，背负青天而没有什么力量能够阻遏它了，然后才像现在这样飞到南方去。寒蝉与小灰雀讥笑它说：“我从地面急速起飞，碰着榆树和檀树的树枝，常常飞不到而落在地上，为什么要到九万里的高空而向南飞呢？”到迷茫的郊野去，带上三餐就可以往返，肚子还是饱饱的；到百里之外去，要用一整夜时间准备干粮；到千里之外去，三个月以前就要准备粮食。寒蝉和灰雀这两个小东西懂得什么！小聪明赶不上大智慧，寿命短比不上寿命长。怎么知道是这样的呢？清晨的菌类不会懂得什么是晦朔，寒蝉也不会懂得什么是春秋，这就是短寿。楚国南边有叫冥灵的大龟，它把五百年当作春，把五百年当作秋；上古有叫大椿的古树，它把八千年当作春，把八千年当作秋，这就是长寿。可是彭祖到如今还是以年寿长久而闻名于世，人们与他攀比，岂不可悲可叹吗？

商汤询问棘的话是这样的：“在那草木不生的北方，有一个很深的大海，那就是‘天池’。那里有一种鱼，它的脊背有好几千里，没有人能够知道它有多长，它的名字叫作鲲。有一种鸟，它的名字叫鹏，它的脊背像座大山，展开双翅就像天边的云。鹏鸟奋起而飞，翅膀拍击急速旋转向上的气流直冲九万里高空，穿过云气，背负青天，这才向南飞去，打算飞到南方的大海。斥鴳讥笑它说：‘它打算飞到哪儿去？我奋力跳起来往上飞，不过几丈高就落了下来，盘旋于蓬蒿丛中，这也是我飞翔的极限了。而它打算飞到什么地方去呢？'"这就是小与大的不同了。

所以，那些才智足以胜任一个官职，品行合乎一乡人心愿，道德能使国君感到满意，能力足以取信一国之人的人，他们看待自己也像是这样哩。而宋荣子却讥笑他们。世上的人们都赞誉他，他不会因此越发努力，世上的人们都非难他，他也不会因此而更加沮丧。他清楚地划定自身与物外的区别，辨别荣誉与耻辱的界限，不过如此而已呀！宋荣子对于整个社会，从来不急急忙忙地去追求什么。虽然如此，他还是未能达到最高的境界。列子能驾风行走，那样子实在轻盈美好，而且十五天后方才返回。列子对于寻求幸福，从来没有急急忙忙的样子。他这样做虽然免除了行走的劳苦，可还是有所依凭呀。至于遵循宇宙万物的规律，把握"六气"的变化，遨游于无穷无尽的境域，他还仰赖什么呢！因此说，道德修养高尚的"至人"能够达到忘我的境界，精神世界完全超脱物外的"神人"心目中没有功名和事业，思想修养臻于完美的"圣人"从不去追求名誉和地位。

【解读】

本篇是《庄子》的代表篇目之一，充满奇特的想象和浪漫的色彩，寓说理于寓言和生动的比喻中，形成独特的风格。题目的"逍遥"也写作"消摇"，意思是优游自得的样子；"逍遥游"就是没有任何束缚地、自由自在地活动。全文可分为三个部分，第一部分至"圣人无名"是本篇的主体，其对比许多不能"逍遥"的例子说明要真正达到自由自在的境界，必须"无己""无功""无名"。第二部分至"窅然丧其天下焉"，紧承上一部分进一步阐述，说明"无己"是摆脱各种束缚和依凭的唯一途径，只要真正做到忘掉自己、忘掉一切，就能达到逍遥的境界，也只有"无己"的人才是精神境界最高的人。余下为第三部分，论述什么是真正的有用和无用，说明不能为物所滞，要把无用当作有用，进一步表达了反对积极投身社会活动，志在不受任何拘束，追求优游自得的生活旨趣。

"逍遥游"是庄子哲学思想的一个重要方面。全篇一再阐述无所依凭的主张，追求精神世界的绝对自由。在庄子的眼里，客观现实中的一事一物，包括人类本身都是对立而又相互依存的，这就没有绝对的自由，要想无所依凭就得无己。因而他希望一切顺乎自然，超脱于现实，否定人在社会生活中的一切作用，把人类的生活与万物的生存混为一体，提倡不滞于物，追求无条件的精神自由。这完全符合文学、艺术以想象力表现美、传播美的本质特点，所以，庄子的"逍遥神游"是中国文学艺术最基本的思维特征原理。

## 拓展阅读

前面我们学习了道家从老子、列子到庄子关于心灵修养、神仙思想与神游思维的原文。现在，我们看一看上述思想对文学艺术产生了哪些重大的影响，产生了哪些著名的艺术思维理论。

## 司马相如的创作思维论

司马相如为《上林》《子虚》赋，意思萧散，不复与外事相关，控引天地，错综古今，忽然如睡，焕然而兴，几百日而后成。其友人盛览，字长通，牂牁名士，尝问以作赋，相如曰："合纂组以成文，列锦绣以为质，一经一纬，一宫一商，此赋之迹也。赋家之心，包括宇宙，总览人物，斯乃得之于内，不可得而传。"（盛）览乃作《合组歌》《列锦赋》而退，终身不复敢言作赋之心矣。（选自《西京杂记》卷二）

【解读】

本段文字虽短，但包含着丰富的创作思维理论。第一，辞赋创作神奇瑰丽，绝非一朝一夕之事，而是需要"几百日而后成"的艰苦构思与写作实践才能完成的，这不光是天赋异禀的问题，还需要坚实的才学基础、绮丽的语言表达，总之一句话：难。第二，养成绝对"虚静"的纯粹创作心态，不受外事外物的干扰，以心灵感知心灵，以神思妙悟神思，以"意思萧散，不复与外事相关，控引天地，错综古今，忽然如睡，焕然而兴"的创作状态，忘却一切与此无关的外界信息，这是真正艺术家区别于半罐水艺术家的最本质的地方。第三，辞赋尚美尚丽，与其他文体截然不同。相如曰："合纂组以成文，列锦绣以为质，一经一纬，一宫一商，此赋之迹也。"抓不住这个根本特征，写出来的就不叫汉大赋。第四，创作思维具有不可言说的神秘性，需要创作主体具备博大的胸襟与灵敏的信息捕捉能力："赋家之心，包括宇宙，总览人物，斯乃得之于内，不可得而传。"自列子讲神仙、庄子论逍遥以来，司马相如是第一位正面回答神奇的艺术思维的作家。

司马相如的辞赋创作思维论在汉代产生了重大影响，他的"粉丝（仰慕者）"遍布两汉，扬雄是其中最著名的代表。后来，扬雄开始凭借模仿相如的辞赋而进京做官，在做官不得升迁的情况下，开始批评相如辞赋"文丽用寡"，将政治标准用到文学标准中来，显示了汉代文论的拓展变化。

道家思想发展到魏晋玄学阶段，出现了著名的大文豪、大理论家陆机，他在《文赋》中继承发展了庄子与司马相如的艺术思维论，并创造性地提出了许多思维疑难问题，特别是对灵感思维的论述，是历史上很有名的一家。

## 《文赋》并序（节选）

余每观才士之所作，窃有以得其用心。夫放言遣辞，良多变矣，妍媸好恶，可得而言。每自属文，尤见其情，恒患意不称物，文不逮意，盖非知之难，能之难也。故作文赋，以述先士之盛藻，因论作文之利害所由，佗日殆可谓曲尽其妙。至于操斧伐柯，虽取则不远，若夫随手之变，良难以辞逮，盖所能言者，具于此云尔。

伫中区以玄览，颐情志于典坟。遵四时以叹逝，瞻万物而思纷。悲落叶于劲秋，喜柔条于芳春，心懔懔以怀霜，志眇眇而临云。咏世德之骏烈，诵先人之清芬。游文章之林府，嘉丽藻之彬彬。慨投篇而援笔，聊宣之乎斯文。

其始也，皆收视反听，耽思傍讯，精骛八极，心游万仞。其致也，情曈昽而弥鲜，物昭晰而互进。倾群言之沥液，漱六艺之芳润。浮天渊以安流，濯下泉而潜浸。于是沈辞怫悦，若游鱼衔钩，而出重渊之深；浮藻联翩，若翰鸟缨缴，而坠曾云之峻。收百世之阙文，采千载之遗韵。谢朝华于已披，启夕秀于未振。观古今于须臾，抚四海于一瞬。

然后选义按部，考辞就班。抱景者咸叩，怀响者毕弹。或因枝以振叶，或沿波而讨源。或本隐以之显，或求易而得难。或虎变而兽扰，或龙见而鸟澜。或妥帖而易施，或岨峿而不安。罄澄心以凝思，眇众虑而为言。笼天地于形内，挫万物于笔端。始踯躅于燥吻，终流离于濡翰。理扶质以立干，文垂条而结繁。信情貌之不差，故每变而在颜。思涉乐其必笑，方言哀而已叹。或操觚以率尔，或含毫而邈然。

伊兹事之可乐，固圣贤之所钦。课虚无以责有，叩寂寞而求音。函绵邈于尺素，吐滂沛乎寸心。言恢之而弥广，思按之而逾深。播芳蕤之馥馥，发青条之森森。粲风飞而猋竖，郁云起乎翰林。

…………

若夫应感之会，通塞之纪。来不可遏，去不可止。藏若景灭，行犹响起。方天机之骏利，夫何纷而不理。思风发于胸臆，言泉流于唇齿。纷威蕤以馺沓，唯毫素之所拟。文徽徽以溢目，音泠泠而盈耳。及其六情底滞，志往神留。兀若枯木，豁若涸流。揽营魂以探赜，顿精爽于自求。理翳翳而愈伏，思轧轧其若抽。是以或竭情而多悔，或率意而寡尤。虽兹物之在我，非余力之所戮。故时抚空怀而自惋，吾未识夫开塞之所由。

## 【今译】

我每次阅读那些有才气作家的作品，对他们创作时所有的心思都有体会。诚然，作家行文变化无穷，但文章的美丑、好坏还是可以分辨并加以评论的。每当自己写作时，尤其能体会到别人写作的甘苦。作者经常感到苦恼的是，意念不能准确反映事物，语言不能完全表达思想。大概这个问题不是难以认识，而是难以解决。因此作《文赋》借评前人的优秀作品阐述怎样写有利，怎样写有害的道理。或许可以说，前人的优秀之作已把为文的奥妙委婉曲折也体现了出来。至于前人的写作诀窍，则如同比着斧子做斧柄，虽然样式就在眼前，但那得心应手的熟练技巧，却难以用语言表达详尽，大凡能用语言说明的我都写在这篇《文赋》里了。

久立天地之间，深入观察万物；博览三坟五典，以此陶冶性灵。随四季变化感叹光阴易逝，目睹万物盛衰引起思绪纷纷。临肃秋因草木凋零而伤悲，处芳春由杨柳依依而欢欣。心意肃然台胸怀霜雪，情志高远似上青云。歌颂前贤的丰功伟业，赞咏古圣的嘉行。漫步书林欣赏文质并茂的佳作，慨然有感投书提笔写成文。

开始创作，精心构思。潜心思索，旁搜博寻。神飞八极之外，心游万仞高空。文思到来，如日初升，开始朦胧，逐渐鲜明。此时物象，清晰互涌。子史精华，奔注如倾。六艺辞采，荟萃笔锋。驰骋想象，上下翻腾。忽而漂浮天池之上，忽而潜入地泉之中。有时吐辞艰涩，如衔钩之鱼从渊钓出；有时出语轻快，似中箭之鸟坠于高空。博取百代未述之意，广采千载不用之辞。前人已用辞意，如早晨绽开的花朵谢而去之；前人未用辞意，像傍晚含苞的蓓蕾启而开之。整个构思过程，想象贯穿始终。片刻之间通观古今，眨眼之时天下巡行。

完成构思，布局谋篇。选辞精当，事理井然，有形之物尽绘其形，含声之物尽现其者。葳者层层阐述，由隐至显或者步步深入，从易到难，有时纲举目张，如猛虎在山百兽驯伏，有时偶遇奇句，似蛟龙出水海鸟惊散。有时信手拈来辞意贴切，有时煞费苦心辞意不合，这时要排除杂念专心思考，整理思诉诸语言，将天地概括为形象，把万物融会于笔端，开始好像话在干唇难以出口，最后酣畅淋漓泻于文翰。事理如树木的主体，要突出使之成为骨干，文辞像树木析枝条，干壮才能叶茂枝繁。情貌的确非常一致，情绪变化貌有表现。

内心喜悦面露笑容，说到感伤不禁长。有时提笔一挥而就，有时握笔心里感到茫然。写作充满着乐取，一向为圣贤们推尊。它在虚无中搜求形象，在无声中寻找声音。有限篇幅容纳无限事理，宏大思想出自小小寸心。言中之意愈扩愈广，所含内容越挖越深，像花朵芳香四溢，像柳条郁郁成荫。光灿灿如旋风拔地而起，沉甸甸如积枝笔下生文。

…………

至于文思灵感到来的时机，顺通和阻塞的机遇（难以言之），来时不可遏止，去时不可抑制；隐藏时像是影随光灭，出现时像响随声起。当灵感的时机到来的时候，什么样的纷乱丝絮理不出头绪？当文思像疾风在胸中涌起的时候，文辞就像清泉流淌似地从口中涌出。丰盛的文思纷纷涌现，络绎不绝，只须尽情落笔成文，（但见）满目是富丽的辞藻，充耳是清越的音韵。及至感情凝滞，神志停塞，像干枯的树木兀立不动，像干涸的河床流水断绝；（只能）聚拢精神，凝聚思绪，自己（再次）去探求（文思灵感）。（那灵感）影影绰绰，愈加掩蔽，（那文思）涩若抽丝，难以抽理。所以有时候竭心尽力构思成文反而多有懊悔，有时候随意挥洒反倒少有错误。虽然文章出自我手，（文思灵感的开阖去留）却不是我的力量所能把握，所以常扪心（思索）而自我叹惜，我不知道（文思灵感）开阖通塞的缘由。

## 【解读】

《文赋》是中国最早系统地探讨文学创作问题的论著。全文以赋的形式写成。作者是西晋著名文学家陆机。陆机（261—303），字士衡，吴郡吴县（今江苏苏州）人，西晋文学家、书法家，孙吴丞相陆逊之孙、大司马陆抗之子，与其弟陆云合称“二陆”。

孙吴灭亡后他出仕晋朝司马氏政权，历任平原内史、祭酒、著作郎等职，世称“陆平原”，后死于“八王之乱”，被夷三族。他“少有奇才，文章冠世”（《晋书·陆机传》），与弟陆云俱为中国西晋时期著名文学家，被誉为“太康之英”。陆机还是一位杰出的书法家，他的《平复帖》是中国古代存世最早的名人书法真迹。

陆机写《文赋》的宗旨是解决创作中“意不称物，文不逮意”的矛盾，所以以创作构思为中心，主要论述“作文利害之所由”，即文章写作的方法技巧和艺术性的问题。陆机在《文赋》中用他的文学实践的亲身体会，生动地描述和分析了创作的心理特征和过程，表达了他的文学、美学、美育思想。主要包括：

（1）“情因物感，文以情生。”《文赋》认为，情感是文学创作冲动的来由和起点。在艺术想象过程中，许多心理活动交织在一起，情、理、物象、文辞纷至沓来，所要创造的艺术形象也愈加清晰鲜明。在这过程中，作者的情感起着重要的作用，正所谓“思涉乐其必笑，方言哀而已叹”。

（2）“笼天地于形内，挫万物于笔端。”《文赋》充分肯定了艺术想象的作用，认为在构思阶段，“收视反听，耽思傍讯，情骛八极，公游成仞”“观古今于须臾，扶四海于一瞬”“笼天地于形内，挫万物于笔端”则表明作者在创作过程中完全沉入艺术想象过程中。

（3）“应感之会，通塞之纪。”《文赋》强调灵感在文学创作中的作用，指出艺术创作成就的取得有赖于“应感之会，通塞之纪”，即与灵感有密切关系。他认为灵感具有“来不可遏，去不可止”“或竭情而多悔，或率意而寡尤”的特征。

（4）“其会意也尚巧，其遣言也贵妍。”《文赋》在艺术风格上，崇尚华丽之美，强调“丽辞”。这反映了六朝时期讲求形式美的新时尚。

（5）《文赋》将文体区分为十种，简明概述了各种文体的特征。可以说，《文赋》在一定程度上概括了整个艺术创作思维的规律。

《文赋》是我国古代研究文学创作特点的最早的一篇专论，在美学史上有重要的意义和价值。该赋序言首先说明创作缘由和意图，指出“意不称物，文不逮意”的困惑，认为对写作的认识，虽然可以借鉴前人的经验，但主要靠个人在实践中摸索。建立了“意—物—文”的写作思维模式与“知—能”之间互相转化的各自关系，这是写作应处理的两大难题。接着叙述创作前的准备以及进入写作过程后，要保持精神意念的高度集中，排除任何杂扰，全心投入构思，充分运用想象和联想，获得形象准确的语言，而这极为艰难，需要发掘昔日积累，寻求充分表达情志的新颖文辞。然后论创作立意，并从思想、语辞两方面说明写作的乐趣。后又论述文体多样性的成因，分析十种文体特征。再论作文时应注意处理的四个问题，说明创作的艰难。最后论艺术灵感及文章的作用。

《文赋》阐述了写作实践感受和各类思维问题，是古代文学、艺术理论中专门分析思维文体的著名篇章。其后，南朝齐梁年间的刘勰写作《文心雕龙》，其中“神思”一篇，达到我国古代阐述写作思维的最高水平。

## 文心雕龙·神思

刘勰

古人云："形在江海之上，心存魏阙之下。"神思之谓也。文之思也，其神远矣。故寂然凝虑，思接千载；悄焉动容，视通万里；吟咏之间，吐纳珠玉之声；眉睫之前，卷舒风云之色；其思理之致乎！故思理为妙，神与物游。神居胸臆，而志气统其关键；物沿耳目，而辞令管其枢机。枢机方通，则物无隐貌；关键将塞，则神有遁心。

是以陶钧文思，贵在虚静，疏瀹五藏，澡雪精神。积学以储宝，酌理以富才，研阅以穷照，驯致以怿辞，然后使元解之宰，寻声律而定墨；独照之匠，窥意象而运斤：此盖驭文之首术，谋篇之大端。

夫神思方运，万涂竞萌，规矩虚位，刻镂无形。登山则情满于山，观海则意溢于海，我才之多少，将与风云而并驱矣。方其搦翰，气倍辞前，暨乎篇成，半折心始。何则？意翻空而易奇，言徵实而难巧也。是以意授于思，言授于意，密则无际，疏则千里。或理在方寸，而求之域表；或义在咫尺，而思隔山河。是以秉心养术，无务苦虑；含章司契，不必劳情也。

人之禀才，迟速异分，文之制体，大小殊功。相如含笔而腐毫，扬雄辍翰而惊梦，桓谭疾感于苦思，王充气竭于思虑，张衡研《京》以十年，左思练都以一纪。虽有巨文，亦思之缓也。淮南崇朝而赋《骚》，枚皋应诏而成赋，子建援牍如口诵，仲宣举笔似宿构，阮瑀据案而制书，祢衡当食而草奏，虽有短篇，亦思之速也。

若夫骏发之士，心总要术，敏在虑前，应机立断；覃思之人，情饶歧路，鉴在虑后，研虑方定。机敏故造次而成功，虑疑故愈久而致绩。难易虽殊，并资博练。若学浅而空迟，才疏而徒速，以斯成器，未之前闻。是以临篇缀虑，必有二患：理郁者苦贫，辞弱者伤乱，然则博见为馈贫之粮，贯一为拯乱之药，博而能一，亦有助乎心力矣。

若情数诡杂，体变迁贸，拙辞或孕于巧义，庸事或萌于新意；视布于麻，虽云未贵，杼轴献功，焕然乃珍。至于思表纤旨，文外曲致，言所不追，笔固知止。至精而后阐其妙，至变而后通其数，伊挚不能言鼎，轮扁不能语斤，其微矣乎！

赞曰：神用象通，情变所孕。物心貌求，心以理应。

刻镂声律，萌芽比兴。结虑司契，垂帷制胜。

### 【今译】

古人曾说："有的人身在江湖，心神却系念着朝廷。"这里说的就是精神上的活动。作家写作构思时，他的精神活动也是无边无际的。所以当作家静静地思考的时候，他可以联想到千年之前；而在他的容颜隐隐地有所变化的时候，他已观察到万里之外去了。作家在吟哦推敲之中，就像听到了珠玉般悦耳的声音；当他注目凝思，眼前就出现了风云般变幻的景色。这就是构思的效果啊！由此可见，构思的妙处是在使作家的精神与物象融会贯通。精神蕴藏在内心，却为人的情志和气质所支配；外物接触到作者的耳目，主要是靠优美的语言来表达。如果语言运用得好，那么事物的形貌就可完全刻画出来；若是支配精神的关键有了阻塞，那么精神就不能集中了。

因此，在进行构思的时候，必须做到沉寂宁静，思考专一，使内心通畅，精神净化。为了做好构思工作，首先要认真学习来积累自己的知识，其次要辨明事理来丰富自己的才华，再次要参考自己的生活经验来获得对事物的彻底理解，最后要训练自己的情致来恰切地运用文辞。这样才能使懂得深奥道理的心灵探索写作技巧来定绳墨，正如一个有独到见解的工匠根据想象中的样子来运用工具一样。这是写作的主要手法，也是考虑全篇布局时必须注意的要点。作家在开始构思时，无数的意念都涌上心头，作家要赋予这些抽象的意念具体的形态，把尚未定型的事物都精雕细刻起来。作家一想到登山，脑中便充满着山的秀色；一想到观海，心里便洋溢着海的奇景。不管作者才华有多少，他的构思都可以随着流风浮云而任意驰骋。

在刚拿起笔来的时候，旺盛的气势大大超过文辞本身；等到文章写成的时候，比起开始所想的要打个对折。为什么呢？因为文意出于想象，所以容易出色；但语言比较实在，所以不易见巧。由此可见，文章的内容来自作者的思想，而语言又受内容的支配。如果结合得密切，就天衣无缝，否则就会远隔千里。有时某些道理就在自己心里，却反而到天涯去搜求；有时某些意思本来就在跟前，却又像隔着山河似的。所以要驾驭好自己的心灵，锻炼好写作的方法，而无须苦思焦虑；应掌握好写作的规则，而不必过分劳累自己的心情。

人们写作的才能，有快有慢；文章的篇幅，也有大有小。例如司马相如含笔构思，直到笔毛腐烂，文章始成；扬雄作赋太苦，一放下笔就做了怪梦；桓谭因作文苦思而生病；王充因著述用心过度而气力衰竭；张衡思考作《二京赋》费了十年的时光；左思推敲写《三都赋》达十年以上：这些虽说篇幅较长，但也由于构思的迟缓。又如淮南王刘安在一个早上就写成《离骚赋》；枚皋刚接到诏令就把赋写成了；曹植拿起纸来，就像背诵旧作似地迅速写成；王粲拿起笔来，就像早已做好了一般；阮瑀在马鞍上就能写成书信；祢衡在宴会上就草拟成奏章：这些虽说篇幅较短，但也由于构思的敏捷。那些构思较快的人，对写作的主要方法是心中有数的，他们机敏得好像未经考虑就能当机立断。而构思迟缓的人，心中充满了各式各样的思路，几经疑虑才能看清楚，细细推究才能决定。有些人因为文思敏捷，所以很快就能写成功；有些人因为多所疑虑，所以历时较久才能写好。两种人写作虽难易不同，但同样依靠多方面的训练。假如学问浅薄而只是写得慢，才能疏陋而只是写得快，这样的人要想在写作上有所成就，是从来没有听说过的。所以在创作构思时，必然出现两种毛病：思理不畅的人写出来的文章常常内容贫乏，文辞过滥的人又常常有杂乱的缺点。因此，增进见识可以补救内容的贫乏，突出重点可以纠正文辞的杂乱。如果见识广博而又有重点，对于创作构思就很有帮助了。

作品的内容是非常复杂的，风格也各式各样。粗糙的文辞中会蕴藏着巧妙的道理，平凡的叙事中也可能产生新颖的意思。这就像布和麻一样，麻比布虽说并不更贵重些，但是麻经人工织成了布，就有光彩而值得珍贵了。此外有些为思考所不及的细微的意义，或者为文辞所难表达的曲折的情致，这是不易说清楚的，也就不必多谈了。必须有精细的文笔，才能阐明其中的微妙之处；也必须有懂得一切变化的头脑，才能理解各种写作方法。从前伊尹不能详述烹饪的奥妙，轮扁也难说明用斧的技巧，这的确是很微妙的。

总之，作家的精神活动和万物的形象相结合，从而构成作品的各种内容。外界事物以它们不同的形貌来打动作家，作家内心就根据一定的法则而产生相应的活动；然后推敲作品的音节，运用比兴的方法。倘能掌握构思的法则，创作一定能够成功。

## 【解读】

《神思》是《文心雕龙》的第二十六篇，主要探讨写作构思与语言表达问题。从本篇到《总术》的十九篇，是《文心雕龙》的创作论部分。刘勰把艺术构思列为其创作论的第一个问题，因他认为艺术构思是“驭文之首术，谋篇之大端”，故《神思》篇是刘勰创作论的总纲。本篇从物与情、物与言和情与言三种关系的角度，概括地提出了刘勰的基本主张和要求。

全篇分三部分。第一部分阐述艺术构思的特点和作用。为了做好构思工作，强调作家要注意积累知识，辨明事理，善于利用自己的生活经验和训练自己的情致。第二部分以过去的作家为例，说明艺术构思的不同类型。但无论作家构思的快慢难易如何不同，除都需要经常练习写作外，更要努力增进见识，在构思中抓住重点；只有这样，才能取得创作的成功。第三部分提出艺术加工的必要性，说明艺术构思的具体复杂情况，本篇不可能完全说清楚。

《神思》是古代文论中比较全面而系统地论述艺术构思的一篇重要文献。它所提出的“神与物游”的构思活动，初步总结了形象思维的基本特点。刘勰所讲的“物”，虽然主要是自然景色而未明确提到社会生活，有其不足之处，但他所强调的“研阅”“博见”等，也包括社会现象，说明刘勰对艺术构思的物质基础是相当注意的。

在六朝文论高峰之后，唐宋文学的发展进入了一个具有新特色的阶段，在艺术思维领域建树不多。蜀人苏轼写作过很多文学艺术方面的短篇题跋，由明代的毛晋编纂为《东坡题跋》，我们从中拣选出几条，供大家阅读。

## 东坡题跋（节选）

**书子由《超然台赋》后**

子由之文，词精理确有不及吾，而体气高妙，吾所不及，虽各欲以此自勉，而天资所短，终莫能脱，至于此文，则精确高妙，殆两得之，尤为可贵也。

**书与可《超然台赋》后**

余友文与可，非今世之人也，古之人也。其文非今之文也，古之文也。其为超然辞，意思萧散，不复与外物相干，其远游大人之流乎？

**自评文**

吾文如万斛泉源，不择地皆可出，在平地滔滔汩汩，虽一日千里无难，及其与山石曲折，随物赋形，而不可知也，所可知者，常行于所当行，常止于不可止，如是而已矣。其他虽吾亦不能知也。

**跋文与可论草书后**

与可云："余学草书凡十年，终未得古人用笔相传之法，后因见道上斗蛇，遂得其妙。乃知颠素之各有所悟，然后至于斯耳。"

又：留意于物，往往成趣，昔人有好草书，夜梦则见蛟蛇纠结，数年或昼日见之，草书则工矣，而所见亦可患，与可之所见，岂真蛇也，抑草书之精也，予平生好与与可剧谈大噱，此语恨不令与可闻之，令其捧腹绝倒也。

【解读】

《东坡题跋》是由明代毛晋编辑的记载苏东坡文艺理论的文集。这里选录的几则文字，与艺术思维、道家想象力大有关系。文中的"子由"指苏辙，"与可"指文同。苏辙是苏轼的弟弟，大家比较熟悉；文同则是苏轼的表哥，这里简单介绍一下：

文同（1018—1079），字与可，号笑笑居士、笑笑先生，人称石室先生，北宋梓州梓潼郡永泰县（今属四川绵阳市盐亭县）人，著名画家、诗人。宋仁宗皇佑元年（1049年）进士，迁太常博士、集贤校理，历官邛州、大邑、陵州、洋州（今陕西洋县）等知州或知县。元丰初年，文同赴湖州（今浙江吴兴）就任，世人称文湖州。元丰二年（1079年）正月二十日，文同在陈州（今河南省淮阳县）病逝，未到任而卒，享年 61 岁。他与苏轼是表兄弟，以学名世，擅诗文书画，深为文彦博、司马光等人赞许，尤受其从表弟苏轼敬重。

文同曾校《新唐书》。苏轼曾称赞他为诗、词、画、草书四绝，他曾深入竹乡观察体会，下笔迅速，以墨色深浅描绘竹子远近、向背。画家米芾称赞他"以墨深为面，淡为背，自与可始也"，开创了墨竹画法的新局面。

文同以善画竹著称。他注重体验，主张胸有成竹而后动笔。他画竹叶，创浓墨为面、淡墨为背之法，学者多效之，形成墨竹一派，有"墨竹大师"之称，又称之为"文湖州竹派"。"胸有成竹"这个成语就是起源于他画竹的思想。

文同对竹子有深入细致的观察，故其画竹法度谨严，同时作为文臣，其作品又有着区别于职业画家的新意。《图画见闻志》说他的墨竹"富潇洒之姿，逼檀栾之秀"。《宣和画谱》则进一步指出其作品"托物寓兴，则见于水墨之战"。

看到了文同墨竹画中所具有的特质。可以说文同这类作品的出现，是文人画开始兴起的标志之一。文同的墨竹作品给苏轼、金代王庭筠父子、元代李刊等诸多画家以重要影响，墨竹逐渐成为中国文人画的一个重要题材。

《东坡题跋》中谈到的文章、思维、草书等文艺理论，主要受道家"逍遥神游"艺术思想的影响，包括了天赋决定论等看法。我们以为，人的天赋既定，但打开艺术才思的门径在于心中无杂念，如能纵意想象，艺术灵感就会源源不断地到来。

## 艺术实践

道家逍遥、虚无、神游的思想与丰富的想象力，发展、运用到艺术领域，成为中国文学、艺术的主要哲学思想来源。这里举出几个领域的例子。

### 书画领域

古代著名的书法家、画家大多数是道家人士或道教徒。如“书圣”王羲之，他就信奉道教，是“五斗米道”的虔诚信徒；大书法家王献之、大画家顾恺之、吴道子等都是道教徒。其中，“之”字还是道教中的一个辈分。王羲之《兰亭集序》记载兰亭雅集之事，是东晋贵族中的玄学信徒之间的一次文化聚会活动，为千古名文，其书法为“第一行书”，这是举世公认的。

**兰亭序**

永和九年，岁在癸丑，暮春之初，会于会稽山阴之兰亭，修禊事也。群贤毕至，少长咸集。此地有崇山峻岭，茂林修竹，又有清流激湍，映带左右。引以为流觞曲水，列坐其次。虽无丝竹管弦之盛，一觞一咏，亦足以畅叙幽情。

是日也，天朗气清，惠风和畅。仰观宇宙之大，俯察品类之盛，所以游目骋怀，足以极视听之娱，信可乐也。

夫人之相与，俯仰一世。或取诸怀抱，悟言一室之内；或因寄所托，放浪形骸之外。虽趣舍万殊，静躁不同，当其欣于所遇，暂得于己，快然自足，不知老之将至。及其所之既倦，情随事迁，感慨系之矣。向之所欣，俯仰之间，已为陈迹，犹不能不以之兴怀。况修短随化，终期于尽。古人云：“死生亦大矣！”岂不痛哉！

每览昔人兴感之由，若合一契，未尝不临文嗟悼，不能喻之于怀。固知一死生为虚诞，齐彭殇为妄作。后之视今，亦犹今之视昔，悲夫！故列叙时人，录其所述。虽世殊事异，所以兴怀，其致一也。后之览者，亦将有感于斯文。

【解读】

晋穆帝永和九年（353 年）农历三月初三，“初渡浙江有终焉之志”的王羲之，在会稽山阴的兰亭（今绍兴城外的兰渚山下），与名流高士谢安、孙绰等四十一人举行风雅集会。与会者临流赋诗，各抒怀抱，抄录成集，共得诗 37 首，编为《兰亭集诗》。而王羲之在酒酣意畅、神采飞扬之际用蚕茧纸、鼠须笔为此诗集作序，写就了千百年来令无数习书者倾倒的“天下第一行书”——《兰亭序》。此序记录了这次诗文盛宴带给作者的愉悦心情，但也抒发了他对人生苦短、生死无常的感慨，更重要的是全篇书法之美，遒媚飘逸，纵横变化，其中的“之”字，写出了 20 多个不同的样子，堪称一绝。据说王羲之在酒醒后曾多次重写《兰亭序》，却怎么也回不到酒酣时所写出的神韵上去了。

可惜的是，我们现在已经无法见到王羲之的真迹了，我们所见到的一些被称为王羲之作品的，都是唐代以后的摹本。然而这些唐人的摹本，也是难得的珍品，“神龙本兰亭”便是其中之一。这卷《兰亭序》因卷首有唐中宗李显神龙年号小印，故称“神龙本”，据说是由唐太宗时期的书法家冯承素临摹的。传说唐太宗派人用几近骗取的手段得到了真迹《兰亭序》，奉为至宝，命朝中善书者摹拓数本，广赐王公大臣。最后，深爱羲之书法的唐太宗将真迹带入了昭陵，留给后世无尽的遗憾。

幸好，我们还能看见神龙本兰亭。这是在流传至今的《兰亭序》摹本中最为精美的一本。因为它将原作的笔墨表现得最为真切。原本上带有“破锋”“断笔”“贼毫”的字都摹写得很细腻，改写的字迹也显示出了先后的层次，行笔踪迹、墨色浓淡十分清晰，间架结构也是左右映带、攲斜疏密、错落有致，显得自然生动。

古人云：“摹书得在位置，失在神气。”而我们却能从神龙本兰亭上看见王羲之书法神清骨秀的艺术风神，其真无愧于后世各代书家对它的高度评价。

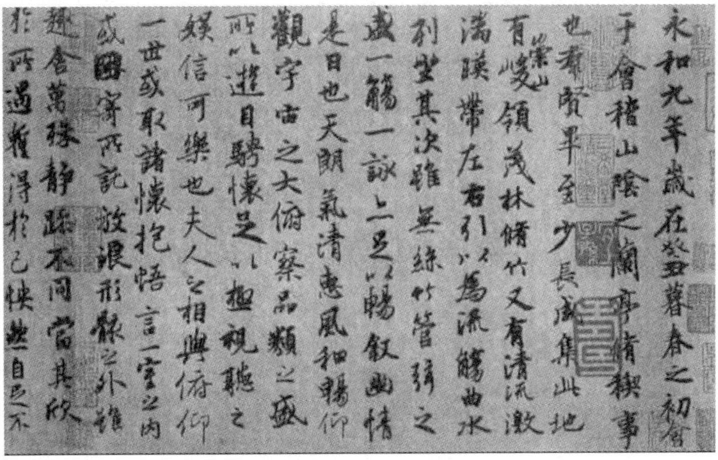

《兰亭序》被誉为“天下第一行书”

## 文学领域

在文学艺术领域，阐发道家思想或道教信徒参与的名作举不胜举。仅以著名的“游仙诗”为例，其在先秦仙道哲学的理论基础与汉代《招隐诗》的创作基础上，经过魏晋玄学与唐代道教的洗礼，成为一大诗歌门类，著名作家作品很多。如唐代最著名的大诗人李白和他的知音贺知章等，都是正式的道士。请看以下作品。

### 梦游天姥吟留别

海客谈瀛洲，烟涛微茫信难求。越人语天姥，云霞明灭或可睹。天姥连天向天横，势拔五岳掩赤城。天台一万八千丈，对此欲倒东南倾。我欲因之梦吴越，一夜飞度镜湖月。湖月照我影，送我至剡溪。谢公宿处今尚在，渌水荡漾清猿啼。脚著谢公屐，身登青云梯。半壁见海日，空中闻天鸡。千岩万转路不定，迷花倚石忽已暝。熊咆龙吟殷岩泉，栗深林兮惊层巅。云青青兮欲雨，水澹澹兮生烟。列缺霹雳，丘峦崩摧。洞天石扉，訇然中开。青冥浩荡不见底，日月照耀金银台。霓为衣兮风为马，云之君兮纷纷而来下。虎鼓瑟兮鸾回车，仙之人兮列如麻。忽魂悸以魄动，恍惊起而长嗟。惟觉时之枕席，失向来之烟霞。世间行乐亦如此，古来万事东流水。别君去兮何时还？且放白鹿青崖间，须行即骑访名山。安能摧眉折腰事权贵，使我不得开心颜！

【解读】

这是一首记梦诗，也是一首游仙诗。其意境雄伟，变化惝恍莫测，以缤纷多彩的艺术形象和新奇的表现手法，向来为人传诵，被视为李白的代表作之一。

这首诗的题目一作《别东鲁诸公》。李白一生徜徉山水之间，热爱山水，达到梦寐以求的境地。此诗所描写的梦游也许并非完全虚托，但无论是否虚托，梦游适于超脱现实，更便于发挥他的想象和夸张的才能。

值得注意的是，这首诗写梦游奇境，不同于一般游仙诗，它感慨深沉，抗议激烈，并非真正依托于虚幻之中，而是在神仙世界虚无缥缈的描述中，依然着眼于现实。神游天上仙境，而心觉“世间行乐亦如此”。仙境倏忽消失，梦境旋亦破灭，诗人终于在惊悸中返回现实。梦境破灭后，人，不是随心所欲地轻飘飘地在梦幻中翱翔了，而是沉甸甸地躺在枕席之上。封建君主把自己称“天子”，君临天下，把自己上升到至高无上的地位，却抹杀了一切人的尊严。李白在这里所表示的决绝态度，是向封建统治者所投过去的一瞥蔑视。在封建社会，敢于这样想、敢于这样说的人并不多。李白说了，也做了，这是他异乎常人的伟大之处。

这首诗的内容丰富、曲折、奇谲、多变，它的形象辉煌流丽，缤纷多彩，构成了全诗的浪漫主义华赡情调。它的主观意图本来在于宣扬“古来万事东流水”这样颇有消极意味的思想，可是它的格调却是昂扬振奋的、潇洒出尘的，有一种不卑不屈的气概流贯其间，并无消沉之感。

## 拓展阅读

### 浅析道教仙韵与李白的飘逸诗风

杨晓霭　郭其云

李白“始终是个世外的道士”，尽管他的思想构成驳杂，但其主导未出道家—道教界内。他不但以道教教义为高标，塑造着自己的人格风范，而且以道境为理想，把其作为毕生不懈的追求。其飘逸诗风，正是他体悟“道”境的产物。然而，探讨李白诗歌与道教关系者，多着眼于诗人寻仙访道的具体活动及其诗作中对道教典故、神仙意象的运用，对道教信仰与其诗歌风格的深层联系，尚涉笔不多。本文拟就此作粗浅的探讨。

作为道教教义核心的“道”，具有不同层面的多重意蕴。依据历代道教学者较具普遍性的论述，我们将其形态特质概括为四：①玄远窈冥；②超绝无限；③流动变幻；④逆向体悟的思维方式。它们都深刻作用于李白的艺术趣味、艺术构思，体现于取材、炼意、造境、建构诸方面，形成了其飘逸的诗歌风格。“飘逸”，司空图描述为：“落落欲往，矫矫不群。缑山之鹤，华顶之云，高人画中，令色絪缊，御风蓬叶，泛彼无垠。如不可执，如将有闻。识者期之，欲得愈分。”其品格，贵在精神超迈，气韵飞动，境界清虚，无论从创作或欣赏哪一方面把握，都可谓是一个同于“道”的境界。而李白则始终以道教徒的执着沉迷，以穷化探元之心，在诗中体悟建构着这一境界，塑造出“谪仙人”的自我形象。有关道境的玄远窈冥与“飘逸”的超迈精神、道境的超绝无限与“飘逸”的洒脱韵度两方面，笔者已于《道教清境与李白的飘逸诗风》一文作了论述，下面则着重从道境的流动变幻与“飘逸”的飞动气势、道境的逆向体悟与“飘逸”的厚重底蕴两方面进行讨论。

## 一、道境的流动变幻与“飘逸”的飞动气势

裴敬《翰林学士李公墓碑》：“先生得仙秀气耶？不然，何异于常人耶？或曰：太白之精下降，故字太白，故贺监号‘谪仙’，不其然乎？故为诗格高旨远，若在天下物外，神仙会集，云行鹤驾，想见飘然之状。”

道经中说，道之混然，是生元气，而最初的、最高的神仙都由气化生，所谓“元气生神，神气降人，人成神矣”。因此，道境又是一个灵变不测、变幻多姿的境界，诸如金丹之术，炼气服食，皆是基于“神气驭形”，以期通过气之修炼，达到“形神俱妙”的合乎道的境界，是所谓能长生。李白对此深信不疑。“妙有生二气”（《致九子山为九华山联句》，清王琦注《李太白全集》，本文所引李白诗文均出自此书，后文不再出注），“天地为橐籥，周流行太易。造化合元符，交媾腾精魄。”（《草创大还赠柳官迪》）说的便是道生阴阳二气，“交媾”化生万物，这是道教的常识。然而更为值得注意的还在于他进而自称方士，大讲“姹女”与“河车”炼就“大还”金丹之术，并自信借此便可以“一举上九天”，成仙轻举，成为玉皇大帝的“座上客”。同样言金丹固体的诗作，在李白集中还有不少，如历来受人关注的《拟古十二首》其八：“月色不可扫，客愁不可道。玉露生秋衣，流萤飞百草。日月终销毁，大地同枯槁。蟪蛄啼青松，安见此树老？金丹宁误俗，昧者难精讨。尔非千岁翁，多恨去世早。饮酒入玉壶，藏身以为宝。”这类诗，论者多用来证明李白对神仙的怀疑和批判，或以为是宣扬及时行乐，真是极大的误会！其实，仙道宗旨与佛教的以生为苦、以死为乐截然相反，它追求的是现世享乐，以生为乐，以长生为大乐，以不死成仙为极乐。因此要炼丹服食，借助“金性不败朽”以坚固

自身，这是“以类辅自然”，合乎道的。同理，“元气”“真气”都要养而成。如能通过修炼养成浩然之气，也就能“合道”长生。《日出入行》云：“人非元气，安得与之久徘徊”，本不能如日之出入无穷，但只要能“囊括大块”，便能“浩然与溟涬同科”，便能“浮四海，横八荒，出宇宙之寥廓，登云天之渺茫”。基于这种对道性、道境、体道、达道的认识，李白诗中大量寄托自己轻举成仙的理想，描摹、歌颂各种至人真仙的形象，它们无不具有飘然飞动的特质，由此联想建构的诗作也是超时空的，从而形成其诗飞动的气势。

（一）塑造飞举轻扬的神仙形象

李白虚拟为能“飞”的人物，主要有三类：仙人、高道、李白自己。仙人能飞，这是李白对道经理论、神仙形象的接受，高道和自身的“飞”，则依照体道时形成的连类而及的思维方式——仙人会飞，高道是地仙，也应该会飞；“我”是“谪仙人”，“我”当然会飞。

仙人总飞在天上（太清），最具有飘然之状，变化之妙：“客有鹤上仙，飞飞凌太清。扬言碧云里，自道安期名。两两白玉童，双吹紫鸾笙。去影忽不见，回风送天声。举首远望之，飘然若流星。”（《古风》其七）“黄帝铸鼎于荆山，炼丹砂。丹砂成黄金，骑龙飞上太清家。……飘然挥手凌紫霞，从风纵体登鸾车。登鸾车，侍轩辕。遨游青天中，其乐不可言。”（《飞龙引》）

高道“游行若飞，倏忽万里”“入东海，登蓬莱，竟莫能测其往”，但他们毕竟是地仙，正在修炼，能有超常之举，却又依托于人间山中，故他们的飞，超越了空间，又“凝滞于物”。如嵩山的焦炼师，“八极恣游憩，九垓长周旋。下瓢酌颍水，舞鹤来伊川”，但总要“还归东山上，独拂秋霞眠”（《赠嵩山焦炼师》）。又如霞子元丹丘，“三十六峰长周旋。长周旋，蹑星虹。身骑飞龙耳生风，横河跨海与天通”，但仍然“朝饮颍川之清流，暮还嵩岑之紫烟”（《元丹丘歌》）。

李白自认为是“谪仙人”，既有仙品，又似高道，故能与仙人同“飞”：“西岳莲花山，迢迢见明星。素手把芙蓉，虚步蹑太清。霓裳曳广带，飘忽升天行。邀我至云台，高揖卫叔卿。”（《古风》十九）“萧飒古仙人，了知是赤松。借予一白鹿，自挟两青龙。含笑凌倒影，欣然愿相从。”（《古风》二十）但他毕竟被“谪”，不得不生活在人间，只有怀仙“欲飞”：“十五游神仙，仙游未曾歇。吹笙吟松风，泛瑟窥海月。西山玉童子，使我炼金骨。欲逐黄鹤飞，相呼向蓬阙。”（《感兴》其五）“愿言弄倒景，从此炼真骨。华顶窥绝冥，蓬壶望超忽。”（《同友人舟行》）……诗人“或欲把芙蓉而蹑太清，或欲挟两龙而凌倒影，或欲留玉舄而上蓬山，或欲折若木而游八极”。大量动态形象的描绘，尤其是“神仙会集，云行鹤驾”的飞动画面与高道“游行若飞，倏忽万里”的空间迅急转换，使得诗中气貌飘摇，读者也“与心而徘徊”，思绪随各类形象上天下地、蹑虚凌空，处于不断的运动状态，而想见飘然之状。司空图《诗品》论“形容”云：“风云变态，花草精神，海之波澜，山之嶙峋，俱似大道，妙契同尘。”李白摹写的飞动形象，各有特点，又都众契道境。《庄子·在宥》：“无视无听，抱神以静，形将自正。必静必清，无劳汝形，无摇汝精，乃可以长生……我为汝遂于大明之上矣。至彼至阴之原也；为汝入于窈冥之门矣，至彼至阴之原也。”意为人只要视听不外用，保持天性的宁静，就可以长生久视，并能进入大明境界，到达无比深远的地方。所谓“遂于大明之上”“入于窈冥之门”，主要指虚静状态下自然人性的绝对自由。吴筠《玄纲论》发挥老庄之道，认为“静者天地之心也，动者天地之气也。心静气动，所以覆载而不极。是故通乎道者，虽翱翔宇宙之外，而心常宁”。李白正是在“体道”的“静”的心境下而“精神四飞扬，如出天地间”(《早望海霞边》)，爆发出他超卓的想象力和创造力，当他处在“飘扬振激”的创作高峰状态时，便驱走风云，鞭挞海岳，纵横无方，变化不测，独成一种境界。

（二）超时空的无序建构

对李白诗歌建构的高妙，历代诗论家多有评论。黄庭坚在《题李白诗草后》中写道：“余读李白诗如黄帝张乐于洞庭之野，无首无尾，不主故常，非墨工槧人所可拟议。”“黄帝张乐于洞庭之野”的比喻，取自《庄子·天运》，庄子赞美咸池之乐，“能短能长，能柔能刚，变化齐一，不主故常”。黄氏借此，实际上说李白的诗体现出了变化莫测的“道性”，因此，无规矩，难模拟。后代诗评家也都从这一点着眼，认为“太白当希其发想超旷，落笔天纵，章法承接，变化无端，不可以寻常胸臆摸测”“有非寻常地上凡民所能梦想及者。（白）诗之不可及处，在乎神识超迈，飘然而来，忽然而去，不屑雕章琢句，亦不劳劳于镂心刻骨，自有天马行空，不可羁勒之势”“太白缥缈有仙骨，然不在其作仙语中，此当从神昧会之，难于俗子前”。所谓超凡、脱俗、神识神味，指其想落天外、超越常情的诗思，在章法上则体现为一种超时空的无序建构，两者共同造就诗中独具的飞动气势。超时空的无序建构来源于道教徒完全由“感觉经验上的相似”。而产生系连的思维模式。李白的许多著名诗篇都表现出这样的特点。如《行路难三首》其三，诗歌中写到的人物有许由、伯夷、叔齐、伍子胥、屈原、李斯、陆机、张翰、诗人自己，这些人物所处时代不同，但遭遇则有相类之点：达者自保，而功高殒身。诗人以此为联系，超越时空，使他们会聚于一首诗中。人物的大量罗列，时空的大跨度跳跃，使读者的思维处于不断的联想状态，从而感受到诗境变幻不居，气势飞扬。又如《答王十二寒夜独酌有怀》，诗中所写的历史时代，时而春秋、战国，时而两汉、三国，时而晋，时而唐，空间也随之不断转换，历史与现实不断地比照、冲撞，历史悲剧是现实悲剧的映衬，现实中李邕、裴敦复的遭遇又重演着历史悲剧，而诗人“自我”穿插其间，纵横捭阖，自如变换，势不可遏。再如《宣州谢朓楼饯别校书叔云》，“昨日”与“今日”映衬，佳景与美谈融汇，“欲上青天揽明月”的“逸兴”“壮思”与“抽刀断水水更流，举杯销愁愁更愁”的绵长忧愤交织，“蓬莱文章”“建安风骨”“小谢”、李云、诗人自己，意绪纷繁，凌越千载，飞动的气势像列子御风，泠然而行。其他如《梁甫吟》《远别离》《蜀道难》《将进酒》等，概莫能外。李华赞李白诗“能奔逸气”(《杂言寄李白》)，一个“奔”字，形象地写出了李白“飘逸”诗歌中自由奔泻的感情力量。萧士赟以为，李白《答王十二寒夜独酌有怀》诗“造语叙事，错乱颠倒，绝无伦次”，而妄断其“决非太白之作”。其误在于：只见其形，不明其心，没有把握诗中一以贯之的情感内核，自然也就难理解这种“无序”的建构。

## 二、道境的逆向体悟与“飘逸”的厚重底蕴

老子《道德经》曰：“反者，道之动。……天下万物生于有，有生于无。”王弼注：“高以下为基，贵以贱为本，有以无为用，此其反也。动皆知其所无，则物通矣，故曰：反者，道之动。天下之物皆以有为生，有之所始以无为本，将欲全有，必反于无也。”“无”是“道”之本，对“道”的体认只能由“有”反“无”才能寻到本原、始基。这种“反得道元”“反身合道”的逆向思维方式成为道教体道的重要思维方式之一。李白在体道中养成的逆向思维方式深刻表现在他的诗作中，成为通向其诗歌“飘逸”风格的桥梁。

“飘逸”，以司空图“御风蓬叶，泛彼无垠”的形容和裴敬“神仙会集，云行鹤驾”的描绘，容易使人产生“飘逸”即柔美的印象。实际上，李白的“飘逸”之所以能为千百年来的读者认同并产生共鸣，则在于它所独具的厚重底蕴。李白的飘逸不似若有若无的流霞，不似拂面和煦的清风，而如扶摇万里的大鹏。大鹏的逍遥游，凭借六月的大风；李白那千古一人的“飘逸”赞歌乃是由他的“万古愁”所托举；李白极端狂放的风度，实为其内心无法排解的深忧的外化。从其创作方法考察，诗中写种种“飘逸”，往往先从反面着笔，展现一种常人难以自拔的痛苦，终于从中跳脱出来，从而透示出一种深沉厚积的力量。这正是一般文人游仙诗、道士的步虚词所缺乏的。李白诸多著名诗篇，在感情抒发上往往采取一种表里双层的建构：将现实激发的万古愁愤深深埋入诗底，表层结构则呈现一派或清静潇洒、或豁达狂放的气度；表层与深层情感的强烈反差，不但造成诗中强烈的悲剧气氛，也使表层的洒脱，仿佛是挣脱了愁愤的深渊飞腾而起，具有九万里风鹏正举之势而无可比拟。如《将进酒》中大写痛饮狂歌之欢乐，伟才必用的自信，然而贯穿其中的却是抑塞不平、不为世用的大悲大愤。《梦游天姥吟留别》在梦境仙踪、兴会标举的背后，透射出的却是人间的大不得意。《襄阳歌》极写“韬精沉饮”（沈德潜语）之乐，而“正意藏脉”（方东树语），则在功业无成的深悲。再如《宣州谢朓楼饯别校书叔云》《月下独酌》等诗，或写排忧遣愁的逸兴壮思，或写花前月下独酌的乐趣，但潜藏的同样是深重的孤独与无法解脱的内心苦闷。

李白诗歌中这种深沉厚积的情感底蕴，来自其道教理想的挚诚追求与现实的剧烈冲突。这种道教理想的集中表现便是“功成身退”。它在李白身上的体现，并非如一般所认为的，是儒道以至纵横诸家思想驳杂的混合物，而仍然是以道教教义为中心支柱的。

众所周知，中国道教从最初形成起，便以救世济俗为中心。道教还吸取了以“三纲五常”为核心的儒家的伦理思想，用儒家的道德规范来调整人与人的关系。李白的道教信仰，主要受茅山上清派传人司马承祯、吴筠等人的影响。该派创始人陶弘景是“山中宰相”，其传人王远知佐李渊、李世民取得天下，第四代传人司马承祯为睿宗提供理国之道，而吴筠更“以阴功救物，为王者师”。作为唐代道教重要理论家的吴筠作《玄纲论》，从理论上论证了“佐时得道”的重要。他列《道反于俗》和《专精至道》两章，

专门讲如何抚俗得道，佐时得道。认为抚俗、佐时是能否“得道”的必备条件，而且，要得道、成神仙，必须修炼佐时抚俗的“人功”。因此，能否在社会上建立功业、辅佐明主就意味着道功的成或不成。李白迷信的正是事君之功与得道之功的双成，他的“功成身退”之功，由具体诗例分析，可以认为，既指“政成”又指“道成”；他的“退”，既指“归人武陵源”的隐逸，又指“邈尔与世绝”的成仙。事功上，他的目标是“申管晏之谈，谋帝王之术，奋其智能，愿为辅弼，使寰区大定，海县清一”(《代寿山答孟少府移文书》)；道功上，则要“浮四海，横八荒，出宇宙之寥廓，登云天之渺茫”( 同上 )。他在《西岳云台歌赠丹丘子》中，描摹的正是自己神往的这样一种生活：

云台阁道连窈冥，中有不死丹丘生。
明星玉女备洒扫，麻姑搔背指爪轻。
我皇手把天地户，丹丘谈天与天语。
九重出入生光辉，东求蓬莱复西归。
玉浆傥惠故人饮，骑二茅龙上天飞。

隐与神仙为侣，出接万乘之主；或行走于九重宫阙，或驾龙飞升，享尽充分的自由。这才是潇洒的人间神仙，令人仰慕的高道风范！李白一生渴望着能“尽节报明主”，而后成仙举美梦，但是，却困扰在“富贵与神仙，蹉跎成两失”(《长歌行》)的痛苦之中。“蹉跎人间世，寥落壶中天。”(《赠饶阳张司户燧》)人间尽力报明主没有了希望，“壶中天”里的仙人日月也未能实现，这比只求事功或单修道功的人来说，本身就多了一层忧患，正所谓追求越高，失望越深，内心冲突愈激烈，诗之情感底蕴愈厚！而诗人在体道中又养成了“探玄穷化先”的思维习惯，从逆向反溯求取根底的思维方式，面对自己精神、身体两方面的不自由，李白总在反省叩问。在他的理想中，“仙人如爱我”，就应该“举手来相招”“我欲蓬莱顶上行”，仙人必定会“浩歌望我来”“应攀玉树长相待”。可是，人满怀热情，刻苦修炼，诵道经，受道箓，“草创大还”，却总不见仙人来“招”，自己也不能乘鹤飞去，每每“梦想空殷勤”(《感遇》其一 )，这是为什么？他为成“事君之道”，仗剑去国，辞亲远游，南穷苍梧，东涉冥海，可“大道如青天，我独不得出”“幸遭圣明时”，却“功业未成就”，这又是为什么？当诗人在一个又一个的困惑中彷徨时，内心体验强化到极点，忧愤之情也深到极点。身心都不能自由的双重忧患，经诗人的反观叩审，便如江潮海浪般难以阻遏。当他把酒问月(《把酒问月》)，观日探元(《日出入行》)，登高丘而诘问“鼎湖飞龙安可乘！”(《登高丘而望远海》)游梁园而讥诮“梁王宫阙今安在？”(《梁园吟》)对春风渌酒而感叹“清轩桃李能几何？”(《前有樽酒行》)临高堂盛宴而悲慨“青丝暮成雪”(《将进酒》)，其间表现的已不只是个人理想能否实现的忧愁，忧患已深化为对整个人生宇宙的悲慨，其思维更不停留在人间万物“象”“有”的表面，往往由感物起情而反究其理，思索元化，“存想”道真。“探元人窈默，观化游无垠”(《送岑徵君归鸣皋山》)，“观变穷太易，探元化群生”(《古风》其十三 )，终于体会到“仙人殊恍惚”(《拟古》其一 )，“浮荣何足珍”(《拟古》其九 )，“天地一逆旅”(《拟古》其九 )而已，万象总归虚空。为此“达士遗天地”(《拟古》其五 )，而“贵道能全真”

（《送岑徵君归鸣皋》）。他仍旧只能按照道教教义的指引，去寻找“超世”的真谛，委随“自然”，逍遥于大化，寄情于痛饮狂歌，寄意于清风朗月，托身于仙山洞府，在现世可能得到的真实的快乐中求得心理的平衡，以那超迈洒脱的仙姿，飘逸朗远的神韵，消弭其内心永远无法解决的矛盾和不能自拔的痛苦。这当是一个迷狂的道徒真实的心理状态。

（中国国学网，2018-12-24）

## 阅读与思考

阅读下面的文章，思考问题：道家主张的逍遥神游，其主观方面的前提条件是什么？我们怎样才能做到这一点？

### 庄子如何修道，才能得逍遥自在的大境界？

陈富国

《庄子》一书，笔调雄奇，色彩浪漫，充分继承和发扬了老子“道”的学说，首篇《逍遥游》寄托了庄子对人生最高境界的追求，“逍遥”二字亦成为我们对人生境界的渴望，庄周梦蝶故事更是为大家所津津乐道。庄子之逍遥游仅是一种浪漫理想吗？庄子是如何通过修道而得到大自在的“逍遥”的呢？庄子的修道之要是什么？我们不得不追问。

《史记·老子韩非列传》载：“庄子者，蒙人也。名周。周尝为蒙漆园吏。与梁惠王、齐宣王同时。其学无所不窥。然其要本归于老子之言。故其著书十余万言，大抵率寓言也。作《渔父》《盗跖》《胠箧》，以诋訾孔子之徒，以明老子之术。畏累虚，亢桑子之属，皆空语无事实。然善属书离辞，指事类情，用剽剥儒墨。虽当世宿学，不能自解免也。其言洸洋自恣以适己。自王公大人不能器之。”

从以上记载可以看出，庄子其人不像老子一样身份难以确认，其生卒年月虽没有明确记载，但大体可以确定生活在战国初期，与梁惠王、齐宣王同时。现在通行的《庄子》一书，是晋代郭象注本，共三十三篇，内篇有七篇，外篇有十五篇，杂篇有十一篇。东汉班固编撰的《汉书·艺文志》著录为“《庄子》五十二篇”，可见《庄子》一书在流传中没有完整地保存下来。

宋苏东坡认为《让王》《说剑》《渔父》《盗跖》均属伪作，今天一般认为内篇为庄子自著，外篇既有庄子的也有庄子后学所作的，杂篇情况要复杂些，有些明显不属于庄子的学说。笔者的旨意在于探究庄子的性命之学，无意考证，只顺带一笔，请读者见谅。

庄子是如何理解“道”的呢？

《庄子·大宗师》中载：“夫道，有情有信，无为无形；可传而不可受，可得而不可见；自本自根，未有天地，自古以固存；神鬼神帝，生天生地；在太极之先而不为高，在六极之下而不为深，先天地生而不为久，长于上古而不为老。”从这段文中可以看出庄子对道的看法是和老子在《道德经》中对道的描述是一致的，如《道德经》第十四章说：“视之不见，名曰夷；听之不闻，名曰希；搏之不得，名曰微。此三者不可致诘，故混而为一。其上不徼，其下不昧，绳绳兮不可名，复归于无物。是谓无状之状，无物之象，是谓惚恍。迎之不见其首，随之不见其后。”第二十一章中说：“道之为物，惟恍惟惚。惚兮恍兮，其中有象；恍兮惚兮，其中有物。窈兮冥兮，其中有精；其精甚真，其中有信。”比较这两者所说，我们可以看出是一脉相承的，因此才会有“老庄之道”一说。

那么庄子是如何修道的呢，我们还是继续从其文章中寻个究竟。

《大宗师》载：“曰：‘回坐忘矣。’仲尼蹴然曰：‘何谓坐忘？’颜回曰：‘堕肢体，黜聪明，离形去知，同于大通，此谓坐忘。’仲尼曰：‘同则无好也，化则无常也。而果其贤乎！丘也请从而后也。’”这就是我们所熟悉的与大道融通为一的“坐忘”。

《人间世》载：“回曰：‘敢问心斋’。仲尼曰：‘若一志，无听之以耳而听之以心；无听之以心而听之以气。听止于耳，心止于符。气也者，虚而待物者也。唯道集虚。虚者，心斋也。’”这就是我们耳熟能详的虚己忘物的“心斋”。何谓“心止于符”？达到神气合一就是“心止于符”。

《齐物论》中载：“子綦曰：‘偃，不亦善乎而问之也！今者吾丧我，汝知之乎？女闻人籁而未闻地籁，女闻地籁而不闻天籁夫！’”这就是能得天籁之乐的方法，即“吾丧我”。

从这三则记载可以看出，修道不是空谈无私少欲与知足常乐，而是有切实的方法，在道家的《阴符经》上就有一重要口诀，即“禽之制在气”。庄子为我们留下了“心斋”和“坐忘”之法，可以说既至简至易，又易知难行，颜回能坐忘，连孔圣人都说：“丘也请从而后也。”

（道教之音网，2018-05-14）

# 第九讲　美信兼备的语言智慧

## 导　论

道家智慧以“论道”为终极哲学探索，以“无为”为政治与人生主张，以“虚静”为心态修养根本，以“慈、俭、不敢为天下先”为人生三宝。所以，我们在学习的时候，往往忽略了道家智慧中的语言艺术与语言技法。实际上，不仅黄老之术与内丹学派在语言艺术上有着鲜明特色与许多应用案例，先秦道家与魏晋玄学这两大理论高峰期的代表人物也是语言艺术的高手。《列子》援引神仙家思想入道家，以论辩案例举世闻名；《庄子》一书以“汪洋恣肆”著称，庄子自称为“无端崖之辞”，其中的《逍遥游》《养生主》等著名文章，一直是中国散文杰出的语言艺术代表；其余道家著作在论辩、技法与语言上，都是非常有特色的，仅以质朴的《老子》为例，其中就充满了对语言艺术的探索，并提出了很多关于言说技巧、语言规则的理论观点，中国哲学关于语言表达“美言不信，信言不美”的著名观点，就出自《老子》第八十一章之中。

在学术界和文艺界，已经有不少名家专门就“美信两难”这一难题进行过多角度探究。在我们看来，理解老子的“美信两难”问题，一定要放在《老子》全书的理论体系之中来进行：老子以探索“道”为最高追求，向下以“无为”体现“道”在自然、社会、政治、人生、修养等方面的基本法则，因此，在语言艺术上，老子反对华而不实、说而不做的美言，主张质朴简洁、言之有物的信言。所以，在美与信之间，以简约、质朴的语言来写作充满思想与哲理的《老子》一书。当代社会重视交流和语言的艺术，如果我们能做到语言美而且信，就将消解老子“美信两难”的历史难题，在工作、生活与人际交往中无往而不利，岂不妙哉？

## 1.《道德经》第八十一章

信言①不美，美言不信。善者②不辩③，辩者不善。知者不博④，博者不知。圣人不积⑤，既以为人，己愈有⑥；既以与人，己愈多⑦。天之道，利而不害⑧。圣人之道⑨，为而不争。

【注释】

① 信言：真实可信的话。
② 善者：言语行为善良的人。
③ 辩：巧辩、能说会道。
④ 博：广博、渊博。
⑤ 圣人不积：有道的人不自私，没有占有的欲望。
⑥ 既以为人，己愈有：把自己的一切用来帮助别人，自己反而更充实。
⑦ 既以与人，己愈多：把自己拥有的东西给了别人，自己反而更丰富。
⑧ 利而不害：使万物得到好处而不受到伤害。
⑨ 圣人之道：圣人的行为准则。

【今译】

真实可信的话不漂亮，漂亮的话不真实。善良的人不巧说，巧说的人不善良。真正有知识的人不卖弄，卖弄自己懂得多的人不是真有知识。圣人是不存占有之心的，而是尽力照顾别人，他自己也更为充足；他尽力给予别人，自己反而更丰富。自然的规律是让万事万物都得到好处，而不伤害它们。圣人的行为准则是做什么事都不跟别人争夺。

【解读】

本章是《道德经》的最后一章，是全书正式的结束语，带有高度的凝练性。老子提出了三对范畴：信与美、善与辩、知与博。这实际上是真假、美丑、善恶的问题，按照老子的思想，就是重归于“朴”，回到没有受到伪诈、智巧、争斗等世俗的污染之本性。

就语言艺术来说，老子提出“信言不美，美言不信”的主张，有深入观察历史事实、总结语言表达特点、揭示社会语言规律的深度与高度。仔细想想，这句话在任何时代、任何场合、任何情境下都带有一定的正确性，不得不说，老子关于语言艺术的哲学思想，是凝练总结一切语言现象的结果。

道家在老子的朴素文风之后，从杨朱、列子、庄子等理论学派代表到范蠡、萧何、曹参、张良等黄老学派代表，无一不是精于语言艺术的高手，他们不再关注“美信两难”这一逻辑问题，而以语言表达的实用价值、政治价值为宗旨，援引百家，为我所用，大大丰富、深化了老子开启的语言艺术之路。

## 2.《道德经》第五章

天地不仁，以万物为刍狗；圣人不仁，以百姓为刍狗。天地之间，其犹橐龠乎？虚而不屈，动而愈出。多言数穷，不如守中。

【今译】

天地是无所谓仁慈的，它没有仁爱，对待万事万物就像对待刍狗一样，任凭万物自生自灭。圣人也是没有仁受的，也同样像刍狗那样对待百姓，任凭人们自作自息。天地之间，岂不像个风箱一样吗？它空虚而不枯竭，越鼓动风就越多，生生不息。政令繁多反而更加使人困惑，更行不通，不如保持虚静。

【解读】

本章的内容主要包括两方面的意思：一是老子再次表述了自己无神论的思想倾向，否定当时思想界存在的把天地人格化的观点；二是老子又谈到“无为”的社会政治思想，这是对前四章内容的进一步发挥。老子通过两个比喻要想说明的问题是：“多言数穷，不如守中。”政令烦苛，只会加速败亡，不如保持虚静状态。这里所说的中，不是中正之道，而是虚静。儒家讲中正、中庸、不偏不倚，老子讲的这个“中”，还含有“无数”的意思。即说用很多强制性的言辞法令来强制人民，很快就会遭到失败，不如按照自然规律办事，虚静无为，万物反能够生化不竭。有为，总不会有好的结果，这是老子在本章最后所提出的警告。

就语言艺术而论，本章提出了解决“美信两难”问题的方法：“多言数穷，不如守中。”这句话中的“数”是一个通假字，通“速”，快速的意思。就语言表达来说，话说多了，往往起反作用，还不如少说几句，只要到了点子上，效果会更好。这是辩证法思想“正—反—合”思维模式演绎出来的“合”的结果。既然“信言不美，美言不信”，那么，既美且信的语言就没有了吗？有的，在哪里呢？在“不多言”的实践中，在“守中”的方法论里。作为统治阶层，政令发布太多，只会扰乱负责执行的公务员和底层生活的百姓；作为普通人，废话说太多，就不只是话痨，而且会给自己带来惹人讨厌的结果。所以，“多言数穷，不如守中”，就是政令发布、人际交往中的一大原则。

继续深入看，这句话还带有警惕危险、明哲保身的用意。老子一般不明说这个意思，聪明人一读，自己就能够体会得到。历史上，因言获罪的案例很多，比如晁错的被腰斩，苏东坡的“乌台诗案”，对付读书人的“文字狱”，等等。除了这些典型的案例，人们在工作、生活、交际、写作中不注意语言的适度表达，常常会招来的麻烦，甚至犯下错误，导致严重的后果。所以，规范地表达、有技巧地表达，就成为语言交流的一大原则。

## 3.《道德经》第五十六章

知者不言，言者不知。塞其兑，闭其门；挫其锐，解其纷；和其光，同其尘，是谓玄同。故不可得而亲，不可得而疏；不可得而利，不可得而害；不可得而贵，不可得而贱。故为天下贵。

【今译】

聪明的人不多说话，而到处说长论短的人就不是聪明的人。塞堵住嗜欲的孔窍，关闭住嗜欲的门径。不露锋芒，消解纷争，挫去人们的锋芒，解脱他们的纷争，收敛他们的光耀，混同他们的尘世，这就是深奥的玄同。达到“玄同”境界的人，已经超脱亲疏、利害、贵贱的世俗范围，所以就为天下人所尊重。

【解读】

这一章老子提出“知者不言，言者不知”的观点，简单地理解就是有智慧的人不会多说话，反之，话太多的人就显得没有智慧，这与前面“多言数穷，不如守中”的含义是一样的。首先，老子针对的是政治上的“圣人”阶层、贵族统治者，希望他们在治国方略上“无为”而且清静，不要做违背规律的事情。这方面的一大体现，就是不要乱发政令，说太多的话，这对发展生产、治理百姓、兴旺国家是没有好处的。其次，对有智慧的人来说，“不言”不代表什么都不说，而是简约地、适度地、准确地、有内涵地说话或写作，《道德经》这本书就是这样的“智者”之言。最后，对普通人来说，叽叽喳喳当然不好，把要说的话适度减少一些，说到点子上，浅显又易懂，还给人留了面子，留了思考体会、检点自身的空间。我们为什么不这样说话呢？

## 4.《道德经》第六十二章

道者，万物之奥，善人之宝，不善人之所保。美言可以市尊，美行可以加人。人之不善，何弃之有？故立天子，置三公，虽有拱璧以先驷马，不如坐进此道。古之所以贵此道者何？不曰：求以得，有罪以免邪？故为天下贵。

【今译】

“道”是荫庇万物之所，善良之人珍贵它，不善的人也要保持它。需要的时候还要求它庇护。美好的言辞可以换来别人对你的尊重，良好的行为可以见重于人。不善的人怎能舍弃它呢？所以在天子即位、设置三公的时候，虽然有拱璧在先驷马在后的献礼仪式，还不如把这个“道”进献给他们。自古以来，人们所以把“道”看得这样宝贵，不正是由于求它庇护一定可以得到满足，犯了罪过也可得到它的宽恕吗？就因为这个，天下人才如此珍视“道”。

【解读】

本章再一次宣扬“道”的好处和作用。老子认为，清静无为的“道”，不但是善良之人的法宝，就是不善的人也必须保有它。就语言艺术而言，“美言可以市尊，美行可以加人”告诉我们：话说得好，作用大，是可以赢得人们的尊敬和自己的令名的。对统治阶级来说，发布正确的、关注民生、符合实际的政令，就是“美言”；对有影响力的公众人物来说，表达积极、正面、有正能量的意思，就是有示范性的、有榜样作用的“美言”；对普通人来说，传播真、善、美的人情，践行老子“慈、俭、不敢为天下先”的三宝，就是“美言”——这些教导我们做好人，说好话，做好事，赢得尊严，养成美行。这是道家于清静无为的修身养性方法论之后，正面提出的有积极意义的修养论，对语言的功能、人格的养成、社会角色的定位，都有很好的借鉴意义。

这方面的最佳案例是战国时期的蔺相如，他的事迹家喻户晓，于此不赘。

## 5.《道德经》第七十八章

天下莫柔弱于水，而攻坚强者莫之能胜，以其无以易之。弱之胜强，柔之胜刚，天下莫不知，莫能行。是以圣人云：“受国之垢，是谓社稷主；受国不祥，是为天下王。”正言若反。

【今译】

天下再没有什么东西比水更柔弱了，而攻坚克强却没有什么东西可以胜过水。弱胜过强，柔胜过刚，遍天下没有人不知道，但是没有人能实行。所以有道的圣人这样说：“承担全国的屈辱，才能成为国家的君主，承担全国的祸灾，才能成为天下的君王。”正面的话好像在反说一样。

【解读】

本章以水为例，说明弱可以胜强、柔可以胜刚的道理。第八章说“水善利万物而不争”，本章可与第八章的内容联系起来阅读。老子所举水的例子是人们日常生活中常见的。水最为柔弱，但柔弱的水可以穿透坚硬的岩石。水表面上软弱无力，却有任何力量都不能抵挡的力量。这就清楚地说明，老子所讲的软弱、柔弱，并不是通常人们所说的软弱无力的意思。此处，由于水性趋下居卑，因而老子又阐扬卑下屈辱的观念，实际上反而能够保持高高在上的地位，具有坚强的力量。“正言若反”一句，集中概括了老子的辩证法思想，其含义十分深刻、丰富。

“正言若反”是对全书中那些相反相成的言论的高度概括，如“大成若缺”“大盈若冲”“大直若屈”“大巧若拙”“大辩若讷”“明道若昧”“进道若退”“夷道若类”“上德若谷”“大白若辱”“广德若不足”“建德若偷”“质真若渝”“大方无隅”“大器晚成”“大音希声”等。孙中原说：“这里连句子的结构都是类似的。……他们本来是彼此相异的、互相排斥的、对立的，但在某种条件下、某种意义上，表示某种特定事物的概念和它的对方具有统一性，二者互相包含，互相融合，互相渗透，彼此同一、一致。这样，在同一个判断中，就包含对立概念的流动、转化，体现了概念的灵活性。”

从语言表达的角度看，“正言若反”是一种特殊的语言艺术，是一种高级别的语言艺术，是一种充满智慧的语言表达，不仅对内容有较高要求，而且对思维能力、心理因素、性格特征都有较高要求。我们在本讲后面选择了周恩来总理的一些经典外交语言故事，大家可以看一看。

## 拓展阅读一

### 孟子见梁惠王

孟子见梁惠王。王曰：“叟！不远千里而来，亦将有以利吾国乎？”

孟子对曰：“王！何必曰利？亦有仁义而已矣。王曰‘何以利吾国？’大夫曰‘何以利吾家？’士庶人曰‘何以利吾身？’上下交征利而国危矣。万乘之国，弑其君者，必千乘之家；千乘之国，弑其君者，必百乘之家。万取千焉，千取百焉，不为不多矣。苟为后义而先利，不夺不餍。未有仁而遗其亲者也，未有义而后其君者也。王亦曰仁义而已矣，何必曰利？”

### 孟子见梁襄王

孟子见梁襄王，出，语人曰：“望之不似人君，就之而不见所畏焉。卒然问曰：‘天下恶乎定？’吾对曰：‘定于一。’‘孰能一之？’对曰：‘不嗜杀人者能一之。’‘孰能与之？’对曰：‘天下莫不与也。王知夫苗乎？七八月之间旱，则苗槁矣。天油然作云，沛然下雨，则苗浡然兴之矣。其如是，孰能御之？今夫天下之人牧，未有不嗜杀人者也。如有不嗜杀人者，则天下之民皆引领而望之矣。诚如是也，民归之，由水之就下，沛然谁能御之？’”

【思考】

1. 作为先秦儒家的代表，孟子的语言表达有什么特点？
2. 孟子的语言表达效果好吗？为什么？

3. 如果你是梁襄王，孟子在你那里找工作，面试之后出门就说“望之不似人君”，你该怎么回答孟子呢？

## 史记·孟子荀卿列传（节选）

孟轲，邹人也。受业子思之门人。道既通，游事齐宣王，宣王不能用。适梁，梁惠王不果所言，则见以为迂远而阔于事情。当是之时，秦用商君，富国强兵；楚、魏用吴起，战胜弱敌；齐威王、宣王用孙子、田忌之徒，而诸侯东面朝齐。天下方务于合从连衡，以攻伐为贤，而孟轲乃述唐、虞、三代之德，是以所如者不合。退而与万章之徒序《诗》《书》，述仲尼之意，作《孟子》七篇。其后有邹子之属。

齐有三邹子。其前邹忌，以鼓琴干威王，因及国政，封为成侯而受相印，先孟子。

其次邹衍，后孟子。邹衍睹有国者益淫侈，不能尚德，若《大雅》整之于身，施及黎庶矣。乃深观阴阳消息而作怪迂之变，《终始》《大圣》之篇十余万言。其语闳大不经，必先验小物，推而大之，至于无垠。先序今以上至黄帝，学者所共术，大并世盛衰，因载其禨祥度制，推而远之，至天地未生，窈冥不可考而原也。先列中国名山大川，通谷禽兽，水土所殖，物类所珍，因而推之，及海外人之所不能睹。称引天地剖判以来，五德转移，治各有宜，而符应若兹。以为儒者所谓中国者，于天下乃八十一分居其一分耳。中国名曰赤县神州。赤县神州内自有九州，禹之序九州是也，不得为州数。中国外如赤县神州者九，乃所谓九州也。于是有裨海环之，人民禽兽莫能相通者，如一区中者，乃为一州。如此者九，乃有大瀛海环其外，天地之际焉。其术皆此类也。然要其归，必止乎仁义节俭，君臣上下六亲之施，始也，滥耳。王公大人初见其术，惧然顾化，其后不能行之。是以邹子重于齐。适梁，惠王郊迎，执宾主之礼。适赵，平原君侧行撇席。如燕，昭王拥彗先驱，请列弟子之座而受业，筑碣石宫，身亲往师之。作《主运》。其游诸侯见尊礼如此，岂与仲尼菜色陈、蔡，孟轲困于齐、梁同乎哉！故武王以仁义伐纣而王，伯夷饿不食周粟；卫灵公问陈，而孔子不答；梁惠王谋欲攻赵，孟轲称大王去邠。此岂有意阿世俗苟合而已哉！持方枘而内圆凿，其能入乎？或曰，伊尹负鼎而勉汤以王，百里奚饭牛车下而缪公用霸，作先合，然后引之大道。驺衍其言虽不轨，傥亦有牛鼎之意乎？

自邹衍与齐之稷下先生，如淳于髡、慎到、环渊、接子、田骈、驺奭之徒，各著书言治乱之事，以干世主，岂可胜道哉！

【比较阅读】

请大家借助工具书阅读本篇选文，思考以下两个问题。

1. 作为儒家著名代表的孟子和作为阴阳家著名代表的齐国三位邹子都是靠治国思想和语言艺术行走天下的大人物，为什么孟子始终不得任用，而邹子却能在很多国家都找到很好的工作，并施展自己的抱负呢？

2. 你是否了解战国时期的“阴阳家”？他们可不是后来道教中的阴阳先生，而是深谙天地规律、大明政治之道的思想家，是司马迁所谓“通天人之际”的大人物。《孟子荀卿列传》当中简略谈到的邹忌，在西汉刘向编纂的《战国策》中留下一个很有名的故事，达到了“美言信言”之境界，成功地化解了“美信两难”的问题。请阅读下面的选文，回答问题：邹忌采用了怎样的谈话方法呢？

## 邹忌讽齐王纳谏

邹忌修八尺有余，而形貌昳丽。朝服衣冠，窥镜，谓其妻曰：“我孰与城北徐公美？”其妻曰：“君美甚，徐公何能及君也！”城北徐公，齐国之美丽者也。忌不自信，而复问其妾曰：“吾孰与徐公美？”妾曰：“徐公何能及君也！”旦日，客从外来，与坐谈，问之客曰：“吾与徐公孰美？”客曰：“徐公不若君之美也。”明日徐公来，孰视之，自以为不如；窥镜而自视，又弗如远甚。暮寝而思之，曰：“吾妻之美我者，私我也；妾之美我者，畏我也；客之美我者，欲有求于我也。”

于是入朝见威王，曰：“臣诚知不如徐公美。臣之妻私臣，臣之妾畏臣，臣之客欲有求于臣，皆以美于徐公。今齐地方千里，百二十城，宫妇左右莫不私王，朝廷之臣莫不畏王，四境之内莫不有求于王：由此观之，王之蔽甚矣。”

王曰：“善。”乃下令：“群臣吏民能面刺寡人之过者，受上赏；上书谏寡人者，受中赏；能谤讥于市朝，闻寡人之耳者，受下赏。”令初下，群臣进谏，门庭若市；数月之后，时时而间进；期年之后，虽欲言，无可进者。燕、赵、韩、魏闻之，皆朝于齐。此所谓战胜于朝廷。

【阅读链接】

## 纳谏与止谤——重读《邹忌讽齐王纳谏》有感

臧克家

读好文章，如饮醇酒，其味无穷，久而弥笃。《邹忌讽齐王纳谏》，读初小时就成诵了，觉得它故事性强，有情趣，引人入胜。六十年后，再读一遍，如故人重逢，格外亲切。

古人说：“人非圣贤，孰能无过？”即使君子，也难免有过，不同的是“过也，人皆见之，及其更也，人皆仰之”而已。古代帝王置谏官，自己有了错误，臣下可以进谏。帝王，自以为是“天之子”，富有四海，臣服万民，行为万世师，言作万世法，坐在高高的宝座上，俯视一切，能倾听逆耳之言，采纳美芹之献的，历史上并不多见。但是也不能一概而论。也有少数聪明一点的，为了坐稳江山，笼络人心，也能从谏如流。有圣君，有贤臣，使政治稳定，国泰民安，历史上称为太平盛世。像唐太宗与魏征，就是一例。而最突出、最典型的，要数邹忌与齐威王了。

讽谏帝王，是冒险的事。批“龙鳞”，逆“圣听”，需要大勇与大智。多少忠臣义士，赤心耿耿，尽忠进谏，结果呢，有的被挖心，有的被放逐。比干、屈原悲惨的故事，千古流传。

因此，对这位勇于纳谏的齐王，既佩服他的大智，也赞赏他的风度。这篇《邹忌讽齐王纳谏》的文章，给我们树立了一个宽大明智、精神高尚的形象，事隔几千年，栩栩如在眼前。想当年，他听了邹忌的讽谏之后，立即下令群臣，遍及全国，面刺错误，指陈弊病，不仅言者无罪，反而重赏，这是何等气度，何等磊落胸怀，千载而下，犹令人感奋不已！

事因难能，所以可贵。在同一本《古文释义》里，小时候也读过《召公谏厉王止谤》这篇古文，至今还能背出其中的名句。拿这位厉王和齐威王一比，真可谓天渊之别了。齐威王下令求谏，周厉王却以“能止谤”自喜，天下之人，满腹不平，他要钳住万民的口，自己也捂紧耳朵。“防民之口，甚于防川”，“止谤”使得老百姓“道路以目”。三年之后，土壅而川决，这个特大暴君——人民之敌，被“流于彘”。

齐王与厉王，那种对待谏谤的态度，得到的结果也截然相反。

历史是一面镜子。《邹忌讽齐王纳谏》《召公谏厉王止谤》这两篇古文，我们对照着读，大有可以借鉴之处。

追古思今。现在我们有些作负责工作的领导同志，在言行方面有明显的缺点和错误，文过饰非，怕听逆耳之言，一听到正中要害的话，立即火冒三丈，像阿 Q 听到别人说他头上的疮疤一样。有的甚至对批评自己的同志，打击报复，仗势凌人，以冰棍对付热情，什么批评与自我批评的原则，全成为过耳东风。这样做的结果如何呢？贻误工作，伤害同志，最后，自己也难免于垮台。

说到这里，我们自然会想到“四人帮”的所作所为。他们当道之时，得意忘形，凌驾一切。江青一句屁话，成为“圣旨”，顺我者昌，逆我者亡。以棒止谤，冤狱累累。人力无穷，天网恢恢，他们的滔天大罪，终于被清算。

谏难，纳谏尤难。要得到成果，需要双方合力。有敢直谏或讽刺的良臣，还要有能纳谏的明君。邹忌的譬喻再妙，辞令再巧，没有齐威王善听的耳朵，也是白费唇舌，枉运心机。

《邹忌讽齐王纳谏》这篇文章之所以动人，不仅由于它的意义，也还因为它那委婉而讽的进谏方法。这样关系国家命运的大事，邹忌并没有板起面孔，摆出义正词严的态度，反之，却以徐公比美、妻妾评议之闺房琐事出之，如果遇到一个暴君，责以亵渎之罪，也是责无旁贷的。这种构思，这样笔法，与《触龙说赵太后》如出一辙，而同样奏效。这么写，生动亲切，娓娓动听，饶也情趣。这篇文章，用了大半篇幅作了譬喻的描绘，三个人物的情态和心理，真实透彻，入情入理，令人信服。譬喻止于“皆以美于徐公”，接下去“今齐地方千里”来个陡转，入了正题。由于妻妾、朋友的“私臣”，联系全国上下“莫不私王”，譬喻与正题扣得极紧。谏议的结果是“战胜于朝廷”。

读罢这篇绝妙佳作，掩卷沉思，忽发奇想。如果现在我们的某个部门或机关，也来个“悬赏纳谏”，那该是“门庭若市”，批评、建议，雪片飞来。最后的结果呢，也可以想知。准是改进了工作，提高了效率，像不干净的身子洗了个清水澡，受到广大群众的鼓励与表扬，对“四化”的进展也起到了推动作用。

如若不信，盍试为之。

## 触龙说赵太后

刘向

赵太后新用事，秦急攻之。赵氏求救于齐，齐曰：“必以长安君为质，兵乃出。”太后不肯，大臣强谏。太后明谓左右：“有复言令长安君为质者，老妇必唾其面。”

左师触龙言愿见太后。太后盛气而揖之。入而徐趋，至而自谢，曰：“老臣病足，曾不能疾走，不得见久矣。窃自恕，而恐太后玉体之有所郄也，故愿望见太后。”太后曰：“老妇恃辇而行。”曰：“日食饮得无衰乎？”曰：“恃粥耳。”曰：“老臣今者殊不欲食，乃自强步，日三四里，少益耆食，和于身。”太后曰：“老妇不能。”太后之色少解。

左师公曰：“老臣贱息舒祺，最少，不肖；而臣衰，窃爱怜之。愿令得补黑衣之数，以卫王宫。没死以闻。”太后曰：“敬诺。年几何矣？”对曰：“十五岁矣。虽少，愿及未填沟壑而托之。”太后曰：“丈夫亦爱怜其少子乎？”对曰：“甚于妇人。”太后笑曰：“妇人异甚。”对曰：“老臣窃以为媪之爱燕后贤于长安君。”曰：“君过矣！不若长安君之甚。”左师公曰：“父母之爱子，则为之计深远。媪之送燕后也，持其踵，为之泣，念悲其远也，亦哀之矣。已行，非弗思也，祭祀必祝之，祝曰：‘必勿使反。’岂非计久长，有子孙相继为王也哉？”太后曰：“然。”

左师公曰：“今三世以前，至于赵之为赵，赵王之子孙侯者，其继有在者乎？”曰：“无有。”曰：“微独赵，诸侯有在者乎？”曰：“老妇不闻也。”“此其近者祸及身，远者及其子孙。岂人主之子孙则必不善哉？位尊而无功，奉厚而无劳，而挟重器多也。今媪尊长安君之位，而封之以膏腴之地，多予之重器，而不及今令有功于国，一旦山陵崩，长安君何以自托于赵？老臣以媪为长安君计短也，故以为其爱不若燕后。”太后曰：“诺，恣君之所使之。”

于是为长安君约车百乘，质于齐，齐兵乃出。

子义闻之曰：“人主之子也、骨肉之亲也，犹不能恃无功之尊、无劳之奉，已守金玉之重也，而况人臣乎。”

### 【解读】

开口说话，看似简单，实则不容易，会说不会说大不一样。古人云：“一言可以兴邦，一言也可以误国。”苏秦凭三寸不烂之舌而身挂六国相印，诸葛亮靠经天纬地之言而强于百万之师，烛之武因势利导而存郑于危难，触龙循循善诱而救赵于水火。言语得失，小则牵系做人难易，大则连及国家兴亡，非常重要。下面就以《触龙说赵太后》为例，谈谈说话的艺术。

第一，察言观色，避其锋芒。赵太后刚刚执政，秦国就急攻赵国，危急关头，赵国不得不求救于齐，而齐国却提出救援条件——让长安君到齐国做人质。溺爱孩子、缺乏政治远见的赵太后不肯答应这个条件，于是大臣竭力劝阻，惹得太后暴怒，“有复言令长安君为质者，老妇必唾其面”。面对此情此景，深谙说话艺术的左师触龙并没有像别的朝臣那样一味地犯颜直谏，批逆龙鳞，而是察言观色，相机行事。他知道，赵太后刚刚执政，缺乏政治经验，目光短浅，加之溺爱孩子，盛怒之下，任何谈及人质的问题都会让太后难以接受，使得结果适得其反。所以触龙避其锋芒，对让长安君到齐国做人质的事只字不提，而是转移话题。先问太后饮食住行，接着请托儿子舒祺，继之论及疼爱子女的事情，最后大谈王位继承问题。不知不觉之中，太后怒气全消，幡然悔悟，明白了怎样才是疼爱孩子的道理，高兴地安排长安君到齐国做人质。

第二，关心问候，缓和气氛。面对怒气冲冲、盛气凌人的赵太后，首要的问题是让她能够心平气和，给人以劝说的契机，从而引起她谈话的兴趣，一步步进入正题。触龙拜见太后并不难，但见到太后谈什么却很关键。话不投机，三言两语也许就会被拒于千里之外。因此，触龙反复揣摩太后的心理，选择了老年人都共同关心的饮食起居话题，先从自己脚有毛病（也许是假的）、不能快走谈起，以己推人，关心起太后的身体情况，自然而然，合乎情理。别人发自内心的真诚问候、老年人同病相怜的真实感受，让赵太后冰冷的内心有了一丝感动，她无法拒绝触龙提出的问题，于是“色少解”，和触龙交谈了起来。紧张的气氛得到缓和，谈话有了良好的开端。

第三，大话家常，拉近距离。触龙和太后接上了话，此时还不能步入正题，因为谈话才刚刚开始，太后也只是“色少解”，此时如果谈及人质问题，太后马上会翻脸不认人，必定会唾触龙满面。但谁都知道，触龙晋见太后不可能只是为了问寒问暖，谈话还要继续，怎样才能让谈话既显得合情合理，又自然引到人质问题上呢？触龙于是想到了人性中最合乎人之常情的一面——求请安排孩子。自己虽然脚有毛病，太后虽然怒气冲冲，但为了孩子将来能有一个好的归宿，进宫求见太后，这是非常自然的。因此，触龙和太后谈起了孩子，拉起了家常，无形之中拉近了两人之间的距离，使得谈话得以继续，事情向着触龙预先设计好的方向发展。

第四，投其所好，请君入瓮。应当说，触龙问候起居、关心孩子，都切中了赵太后的心理，但最能打动赵太后的恐怕不是这些，而是触龙的一句话，“老臣窃以为媪之爱燕后贤于长安君”。孩子是娘的心头肉，做父母的谁不疼爱自己的孩子呢？赵太后溺爱孩子，众人皆知，触龙从请托孩子谈起，欲擒故纵，故意诱导赵太后谈及“丈夫亦爱怜其少子乎？”从而自然引到赵太后疼爱孩子问题上，这一对话深深地打动了赵太后。它道出了赵太后疼爱孩子的事实。此时，作为母亲的赵太后的心中也许会涌现出哺养长安君、持燕后踵哭泣、祭祀必祈祷的一幕幕往事。她的思想、感情已完全为触龙所控制，她自然也就完全听由他摆布了。

第五，晓之以理，循循善诱。说话技巧再高，也高不过“理”字。《十善业道经》说：“言必契理，言可承领，言则信用，言无可讥。”意思是说，言论一定要合理，要让别人能接纳领受，要有信用，要令人无懈可击。说话的前提要讲一个“理”字，触龙的话最终能够让赵太后欣然信服，愿意安排长安君到齐国做人质，关键在于他能够在动之以情的基础上，以理服人。谁不疼爱自己的孩子，爱孩子就要为他考虑得长远一些，就要让他有立身之本，而不是仅仅依靠权势、父母。站在客观事实的角度，触龙步步诱导，旁敲侧击，明之以实，晓之以理，全部对话无一字涉及人质，但又句句不离人质。迂回曲折之中尽显语言奥妙，循循善诱之余凸现事情必然。

说话是一门艺术，为人处事离不开说话，要想把话说好，不妨多跟古人学学。

## 杨修之死

罗贯中

操屯兵日久，欲要进兵，又被马超拒守；欲收兵回，又恐被蜀兵耻笑，心中犹豫不决。适庖官进鸡汤。操见碗中有鸡肋，因而有感于怀。正沉吟间，夏侯惇入帐，禀请夜间口号。操随口曰：“鸡肋！鸡肋！”惇传令众官，都称“鸡肋”。

行军主簿杨修，见传“鸡肋”二字，便教随行军士，各收拾行装，准备归程。有人报知夏侯惇。惇大惊，遂请杨修至帐中问曰：“公何收拾行装？”修曰：“以今夜号令，便知魏王不日将退兵归也：鸡肋者，食之无肉，弃之有味。今进不能胜，退恐人笑，在此无益，不如早归：来日魏王必班师矣。故先收拾行装，免得临行慌乱。”夏侯惇曰：“公真知魏王肺腑也！”遂亦收拾行装。于是寨中诸将，无不准备归计。

当夜曹操心乱，不能稳睡，遂手提钢斧，绕寨私行。只见夏侯惇寨内军士，各准备行装。操大惊，急回帐召惇问其故。惇曰：“主簿杨德祖先知大王欲归之意。”操唤杨修问之，修以鸡肋之意对。操大怒曰：“汝怎敢造言乱我军心！”喝刀斧手出斩之，将首级号令于辕门外。

原来杨修为人恃才放旷，数犯曹操之忌：操尝造花园一所；造成，操往观之，不置褒贬，只取笔于门上书一“活”字而去。人皆不晓其意。修曰：“门内添活字，乃阔字也。丞相嫌园门阔耳。”于是再筑墙围，改造停当，又请操观之。操大喜，问曰：“谁知吾意？”左右曰：“杨修也。”操虽称美，心甚忌之。

又一日，塞北送酥一盒至。操自写“一合酥”三字于盒上，置之案头。修入见之，竟取匙与众分食讫。操问其故，修答曰：“盒上明书一人一口酥，岂敢违丞相之命乎？”操虽喜笑，而心恶之。

操恐人暗中谋害己身，常分付左右：“吾梦中好杀人；凡吾睡着，汝等切勿近前。”一日，昼寝帐中，落被于地，一近侍慌取覆盖。操跃起拔剑斩之，复上床睡；半晌而起，佯惊问：“何人杀吾近侍？”众以实对。操痛哭，命厚葬之。人皆以为操果梦中杀人；

惟修知其意，临葬时指而叹曰："丞相非在梦中，君乃在梦中耳！"操闻而愈恶之。

操第三子曹植，爱修之才，常邀修谈论，终夜不息。操与众商议，欲立植为世子，曹丕知之，密请朝歌长吴质入内府商议；因恐有人知觉，乃用大簏藏吴质于中，只说是绢匹在内，载入府中。修知其事，径来告操。操令人于丕府门伺察之。丕慌告吴质，质曰："无忧也：明日用大簏装绢再入以惑之。"丕如其言，以大簏载绢入。使者搜看簏中，果绢也，回报操。操因疑修谮害曹丕，愈恶之。

操欲试曹丕、曹植之才干。一日，令各出邺城门；却密使人分付门吏，令勿放出。曹丕先至，门吏阻之，丕只得退回。植闻之，问于修。修曰："君奉王命而出，如有阻当者，竟斩之可也。"植然其言。及至门，门吏阻住。植叱曰："吾奉王命，谁敢阻当！"立斩之。于是曹操以植为能。后有人告操曰："此乃杨修之所教也。"操大怒，因此亦不喜植。

修又尝为曹植作答教十余条，但操有问，植即依条答之。操每以军国之事问植，植对答如流。操心中甚疑。后曹丕暗买植左右，偷答教来告操。操见了大怒曰："匹夫安敢欺我耶！"此时已有杀修之心；今乃借惑乱军心之罪杀之。修死年三十四岁。

后人有诗曰："聪明杨德祖，世代继簪缨。笔下龙蛇走，胸中锦绣成。开谈惊四座，捷对冠群英。身死因才误，非关欲退兵。"

曹操既杀杨修，佯怒夏侯蔼，亦欲斩之。众官告免。操乃叱退夏侯蔼，下令来日进兵。

次日，兵出斜谷界口，前面一军相迎，为首大将乃魏延也。操招魏延归降，延大骂。操令庞德出战。二将正斗间，曹寨内火起。人报马超劫了中后二寨。操拔剑在手曰："诸将退后者斩！"众将努力向前，魏延诈败而走。操方麾军回战马超，自立马于高阜处，看两军争战。忽一彪军撞至面前，大叫："魏延在此！"拈弓搭箭，射中曹操。操翻身落马。延弃弓绰刀，骤马上山坡来杀曹操。刺斜里闪出一将，大叫："休伤吾主！"视之，乃庞德也。德奋力向前，战退魏延，保操前行。

马超已退。操带伤归寨：原来被魏延射中人中，折却门牙两个，急令医士调治。方忆杨修之言，随将修尸收回厚葬，就令班师；却教庞德断后。操卧于毡车之中，左右虎贲军护卫而行。忽报斜谷山上两边火起，伏兵赶来。曹兵人人惊恐。正是：依稀昔日潼关厄，仿佛当年赤壁危。未知曹操性命如何。

## 【解读】

罗贯中在写杨修之死时好像也在竭力地告诉我们，杨修之死是因为曹操忌才。用书上的原话来说："原来杨修为人恃才放旷，数犯曹操之忌。"然后，通过六个小故事来印证了他的观点。一是曹操在花园的门上写一个"活"字，卖弄自己的才干，而杨修不给他面子，偏要拆穿曹操的西洋镜不可，曹操忌之。二是远方的客人送酥一盒给曹操，被杨修一人一口与众分吃了，用我们现代人的话来说就是卖弄小聪明，曹操恶之。三是曹操本想以梦中杀人来警戒大家，杨修偏要在大家的面前揭穿不可，曹操愈恶之。四是杨修告曹丕密请朝歌长吴质入内府商议，反被吴质用计陷害，曹操认为杨修是陷害曹丕，曹操愈恶之。五是曹操本想试一试曹丕、曹植的才干，可杨修偏要教曹植怎么做怎么做，结果被曹操知道了，坏了曹操的好事，曹操大怒。六是杨修为曹植作答教，被曹操得知，曹操再次大怒。这六件事，一步一步逼迫曹操最后以鸡肋事件惑乱军心为借口，杀死了杨修。大家都知道，罗贯中在《三国演义》有明显的尊刘贬曹之倾向，在这段文字中也竭尽夸张之能事，贬斥曹操。

要找出杨修被杀的真正原因，关键还得注意理解罗贯中说的这句话：杨修为人恃才放旷，数犯曹操之忌。曹操忌讳的是什么呢？是杨修不给他面子。关于面子，这是中国人的传统中最关心和最重视的东西。杨修多次不给曹操面子，让曹操忌恨他。

杨修是个人才，属古代知识分子中的精英类人物，其人才思敏捷，聪颖过人，舌辩之士，得到曹操赏识器重，委以“总知外内”的主薄，成为丞相曹操身边的一位高级幕僚谋士，理应算得上一位重臣。在发生了阔门、一合酥、曹操梦中杀人、吴质等事件后，曹操对杨修心中已暗存芥蒂，暗暗忌之戒备之，直到后来杨修又暗中插手废立太子之事，引起曹操极度不满和嫉恨。《三国志》中是这样记载曹操如何处置杨修的：“太祖既虑始终有变，以杨修颇有才策，而又袁氏之甥也，于是以罪诛修。”曹操在汉中战事中，随便找了个借口罪名，诛杀杨修后，又厚葬之，赏与许多物品，以示慰藉其亲属。曹操这位白脸奸雄，对杀人后又为其送葬的手段，向来运用得十分老到娴熟，让外人看不出半丝假公济私、公报私仇的痕迹，给局外人留下杀得在理、忍痛杀之的印象。杨修之死的细节，在罗贯中的《三国演义》中写得最为翔实生动，虽然是演义化了的小说，同样让人看不出曹操谋杀杨修的蛛丝马迹，而是秉公处置鸡肋事件，严肃军纪，按律斩了杨修，既做得天衣无缝，又除掉了心中一大隐患，解除了百年之后的后顾之忧。在曹操眼中，为了日后曹家社稷江山与千秋大业的稳固，杀一个杨修何足挂齿？其实，曹操与杨修两人的关系最为直观、集中地体现了中国古代封建社会统治者与知识分子间的关系本质，历朝历代的封建统治者对待知识分子具有极重的疑惧心态，但为维持其统治体系的运转，而又不得不加以利用。有人曾形象地把这层关系比喻为皮与毛的关系，皮之不存，毛将焉附？在骨子里，封建统治者是鄙视家族外的知识分子这一群体的，他们把自己当成皮，将知识分子当成毛，只要保证皮的完好存在，拔掉几根毛甚至脱掉一层毛，都无所谓，因为皮上还会自然地不断萌生出新毛来的。中国古代知识分子，这些依附在皇权这层皮上的毛，自然是不能主宰自己命运的，由此便演绎出层出不穷的个人奋斗的人生悲剧来。

杨修作为封建时代的一名谋士幕僚，才华学识是出众超群的，在揣摩、分析、判断、预见丞相曹操心理活动方面，也是相当准确、迅速、敏捷的，并具有一定的前瞻性。但也正是因为这种先期预见的准确，才掉了脑袋，丢了自己的性命。杨修的遭遇深刻揭示了一个道理：在重大的政治、军事问题上，不要用戏谑、开玩笑的方式来耍小聪明，懂得内敛、含蓄地表达，锋芒适度露，有才不惹嫉，才是真正的聪明人。

【阅读链接】

## 世说新语·捷悟

刘义庆

杨德祖为魏武主簿，时作相国门，始构榱桷，魏武自出看，使人题门作“活”字，便去。杨见，即令坏之。既竟，曰：“门中‘活’，‘阔’字。王正嫌门大也。”

人饷魏武一杯酪，魏武啖少许，盖头上题“合”字以示众。众莫能解。次至杨修，修便啖，曰：“公教人啖一口也，复何疑？”

魏武尝过《曹娥碑》下，杨修从，碑背上见题作“黄绢幼妇，外孙齑臼”八字。魏武谓修曰：“解不？”答曰：“解。”魏武曰：“卿未可言，待我思之。”行三十里，魏武乃曰：“吾已得。”令修别记所知。修曰：“黄绢，色丝也，于字为绝。幼妇，少女也，于字为妙。外孙，女子也，于字为好。齑臼，受辛也，于字为辞。所谓‘绝妙好辞’也。”魏武亦记之，与修同，乃叹曰：“我才不及卿，乃觉三十里。”

魏武征袁本初，治装，余有数十斛竹片，咸长数寸，众云并不堪用，正令烧除。太祖思所以用之，谓可为竹椑楯，而未显其言。驰使问主簿杨德祖。应声答之，与帝心同。众伏其辩悟。

王敦引军垂至大桁，明帝自出中堂。温峤为丹阳尹，帝令断大桁，故未断，帝大怒，瞋目，左右莫不悚惧。召诸公来。峤至不谢，但求酒炙。王导须臾至，徒跣下地，谢曰：“天威在颜，遂使温峤不容得谢。”峤于是下谢，帝乃释然。诸公共叹王机悟名言。

郗司空在北府，桓宣武恶其居兵权。郗于事机素暗，遣笺诣桓：“方欲共奖王室，修复园陵。”世子嘉宾出行，于道上闻信至，急取笺，视竟，寸寸毁裂，便回。还更作笺，自陈老病，不堪人闲，欲乞闲地自养。宣武得笺大喜，即诏转公督五郡，会稽太守。

王东亭作宣武主簿，尝春月与石头兄弟乘马出郊。时彦同游者，连镳俱进。唯东亭一人常在前，觉数十步，诸人莫之解。石头等既疲倦，俄而乘舆回，诸人皆似从官，唯东亭弈弈在前。其悟捷如此。

## 高超的语言智慧——周总理答记者问经典故事

外交，是最考验一个人急智和分寸的工作，周总理是一个杰出的外交家，为我国的外交事业做出了巨大贡献。他具有幽默、机智地化解冲突的思维能力和语言智慧，能瞬间将对话转到有利于自己的方向。现在，请大家从周总理身上学习语言的智慧吧。

（一）

一位外国记者不怀好意地问周总理：“在你们中国，明明是人走的路，为什么却要叫‘马路’呢？”周总理不假思索地答道：“我们走的是马克思主义道路，简称马路。”

【解读】

这位记者的用意是把中国人比作牛马，和牲口走一样的路。如果你真的从“马路”这种叫法的来源去回答他，即使正确也是没有什么意义的。周总理把“马路”的“马”解释成马克思主义，极其高明，这位记者肯定始料不及，惊讶之余也佩服不已。

（二）

一位美国记者在采访周总理的过程中，无意中看到总理桌子上有一支美国产的派克钢笔。记者便以带有几分讥讽的口吻问道：“请问总理阁下，你们堂堂的中国人，为什么还要用我们美国产的钢笔呢？”周总理听后，风趣地说：“谈起这支钢笔，说来话长，这是一位朝鲜朋友的抗美战利品，作为礼物赠送给我的。我无功不受禄，就拒收。朝鲜朋友说，留下做个纪念吧。我觉得有意义，就留下了这支贵国的钢笔。”美国记者一听，顿时哑口无言。

【解读】

什么叫自搬石头砸自己的脚？这就是一个典型事例。这位记者的本意是想挖苦周总理：你们中国人怎么连好一点的钢笔都不能生产，还要从我们美国进口。结果周总理说这是朝鲜战场的战利品，瞬间使这位记者丢尽颜面。

（三）

一个西方记者说：“请问，中国人民银行有多少资金？”周总理委婉地说：“中国人民银行的货币资金嘛？有 18 元 8 角 8 分。”当他看到众人不解的样子，又解释说：“中国人民银行发行的面额为 10 元、5 元、2 元、1元、5 角、2 角、1 角、5 分、2 分、1 分的 10 种主辅人民币，合计为 18 元 8 角 8 分……”

【解读】

周总理举行记者招待会，介绍我国建设成就。这位记者提出这样的问题，有两种可能性，一是嘲笑中国穷，实力差，国库空虚；二是想刺探中国的经济情报。周总理在高级外交场合，同样显示出机智过人的幽默与风度，让人折服。这样的问题事先几乎不可能准备，没有雄辩的口才和睿智的思维怎么可能做出这样的回答？

（四）

美国代表团访华时，曾有一名官员当着周总理的面说：“中国人很喜欢低着头走路，而我们美国人却总是抬着头走路。”此语一出，话惊四座。周总理不慌不忙，脸带微笑地说：“这并不奇怪。因为我们中国人喜欢走上坡路，而你们美国人喜欢走下坡路。”

## 【解读】

美国官员的话里显然包含着对中国人的极大侮辱。在场的中国工作人员都十分气愤，但由于外交场合难以强烈斥责对方的无礼。如果忍气吞声，听任对方的羞辱，那么国威何在？周总理的回答让美国人领教了什么叫作柔中带刚，最终尴尬、窘迫的是美国人自己。

（五）

1960 年 4 月下旬，周总理与印度谈判中印边界问题，印方提出一个挑衅性问题："西藏自古就是中国的领土吗？"周总理说："西藏自古就是中国的领土，远的不说，至少在元代，它已经是中国的领土。"对方说："时间太短了。"周总理说："中国的元代离现在已有 700 来年的历史，如果 700 来年都被认为是时间短的话，那么，美国到现在只有 100 多年的历史，是不是美国不能成为一个国家呢？这显然是荒谬的。"印方代表哑口无言。

（六）

1971 年，基辛格博士为恢复中美外交关系秘密访华。在一次正式谈判开始之前，基辛格突然向周总理提出一个要求："尊敬的总理阁下，贵国马王堆一号汉墓的发掘成果震惊世界，那具女尸确是世界上少有的珍宝啊！本人受我国科学界知名人士的委托，想用一种地球上没有的物质来换取一些女尸周围的木炭，不知贵国愿意否？"周总理听后，随口问道："国务卿阁下，不知贵国将用什么来交换？"基辛格说："月土，就是我国宇宙飞船从月球上带回的泥土，这应算是地球上没有的东西吧！"周总理哈哈一笑："我道是什么，原来是我们祖宗脚下的东西。"基辛格一惊，疑惑地问道："怎么？你们早有人上了月球，什么时候？为什么不公布？"周总理笑了笑，用手指着茶几上的一尊嫦娥奔月的牙雕，认真地对基辛格说："我们怎么没公布？早在 5000 多年前，我们就有一位嫦娥飞上了月亮，在月亮上建起了广寒宫住下了，不信，我们还要派人去看她呢！怎么，这些我国妇孺皆知的事情，你这个中国通还不知道？"

周总理机智而又幽默的回答，让博学多识的基辛格博士笑了。

（七）

50 年代初，有一次周总理在勤政殿设宴招待外宾。客人们对中国菜的花样之繁多、风味之独特、味道之鲜美都赞不绝口。这时，上来一道汤菜，汤里的冬笋、蘑菇、红菜、荸荠等都雕刻成各种图案，色、香、味俱佳。然而，冬笋片是按照民族图案刻的，在汤里一翻身恰巧变成了法西斯的标志。贵客见此，不禁大惊失色，忙向周总理请教。对于这个问题，周总理也感到十分突然，但他随即泰然自若地解释道："这不是法西斯的标志！这是我们中国传统中的一种图案，念'万'，象征'福寿绵长'的意思，是对客人的良好祝愿！"接着他又风趣地说："就算是法西斯标志也没有关系嘛！我们大家一起来消灭法西斯，把它吃掉！"话音未落，宾主哈哈大笑，气氛更加热烈，这道汤也被客人们喝得精光。

【解读】

德国纳粹党徒的标志极易与佛教中使用的“卐”字相混淆。其实，二者结构虽相似，但形状不同。纳粹党徒的标志是其党全称两个缩写 S 字母的交叉，中间相交部分为“×”形，连其周边空缺，整体呈菱形；佛教此字中间相交部分为“+”形，连其周边空缺，整体呈正方形。因此，不论是“卍”，还是“卐”，其整体形状为正方形，而“纳粹”标志为菱形，而这与佛教的意旨没有丝毫的关系，要加以严格区别。在佛教里，“卍”和“卐”皆读“万”，“卍”称左旋“万”（正万），“卐”为右旋“万”（反万）。无论“卍”还是“卐”，都是用来表征佛的智慧与慈悲的无限。其意皆为“吉祥万德之所集”“万德圆满”之义。大乘佛教认为它是释迦牟尼佛胸部所现瑞相，小乘佛教认为此相不限于胸部。人们除了把“卐（卍）”作为标志外，也常把用品和饰物制成“卐（卍）”的形状，作为陈列或佩载勉励自己向佛陀学习，期望世人能达到万德庄严的境界。

（八）

有一次周总理应邀访问苏联，在同赫鲁晓夫会晤时，批评他在全面推行修正主义政策。狡猾的赫鲁晓夫却不正面回答，而是就当时敏感的阶级出身问题对周总理进行刺激，他说：“你批评得很好，但是你应该同意，出身于工人阶级的是我，而你却是出身于资产阶级。”言外之意是指总理站在资产阶级立场说话。周总理只是停了一会儿，然后平静地回答：“是的，赫鲁晓夫同志，但至少我们两个人有一个共同点，那就是我们都背叛了我们各自的阶级。”出其不意地将赫鲁晓夫射出的毒箭掉转方向，朝他本人射去。据说，此言一出，立即在各共产党国家传为美谈。①

## 拓展阅读二

### 欣赏使人变美

19 世纪末，美国西部的密苏里有一个坏孩子，他偷偷地向邻居家的窗户扔石头，还把死兔子装进桶里放到学校的火炉里烧烤，弄得臭气熏天。他 9 岁那年，父亲娶了继母，父亲告诉她要好好注意这孩子。继母好奇地走近这个孩子。当她对孩子有了了解之后说：“你错了，他不坏，而且很聪明，只是他的聪明还没有得到发挥。”继母很欣赏这个孩子，在她的引导下，这孩子的聪明找到了发挥的地方，后来成了美国当代著名的企业家和思想家。这个人就是戴尔·卡内基。

① 以上周总理的故事选自：良石：《魅力口才周恩来》，台海出版社 2012 年版；孟友亮：《周恩来的语言魅力》，《党史文汇》2015 年第 2 期。

我国台湾作家林清玄去一家羊肉馆用餐，老板对他说："你还记得我吗？"林清玄说："记不起来了。"老板拿来一张20年前的旧报纸，那里有林清玄的一篇文章，那时他在一家报社当记者。这是一篇关于小偷的报道，小偷手法高超，作案上千次，次次得手，最后栽在一个反扒高手的手上。文章感叹道："像心思如此细密、手法如此灵巧的小偷，做任何一件事情都会有成就的吧！"老板告诉他："我就是那个小偷，是你的这段话引导我走上了正路。"

连小偷身上也有可欣赏的地方，连小偷也能在欣赏的引导下走上正路，我们周围还有什么人不能欣赏、不能被引导呢？

## 【评论】

学会欣赏别人吧！欣赏你的同事，你和同事之间会合作得更加亲密；欣赏你的下属，下属会工作得更加努力；欣赏你的爱人，你们的爱情会更加甜蜜；欣赏你的孩子，说不准他就是下一个卡内基！

# 第十讲　以奇用兵的军事智慧

## 导　论

道家主张世界和平，反对战争。在各诸侯国已经开始出现相互征伐、弱肉强食的局面下，老子作为一个旁观者，清醒地看到天下将乱的形势格局，于是鲜明地提出反对战争的若干看法，这是先秦诸子中最早明确反战的一家。

在战争不可避免的时候，道家虽然反战但并不畏战，老子提出"以奇用兵"的军事思想。老子"以奇用兵"的思想不是凭空得来的，而是在总结历史上许多著名战例的基础上，结合当时的政治时局创造性地提出来的。两千多年来，以奇用兵、出奇制胜的经典战例不胜枚举，实践、丰富、发展了老子的这一重要谋略。

在当今世界以和平为主线，但战争与冲突不断的发展格局下，伟大的中国军事谋略学先贤所创立的许多战争策略将继续为建设强大、能战、必胜的人民解放军提供思想养分，吸引当代军事家研究、继承并发展之。军事斗争是关系国家存亡乃至亡国灭种的重大现实问题，绝不是空谈理论就能够解决的。期待"以奇用兵"的谋略在当代生发出更多的实战性策略，为国家富强、发展建设保驾护航。

## 1.《道德经》第五十七章

以正①治国，以奇②用兵，以无事取天下③。吾何以知其然哉？以此④：天下多忌讳⑤，而民弥贫；民⑥多利器⑦，国家滋昏；人多伎巧⑧，奇物⑨滋起；法令滋彰，盗贼多有。故圣人云："我无为而民自化⑩；我好静而民自正；我无事而民自富；我无欲而民自朴。"

【注释】

① 正：此处指无为、清静之道。
② 奇：奇巧、诡秘。
③ 取天下：治理天下。

④ 以此：此，指下面一段文字。以此即以下面这段话为根据。
⑤ 忌讳：禁忌、避讳。
⑥ 民：一本作“人”，一本作“朝”。
⑦ 利器：锐利的武器。
⑧ 人多伎巧：伎巧，指技巧，智巧。此句意为人们的技巧很多。
⑨ 奇物：邪事、奇事。
⑩ 我无为，而民自化：自化，自我化育。我无为而人民就自然顺化了。

【今译】

以无为、清静之道去治理国家，以奇巧、诡秘的办法去用兵，以不扰害人民而治理天下。我怎么知道是这种情形呢？根据就在于此：天下的禁忌越多，而老百姓就越陷于贫穷；人民的锐利武器越多，国家就越陷于混乱；人们的技巧越多，邪风怪事就越闹得厉害；法令越是森严，盗贼就越是不断地增加。所以有道的圣人说，我无为，人民就自我化育；我好静，人民就自然富足；我无欲，而人民就自然淳朴。

【解读】

《道德经》不是兵书，但其中不排除有关于军事方面的内容，例如本章所讲的“以奇用兵”，就是重要的军事智慧。在老子的观念中，用兵是一种诡秘、奇诈的行为，因而在用兵时就要注意想奇法、设奇计、出奇谋，只有这样才能做到出奇制胜。这表明老子的用兵之计与治国安邦有截然的区别，即用兵要奇，治国要正。“以奇用兵”实际就是要变化莫测、神出鬼没。战争是一种不正常的现象，是国家政治无法正常运行时不得已而采取的下策。老子反对战争，但战争却不可避免。因此，老子在《道德经》里就不能不提出自己的见解。这个“以奇用兵”之计，不是为昏君、暴君出谋划策，而是为弱者、为正义之师设想的。

老子提出“以奇用兵”的军事思想，开启了中国军事谋略学的先河。中国几千年的文明史，有很多时间都在打仗，出现了诸如乐毅、孙膑、白起、李牧、韩信、卫青、霍去病、李靖、岳飞等名将，他们创造了众多谋略深远的百战经典，成为中国历史不可分割的重要部分。

## 2.《道德经》第三十章

以道佐人主者，不以兵强天下，其事好还。师之所处，荆棘生焉。大军之后，必有凶年。善有果而已，不敢以取强。果而勿矜，果而勿伐，果而勿骄，果而不得已，果而勿强。物壮则老，是谓不道，不道早已。

【今译】

依照道的原则辅佐君主的人，不以兵力逞强于天下。穷兵黩武这种事必然会得到报应。军队所到的地方，荆棘横生，大战之后，一定会出现荒年。善于用兵的人，只要达到用兵的目的也就可以了，并不以兵力强大而逞强好斗。达到目的却不自我矜持，达到目的也不去夸耀骄傲，达到目的也不要自以为是，达到目的却出于不得已，达到目的却不逞强。事物过去强大后走向衰朽，这就说明它不符合道，不符合道的，就会很快死亡。

【解读】

本章表明了老子的反战思想。春秋战国时代，社会动荡不安，大小战争此起彼伏，给国家带来破坏，给老百姓的生活造成灾难。老子反对战争，符合人民的利益和愿望。在本章里，老子认为战争是人类最愚昧、最残酷的行为，“师之所处，荆棘生焉”“大军之后，必有凶年”，揭示了战争给人们带来的严重后果。老子的反战思想无论在当时还是后世，都有其积极的意义。

在这一章和下一章里都讲到用兵问题。但必须重申，《道德经》论兵是从哲学的角度，而不是从军事学的角度。讲到许多哲学问题时，也涉及军事，因为哲学与军事虽非属于同一领域，但有许多内在相通之处。他着重讲战乱给人们带来的严重后果，这是从反对战争这一角度出发的。因为战争是人类最残酷、最愚昧的行为。本章中“师之所处，荆棘生焉”“大军之后，必有凶年”，就是讲战争给人们带来的灾难。

## 3.《道德经》第三十一章

夫兵者，不祥之器，物或恶之，故有道者不处。君子居则贵左，用兵则贵右。兵者不祥之器，非君子之器，不得已而用之，恬淡为上，胜而不美，而美之者，是乐杀人。夫乐杀人者，则不可得志于天下矣。吉事尚左，凶事尚右。偏将军居左，上将军居右。言以丧礼处之。杀人之众，以悲哀莅之，战胜以丧礼处之。

【今译】

兵器啊，是不祥的东西，人们都厌恶它，所以有“道”的人不使用它。君子平时居处就以左边为贵而用兵打仗时就以右边为贵。兵器这个不祥的东西，不是君子所使用的东西，万不得已而使用它时，最好淡然处之，胜利了也不要自鸣得意，如果自以为了不起，那就是喜欢杀人。凡是喜欢杀人的人，都不可能得志于天下。吉庆的事情以左边为上，凶丧的事情以右方为上，偏将军居于左边，上将军居于右边，这就是说要以丧礼仪式来处理用兵打仗的事情。战争中杀人众多，要用哀痛的心情参加，打了胜仗，也要以丧礼的仪式去对待战死的人。

【解读】

这一章仍是讲战争之道，是上一章的继续和发挥。上一章着重从后果讲，这一章以古代的礼仪来比喻。按当时的礼仪看，主居右，客居左，所以居左有谦让的意思，“君子居则贵左，用兵则贵右”。老子认为，兵器战争虽然是不祥的东西，但作为君子，在迫不得已之时，也要用战争的方式达到自己的目的，只是在获取胜利时不要以兵力逞强，不要随意地使用兵力杀人。相反，对于在战争中死去的人，还要真心表示哀伤痛心，并且以丧礼妥善安置死者。

战争会给人类带来巨大的灾祸，这是人所共知的。老子说“夫兵者非君子之器也，不祥之器也”，没有主战用兵的意思。但是，老子同时又说，对于战争“不得已而用之”，这表明老子在咒诅战争的同时，承认了在“不得已”时还是要采用的。在春秋战国时代，战争是普遍的，国与国之间相互攻伐，战争规模日益扩大，动辄数万、数十万的兵力投入战争之中，伤亡极其惨重，而在战争期间受危害最大的，则是普通老百姓。每逢战争，人们扶老携幼、离乡背井四处逃亡，严重破坏社会正常的生产，也造成社会秩序的动荡不安，战争的确是带来灾难的东西。所谓君子迫不得已而使用战争的手段，这是为了除暴救民，舍此别无其他目的。即使如此，用兵者也应当“恬淡为止”，战胜了也不要得意洋洋，自以为是，否则就是喜欢用武杀人，这句话是对那些喜欢穷兵黩武的人们的警告。所以，老子谈论战争问题，目的在于反对战争。

## 4.《道德经》第五十章

出生入死，生之徒，十有三；死之徒，十有三；人之生，动之于死地，亦十有三。夫何故？以其生生之厚。盖闻善摄生者，陆行不遇兕虎，入军不被甲兵。兕无所投其角，虎无所措其爪，兵无所容其刃。夫何故？以其无死地。

【今译】

人始出于世而生，最终入于地而死。属于长寿的人有十分之三；属于短命而亡的人有十分之三；人本来可以活得长久些，却自己走向死亡之路，也占十分之三。为什么会这样呢？因为奉养太过度了。据说，善于养护自己生命的人，在陆地上行走，不会遇到凶恶的犀牛和猛虎，在战争中也受不到武器的伤害。犀牛于其身无处投角，老虎于其身无处伸爪，武器于其身无处刺击锋刃。为什么会这样呢？因为他没有进入死亡的领域。

【解读】

这一章讲两种错误的养生之道。一种是因营养过剩、骄奢淫逸而短命夭折；一种是因行动不慎而造成伤亡。老子认为，人活在世，应善于避害，才可以保全生命而长寿。他注意到人为因素对生命的影响，要求人们不要靠争夺来保养自己，而要以清静无为的态度远离死地。老子生逢乱世，他看到人生危机四伏，生命安全随时随地受到威胁，因此他主张不要靠战争、抢夺来保护自己，不要以奢侈的生活方法来营养自己，而应坚持清静无为，恪守“道”的原则，因此以本章文字对人们进行劝说，希望人们能够做到少私寡欲、清静质朴、纯任自然。

然而，“入军不被甲兵”与“兵无所容其刃”的设想只是一种理想状态而已，是一种书生意气的假设。人类历史的发展反复证明了这样一个道理：强者生存，弱者淘汰，生物进化、国家存续、民族发展都是这样。黄帝联姻蜀地部落，吞并炎帝部落，灭掉蚩尤部落，建立起儒家历史体系中人人称颂的五帝世系，这些都离不开战争兼并，并不是仅靠仁义道德换来的。又如大禹选定伯益作为自己的接班人，但是他的儿子夏启不同意，于是灭掉伯益，自己称帝，建立了夏朝，将原始部落联盟制度更改为极权统治的奴隶制社会制度，推进了历史的发展进程，他靠的还是武力。

## 5.《道德经》第六十七章

天下皆谓我道大，似不肖。夫唯大，故似不肖。若肖，久矣其细也夫！我有三宝，持而保之。一曰慈，二曰俭，三曰不敢为天下先。慈故能勇；俭故能广；不敢为天下先，故能成器长。今舍慈且勇，舍俭且广，舍后且先，死矣。夫慈以战则胜，以守则固。天将救之，以慈卫之。

【今译】

天下人能说“我道”伟大，不像任何具体事物的样子。正因为它伟大，所以才不像任何具体的事物。如果它像任何一个具体的事物，那么“道”也就显得很渺小了。我有三件法宝执守而且保全它：第一件叫作柔慈；第二件叫作俭；第三件是不敢居于天下人之先。有了这柔慈，所以能勇武；有了俭，所以能大方；不敢居于天下人之先，所以能成为万物的首长。现在丢弃了柔慈而追求勇武；丢弃了节检而追求大方；舍弃退让而求争先，结果是走向死亡。慈爱，用来征战，就能够胜利，用来守卫就能巩固。天要援助谁，就用柔慈来保护他。

【解读】

这一章是“道”的自述，讲的是“道”的原则在政治、军事方面的具体运用。老子说，“道”的原则有三条（即三宝），这就是：“慈”，即爱心加上同情感；“俭”，即含藏培蓄，不奢侈，不肆为；“不敢为天下先”，是“谦让”“不争”的思想。有“道”的人运用这三条原则，能取得非常好的效果，否则，便会自取灭亡。“慈”，包含柔和、爱惜之意。第四十章的“弱者道之用”，第四十三章的“天下之至柔，驰骋天下之至坚”，第四十五章的“清静为天下正”，第五十二章的“守柔曰强”，第五十五章的“和”，第六十一章的“牝常以静胜牡”等内容，都可以包括在“慈”的范围之内。“慈”是三宝的首要原则，用慈进攻可以得胜，退守则可以坚固。

在儒家的孟子那里，有一篇著名的文章《得道多助，失道寡助》，孟子说：“多助之至，天下顺之；寡助之至，亲戚畔之。以天下之所顺，攻亲戚之所畔，故君子有不战，战必胜矣。”所以，结合孟子的话来理解老子的“慈”，即慈爱、仁慈、仁义、实行仁政的意思，这并不是说“慈”本身具有战斗力，而是“慈”的效果，可以得民心，可以多帮助，于是战无不胜。

## 6.《道德经》第六十八章

善为士者不武，善战者不怒，善胜敌者不与，善用人者为之下，是谓不争之德，是谓用人之力，是谓配天，古之极。

【今译】

善于带兵打仗的将帅，不逞其勇武；善于打仗的人，不轻易激怒；善于胜敌的人，不与敌人正面冲突；善于用人的人，对人表示谦下。这叫作不与人争的品德，这叫作运用别人的能力，这叫作符合自然的道理。

【解读】

这一章是专从用兵的意义上讲战略战术的原则。其中心意思在于阐明上一章所讲“夫慈，以战则胜，以守则固”的道理。他要求人们不逞勇武，不轻易激怒，避免与人正面冲突，充分发挥人的才智、能力，善于利用别人的力量，以不争达到争的目的。老子认为，这是符合天道的，是古老的准则。

本章既讲用兵打仗，又讲辩证法的道理，这样理解，也无不可。对于“善战者不怒”这一问题，《孙子兵法·火攻》写道：“主不可以怒而兴师，将不可以愠而致战。”这是说，国君不能因一时之愤怒而发动战争；将帅不能因一时之气愤而出阵开仗。战争是国力、人力的较量，也是智慧的较量。“武”“怒”是军事指挥者暴烈、失去理智的表现。一旦“怒”上心头，就会失去冷静，也就不能客观地分析、研究敌我双方的优与劣，而以主观臆断和愤怒的情绪代替客观实际，这种状况将给国家和军队带来极大危害和灾难。这样的事例在古今中外的战争史上比比皆是。军事上如此，人生亦然。遇事不急躁、不冲动，平心静气地认真思考，细心分辨客观现象，就可找到问题的症结，从而找到正确的解决方法。

## 7.《道德经》第六十九章

用兵有言："吾不敢为主而为客，不敢进寸而退尺。"是谓行无行，攘无臂，仍无敌，执无兵。祸莫大于轻敌，轻敌几丧吾宝。故抗兵相加，哀者胜矣。

【今译】

用兵的人曾经这样说："我不敢主动进犯，而采取守势；不敢前进一步，而宁可后退一尺。"这就叫作虽然有阵势，却像没有阵势可摆一样；虽然要奋臂，却像没有臂膀可举一样；虽然面临敌人，却像没有敌人可打一样；虽然有兵器，却像没有兵器可以执握一样。祸患再没有比轻敌更大的了，轻敌几乎丧失了我的"三宝"。所以，两军实力相当的时候，悲痛的一方可以获得胜利。

【解读】

本章从军事学的角度谈以退为进的处世哲学。老子认为，战争应以守为主，以守取胜，表现了老子反对战争的思想，同时也表明老子处世哲学中的退守、居下原则。这一章讲到的"哀兵必胜，骄兵必败"，成为千古兵家的军事名言。本章和前两章是相对应的，都是在阐明哀、慈、柔的道理，以明不争之德。

从本章内容看，老子是反战的。他认为，如果是被迫卷入战争，就应该采取完全的守势，这是他把谦退忍让、无为静柔的哲学思想，通过军事思想再次表述出来，而老子并不是兵家，他最多只是对军事斗争有感性认知而已。实际上，老子主张的"以奇用兵"策略，更多说的是要出其不意攻击对手的意思，只守不攻是不可能赢得战争胜利的。

## 8.《道德经》第七十六章

人之生也柔弱，其死也坚强。万物草木之生也柔脆，其死也枯槁。故坚强者死之徒，柔弱者生之徒。是以兵强则不胜，木强则兵。强大处下，柔弱处上。

【今译】

人活着的时候身体是柔软的，死了以后身体就变得僵硬。草木生长时是柔软脆弱的，死了以后就变得干硬枯槁了。所以坚强的东西属于死亡的一类，柔弱的东西属于生长的一类。因此，用兵逞强就会遭到灭亡，树木强大了就会遭到砍伐摧折。凡是强大的，总是处于下位，凡是柔弱的，反而居于上位。

【解读】

这一章以生活中常见的现象，反复说明这样一种观点：柔弱胜刚强。老子向来主张贵柔、处弱，他从直观的认识角度，看到了人初生之时，身体是柔弱的，死了以后就变得坚硬了，草木初生之时也是柔弱的，死了以后就变得枯槁。这种直观的、经验的认识，可以说是老子处弱、贵柔思想的认识论之根源。

以军事斗争为例，历史上有许多以弱胜强的著名战例，比如在曹操身上，就先后发生过两次强弱对比鲜明的著名战役：官渡之战中，曹操以弱胜强，一战奠定了统一北方的基础；赤壁之战中，曹操以强负弱，一战奠定了三分天下的格局。所谓“兵强则不胜”者，并不是说强大的一方不能获得胜利，而是强大的一方将领不要骄傲自满，不要粗心大意，不要以为稳操胜券、一定能获得胜利。项羽指挥的彭城之战、谢安指挥的淝水之战，都是在兵力处于较大弱势的条件下出奇制胜的。

## 拓展阅读一

### 《孙子兵法》选读

《孙子兵法》又称《孙武兵法》《吴孙子兵法》《孙子兵书》《孙武兵书》等，英文名为 *The Art of War*，是中国古典军事文化遗产中的璀璨瑰宝，是中国优秀文化传统的重要组成部分，是世界三大兵书之一[另外两部是：《战争论》（克劳塞维茨）、《五轮书》（宫本武藏）]，其内容博大精深，思想精邃富赡，逻辑缜密严谨。作者孙武，字长卿，春秋末年齐国人，因其治军策略闻名于世，史称“兵圣”。我们这里选录了《孙子兵法》中的两篇文章，与老子提倡的道家军事智慧有相通之处，供大家阅读。

**兵势篇**

孙子曰：凡治众如治寡，分数是也；斗众如斗寡，形名是也；三军之众，可使必受敌而无败者，奇正是也；兵之所加，如以碫投卵者，虚实是也。

凡战者，以正合，以奇胜。故善出奇者，无穷如天地，不竭如江海。终而复始，日月是也。死而更生，四时是也。声不过五，五声之变，不可胜听也；色不过五，五色之变，不可胜观也；味不过五，五味之变，不可胜尝也；战势不过奇正，奇正之变，不可胜穷也。奇正相生，如循环之无端，孰能穷之哉！

激水之疾，至于漂石者，势也；鸷鸟之疾，至于毁折者，节也。故善战者，其势险，其节短。势如扩弩，节如发机。纷纷纭纭，斗乱而不可乱；浑浑沌沌，形圆而不可败。乱生于治，怯生于勇，弱生于强。治乱，数也；勇怯，势也；强弱，形也。

故善动敌者，形之，敌必从之；予之，敌必取之。以利动之，以卒待之。故善战者，求之于势，不责于人故能择人而任势。任势者，其战人也，如转木石。木石之性，安则静，危则动，方则止，圆则行。

故善战人之势，如转圆石于千仞之山者，势也。

## 【解读】

孙子指出，要在对敌战争中造成军队强大的势，可以有多种方法：其一，用“分数”，即组织编制去治理众多的军队，这样就在数量上造成对敌的优势；其二，用“形名”，即队形名号的变化去指挥众多的军队，这样全军动作整齐，拧成一股绳，对敌又造成一种威胁之势；其三，用“奇正”，即把军队分成正兵和奇兵两部分，这样在进攻或防守时可造成对敌的夹击之势，使敌人难以防备；其四，用“虚实”，即避实击虚的办法，造成对敌战争中的以石击卵之势而获取胜利。孙子列举这四种办法，说明造势技巧的多样以及它在军队作战中的重要性。

上述军队作战中造势的方法，以“奇正”之法运用得最为普遍，其效果也最显著，因而孙子着重介绍奇正之法的要领及其特点。奇正之法就是在作战时“以正合，以奇胜”，即以正兵当敌，以奇兵出其不意地偷袭而取胜。孙子特别强调要“善出奇”，奇兵的出击，其路线、时间、兵种、方式可以变化无穷。同时，正兵和奇兵还可以互相变换，“奇正相生”，这样更能使敌人无法防备，措手不及而陷于失败。历史上许多著名的战役，如战国时代的秦赵长平之战，第二次世界大战中德国进攻法国的马其诺防线，都因运用奇兵在侧面偷袭而取得重大的战果。

造成对敌进攻强大的势之后，还要注意攻击的节奏。“势”和“节”这两方面应该密切配合，方能产生奇效。孙子认为，英明的指挥者安排他的作战计划时，经常是“其势险，其节短”。造成“势险”的方法有占领制高点，集结众多的军队，使用最猛烈的武器，采取出其不意的突袭方式，等等。“节短”就是间隔的时间短，要连续地对敌人发起攻击，使其没有喘息和重振旗鼓的机会。“势险节短”的进攻，往往能给对方以巨大的杀伤和沉重的打击。

军队在战争中的胜敌之势是在运动中形成的，因此，时时处处都要保持这股势，想方设法造成这种势。孙子列举“纷纷纭纭”和“浑浑沌沌”两种阵法，指出由于它们组织严密，是“不可乱”和“不可败”的，因而造成坚强的攻守之势。孙子谆谆告诫：由于“数”即组织指挥的技术问题，治可以生出乱；由于“势”即态势的变化，勇可以变成怯；由于“形”即实力的消耗，强可以变成弱。只有示敌人以利而诱使其出动，再在道路上以伏卒等待，才能造成一种突袭之势而将敌歼灭。孙子对于势的营造、保持和变化，真谈得上头头是道。

战争中靠人还是靠势，两者哪一个重要？孙子认为，主要应该依靠运动中造成的势，而不要对人求全责备。但是，势要由人去设计制造，故人的作用也不可忽视，最好的方法是“择人而任势”，即选择优秀人才去造作和利用可胜之势。孙子这种既要“任势”又要“择人”的观点是相当全面的。在军事战争中要选择优秀的指挥员和战斗员，在商业竞争中要选择优秀的管理和营销人员，在体育竞赛中要选择优秀的教练员、运动员。只有这样，才能在军事、商业、体育等方面造成对竞争者的必胜之势。

**始计篇**

孙子曰：兵者，国之大事，死生之地，存亡之道，不可不察也。

故经之以五事，校之以计，而索其情：一曰道，二曰天，三曰地，四曰将、五曰法。道者，令民与上同意也，故可以与之死，可以与之生，而不畏危。天者，阴阳，寒暑、时制也。地者，远近、险易、广狭、死生也。将者，智、信、仁、勇、严也。法者，曲制、官道、主用也。凡此五者，将莫不闻，知之者胜，不知者不胜。故校之以计，而索其情，曰：主孰有道？将孰有能？天地孰得？法令孰行？兵众孰强？士卒孰练？赏罚孰明？吾以此知胜负矣。

将听吾计，用之必胜，留之；将不听吾计，用之必败，去之。计利以听，乃为之势，以佐其外。势者，因利而制权也。

兵者，诡道也。故能而示之不能，用而示之不用，近而示之远，远而示之近；利而诱之，乱而取之，实而备之，强而避之，怒而挠之，卑而骄之，佚而劳之，亲而离之。攻其无备，出其不意。此兵家之胜，不可先传也。

夫未战而庙算胜者，得算多也；未战而庙算不胜者，得算少也。多算胜，少算不胜，而况于无算乎？吾以此观之，胜负见矣。

【解读】

本篇是《孙子兵法》的首篇，具有提挈全书的作用。它主要论述研究和谋划战争的重要性，探讨决定战争胜负的基本条件，并提出了“攻其无备，出其不意”的军事名言。就主要内容而言，本篇中的以下几点十分重要。

其一，对战争的基本态度。孙子对于战争的态度是非常慎重、非常认真、非常严肃的。本篇开宗明义，指出：“兵者，国之大事也。死生之地，存亡之道，不可不察也。”这一认识，比“国之大事，在祀与戎”（《左传》成公十三年）更深刻。此句中“死生之地，存亡之道”相对为文，“地”与“道”互文见义，均指手段、方法。这就使我们明显地看出，战争之所以是国家的大事，就在于它既是军队生死搏斗的手段，也是国家存亡攸关的途径。《火攻》中强调：“战胜攻取，而不修其攻者凶。”所以，他主张“合于利而动，不合于利而止”，告诫君主不可以“怒而兴师”，将帅不可“愠而致战”“故明君慎之，良将警之”，要认真考虑研究，不可轻率用兵。所以，孙子主张在用兵之先要探讨决定战争胜负的基本条件。

这种重战、慎战的思想是可贵的，是先秦进步军事思想的共同特点之一，它对后世（国内外）的影响很大。《邹忌讽齐王纳谏》结尾说：“燕赵韩魏闻之，皆朝于齐，此所谓战胜于朝廷。”就是一个治理国家获得强大的国力，使他国不敢轻易计谋的例子。

其二，决定战争胜负的基本条件。孙子说：“故经之以五事，校之以计而索其情：一曰道，二曰天，三曰地，四曰将，五曰法。”五事、七计就是探讨的首要条件。所谓道，是使民众与国君的意愿相一致，这样，民众在战争中就可以为国君出生入死而不怕危险。所谓天，即昼夜、晴雨、寒暑、四季更替，从更广泛的意义上说，天候还应包括天旱、水涝、蝗灾、冰雹等。孙子关于天的认识具有朴素的唯物主义思想，这是很可贵的。当时的战争受天候条件的制约相当大，所谓“冬夏不兴师”。因为，秋季出师才便于因粮于敌，而且春秋末期以前的战争大都是在白天进行的，很少夜战，因此战争持续时间短，几个小时，最多一天即结束战斗。像公元前575年晋楚鄢陵（今河南鄢陵西南）之战，“旦而战，见星未已”（《左传》成公十六年），从早晨打到星光出现，在春秋中期已属罕见。《孔子兵法·军争》中说“夜战多火鼓”，则是对春秋末期战例的总结。当然，天候对战争的影响是从具体的作战对象所处的特殊地位说的，这里，举两个后世的战例来说明：赤壁之战中，曹操在寒冬用兵，所以周瑜据此判断曹军战马缺乏饲料，是败因之一；而东汉马援进攻五溪蛮，则因盛夏士卒多染疾疫而失败。所谓地，是指地理形势——道路的远近，地势的险易，地形是否有利于攻守和进退，战场的广狭是否有利于军队的部署——对战争的影响。所谓将，是指将帅的智谋才能，赏罚有信，爱护士卒，勇敢、坚决、顽强、果断、军纪严明。所谓法，是指军队的法纪和组织编制，将帅的权能和职责区分、军用物资的供应和管理制度等。

以上五点，孙子认为是分析、判断战争胜负的基本因素。要详细剖析五个基本因素，还要从七计中去推断。即哪一国的君主比较贤明，哪一方的将帅才能比较出众，哪一方占据比较有利的天时、地利条件，哪一方的法令能贯彻执行，哪一方的军队实力最强，哪一方军队训练有素，哪一方赏罚严明。从上述情况进行综合判断，就可以知道谁具备胜利的条件，判明谁胜谁负了。当然，用现代的观点分析，上述条件显然是不足的。然而在2000年前，孙子能发现这些战争胜负的基本因素，是难能可贵的。

其三，实现战争胜利的条件。首先是选将，就是挑选能执行“庙算”大计的将帅。孙子把贤能的将帅不仅看作是关系战争胜负的重要因素，而且还说：“知兵之将，生民之司命，国家安危之主也。”（《作战》）又说：“夫将者，国之辅也，辅周则国必强，辅隙则国必弱。”（《谋攻》）可以说，十三篇中无不显露出孙子对将帅地位的竭力宣扬，对将帅条件的严格要求。必须看到，孙子强调将领的地位和作用，提出选将的条件和要求，是与当时战争急剧发展的客观情况紧密联系的。在春秋时代深刻的社会变革中，军事上也经历着前所未有的变化。郭沫若先生主编的《中国史稿》第一册中曾简明扼要地指出：“甲士和车战的地位下降，徒兵和野战日益重要。这是和当时社会变化有密切联系的。

甲士是由平民中的上层充当的，庶人只能作徒兵。平民阶级瓦解了，甲士和车战制度也随之而崩坏。庶人地位上升了，地主阶级要从农民中征兵，徒兵和野战的地位也就提高起来了。军队中的组织也和农村中的什伍组织相一致。军队中的指挥已经不是非贵族不可了。甚至战俘也有被提升为指挥官的，并出现了军功爵制的萌芽。”这是鞭辟入里的分析。特别是春秋末期，由于井田制的破坏，郡县制和征兵制的出现，各国兵额激增。原来周天子六军、大国三军、中国二军、小国一军的格局已完全被打破了。在这样的历史条件下，战争的特点主要表现为以下几个方面。一是参战部队增多了。例如晋国，春秋初期的城濮之战时只有兵车 700 乘（约 21 000 人），到鲁昭公十三年，平丘之会时，晋国有兵车 4 000 乘（约 120 000 人）。又如齐国在公元前 484 年吴齐艾陵之战时，一战就损失兵车 800 乘。当时吴国是四军，比齐军势优，其总兵力也有十几万。二是武器装备提高了。不仅铁兵器使用于战场，南方的吴、越、楚等国还有“余皇”之类的大型战船。三是战场地域扩大了，从平原旷野扩展到山林沼泽和江河湖海。我国第一次海上登陆作战就是公元前 485 年吴鲁联军的伐齐之战。四是战争持续时间延长了。例如吴楚柏举之战打了十一天，越灭吴围困姑苏竟达三年之久，战斗的激烈程度有所加剧。五是作战方式复杂化了。由于徒兵进行野战，因而出现了奇袭、迂回、包围、伏击、侧击等战法，战场流动性增大，机动能力提高。

这一系列新的变化、新的特点，都向军队提出了提高指挥效能的要求。原来，古代作战“出将入相”，文武是不分职的。据《左传》闵公二年（公元前 660 年）载，晋国大夫说：“夫帅师，专行谋，誓军旅，君与国政之所图也。”意思是说率军作战，对作战方案定下决心，部署实施，是国君和正卿的职责。但是，到了春秋末期，这种现象已不能适应变化了的客观形势。因此，“将”这一崭新的事物终于出现在我国的军事舞台上。据日本学者泷川资言《史记会往考证》统计，这一时期的将军有：狐夜姑在晋国为将，孙武在吴为将，子重、子常、屈完在楚为将，司马穰苴在齐为将，詹伯在郑为将，慎子在鲁为将，子文在卫为将，等等。这些专职将领正是随着战争发展的需要应运而生的。

面对当时的战争，孙子对将领提出了“五德”的标准。这就是：“智”，多谋善断；“信”，赏罚有信；“仁”，爱护士卒；“勇”，勇敢坚定；“严”，明法审令。古人说，孙武尚智，孙膑贵势，是很有道理的。孙武把“智”放在五德的第一位，表明了他对指挥才能的重视。作为将领的主要职责首先也应当是斗智。他认为，一个“贤将”对于关系全局的“五事”必须有深刻的了解（“凡此五者，将莫不闻”）。对于复杂的、易变的、矛盾的战场情况要能灵活处置（《九变》：“故将通于九变之地利者，知用兵矣”）。对于整个作战过程要善于分析判断，考虑利害得失，定下正确的决心（《九变》：“是故智者之虑，必杂于利害”）。要有丰富的作战经验，良好的应变能力（《地形》：“故知兵者，动而不迷，举而不穷”）。要善于周密地计算敌我兵力对比（《地形》：“知吾卒之可以击，而不知敌之不可击，胜之半也；知敌之可击，而不知吾卒之不可以击，胜之半也；知敌之可击，知吾卒之可以击，而不知地形之不可以战，胜之半也”）；等等。由此可以看出，没有丰富的作战经验和良好的军事素养，没有综合判断的洞察能力和高人一筹的预见能力，是不可能胜任贤将之责的。

孙子对才智如此重视，如此强调，正是对当时许多血的经验教训的总结。正面的例证如齐鲁长勺之战，曹刿“一鼓作气”的作战指导，取得了对阵齐军的胜利。反面的例证如宋襄公“不鼓不成列”的愚蠢战法，这是人尽皆知的。还有公元前597年，晋楚两军在邲（今河南郑州东）发生的一次大规模遭遇战中，晋军之所以惨败，就是由于主将荀林父指挥无能，迟疑坐困，并错误地下达渡河的命令，以致造成“舟中之指可掬”（士卒因争相渡河逃命，先上船者用刀砍断后爬船者的手指，这些被砍断在船舱里的手指可以满把地捧起来）的悲剧。

## 百战经典

### 马陵之战

魏与赵攻韩，韩告急于齐。齐使田忌将。而往，直走大梁。魏将庞涓闻之，去韩而归，齐军既已过而西矣。孙子谓田忌曰：“彼三晋之兵，素悍勇而轻齐，齐号为怯，善战者因其势而利导之。兵法：百里而趋利者蹶上将，五十里而趋利者军半至。使齐军入魏地为十万灶，明日为五万灶，又明日为三万灶。”庞涓行三日，大喜，曰：“我固知齐军怯，入吾地三日，士卒亡者过半矣。”乃弃其步军，与其轻锐倍日并行逐之。

孙子度其行，暮当至马陵。马陵道狭，而旁多阻隘，可伏兵。乃斫大树白而书之曰：“庞涓死于此树之下。”于是令齐军善射者万弩夹道而伏，期曰：“暮见火举而俱发。”庞涓果夜至斫木下，见白书，乃钻火烛之。读其书未毕，齐军万弩俱发，魏军大乱相失。庞涓自知智穷兵败，乃自刭，曰：“遂成竖子之名！”齐因乘胜尽破其军，虏魏太子申以归。孙膑以此名显天下，世传其兵法。

【解读】

本文选自《史记》，其内容已经被小说家、剧作家反复改编过。其中的两位主角，孙膑虚静，庞涓险躁，战争的结果影响深远，值得今天的军事、政治、教育从业者好好反思，我们普通人也应该了解其中的道理，以资借鉴。

《道德经》第五十七章说：“以正治国，以奇用兵，以无事取天下。”马陵之战就是“以奇用兵”的典范，也是决战双方主帅一动一静、以虚静胜躁动的典范。传说孙膑、庞涓均为鬼谷子弟子，庞涓学成下山之后，在魏国担任大将军，统军纵横诸侯间，当世无敌；但他心胸狭窄，嫉妒师兄孙膑才智计谋在自己之上，于是心怀险恶用心，邀请孙膑到魏国任职，随即运用诡计陷害之，使孙膑遭受了“膑刑”，最后孙膑逃往齐国，发誓报仇雪恨，最后与田忌大将军合力，利用庞涓轻敌冒进、骄傲自负的性格缺点，在马陵之战中射杀庞涓，大破魏军，大仇得报。

历史上真实的马陵之战爆发于公元前 341 年，是战国诸侯争霸的一个悲剧缩影。战国中期，位于中原地区的魏国逐渐强大起来，不断对邻国用兵。公元前 354 年，魏将庞涓引兵攻赵，包围了赵都邯郸。赵向齐求救，齐威王派田忌为将、孙膑为军师率军西来，矛头直指魏都大梁（今河南开封）。庞涓闻讯，立即回师自救，孙膑巧妙地在魏军南撤必经之地桂陵（今河南长垣）设伏，大败魏军，擒庞涓（后放回），史称“桂陵之战”，孙膑的这一战法被概括为“围魏救赵”。

公元前 341 年，魏惠王又派庞涓联合赵国引兵伐韩，包围韩都新郑（今属河南省）。韩昭侯求救于齐。齐以田忌、田婴、田盼为将，孙膑为军师，率军经曲阜、亢父（今山东济宁），由定陶进入魏境，矛头直指与大梁近在咫尺的外黄（今河南民权）。庞涓闻讯，赶忙弃韩而回。魏惠王深恨齐国一再干预魏国的大事，乃起倾国之兵迎击齐军，仍以庞涓为将，太子申为上将军，随军参与指挥，誓与齐军决一死战。孙膑见魏军来势凶猛，且敌我力量众寡悬殊，只可智取，不可力敌，便决定采用欲擒故纵之计，引诱庞涓上钩。他命令军队由外黄向马陵方向撤退。马陵位于鄄邑北 60 华里（30 千米）处，沟深林密，道路曲折，适于设伏。孙膑命令兵士第一天挖 10 万个做饭的灶坑，第二天减为 5 万个，第三天再减为 3 万个。庞涓大喜，认为齐军撤退了三天，士兵就已逃亡过半，便亲率精锐之师兼程追赶，天黑时赶到马陵，命兵士点火把照路，火光下，只见一棵大树被剥去树皮，上书“庞涓死于此树之下”八个大字。庞涓顿悟中计，刚要下令撤退，齐军伏兵已是万箭齐发。魏军进退两难，阵容大乱，自相践踏，死伤无数。庞涓自知厄运难逃，大叫一声：“一着不慎，遂使竖子成名！”拔剑自刎。齐军乘胜追击，正遇太子申率后军赶到，一阵冲杀，魏军兵败如山倒。齐军生擒太子申，大获全胜。史称此战为“马陵之战”，称孙膑的战法为“减灶之计”。此战后，魏国由盛转衰，孙膑因善于用兵而名扬天下。

因为《史记》中对于魏惠王和齐威王年代的错误记载，对于马陵之战的时间争议颇多，通过和《竹书纪年》相关内容比对可以确定，马陵之战发生在逢泽会盟后一年，逢泽会盟应是马陵之战的直接起因。当时，魏公在商鞅的推举下决定称王，在宋国都城外摆出天子仪仗，效法齐桓公九合诸侯，列国皆赴会，但是韩国、齐国并没有赴会，于是魏惠王下令襄疪领兵攻打韩国，后齐国出兵攻魏救韩，魏惠王就派遣太子申领兵与齐国战于马陵。马陵之战的时间点应该是魏惠王二十七年十二月，结束于次年。

孙膑在马陵之战所用的战略，其实便是《孙子兵法·始计篇》所说的“能而示之不能，用而示之不用”以及《兵势篇》所说的“以利动之，以卒待之”等虚实原则于实战的运用。孙膑的成功，最主要的原因有二：

第一是知己知彼，特别对当时魏国强盛、魏兵骄横但人心不稳、天下共计之的背景因素分析得十分透彻，对自己的主要对手庞涓的性格、指挥、心理因素了如指掌。孙膑因地制宜，因人而异，采取多种为最后决战服务的策略，定下减灶诱敌、设伏聚歼的作战方针，造成在魏军追击下齐军士卒大批逃亡的假象，庞涓在接连三天追下来以后，见齐军退却避战而又天天减灶，武断地认定齐军斗志涣散，士卒逃亡过半。于是命令部队丢下步兵和辎重，只带着一部分轻装精锐骑兵，昼夜兼程追赶齐军至马陵，此时人困马乏，天时地利一样不占，不要说设伏围歼，就算是以逸待劳，正面对敌，魏军也将必败无疑。

第二是痛下杀手，命令全军执行坚决、彻底、干净、快速歼灭之的实战方针。孙膑在马陵利用有利地形，选择齐军中 1 万名善射的弓箭手埋伏于道路两侧，规定到夜里以火光为号，一齐放箭，并让人把路旁一棵大树的皮剥掉，在上面书写“庞涓死于此树之下”字样，做到了算无遗策，庞涓完全是被孙膑牵着鼻子走。庞涓见剥皮的树干上写着字，但看不清楚，就叫人点起火把照明，字还没有读完，齐军便万弩齐发，给魏军以迅雷不及掩耳的打击，魏军顿时惊恐失措，溃乱大败。庞涓智穷力竭，眼见败局已定，遂愤愧自杀。孙膑根本不和庞涓硬碰硬，而是居高临下，射击魏军，魏军无处逃遁，只能全军覆灭。其后，齐军乘胜追击，又连续大破魏军，前后歼敌 10 万余人，并俘虏了魏军主帅太子申。

齐国在桂陵之战，以及在随后的马陵之战中均大获全胜，并援救了赵、韩两国，使其威望上升，挟战胜之威，齐国力量迅速发展，成为当时数一数二的强大国家，称霸东方。魏国在桂陵之战与马陵之战遭受重创后，军事实力从根本上被削弱，又被秦国乘虚而入，从此丧失了独霸中原的能力，于是开始寻求组建联盟以共同抗击齐国、秦国的夹击，开启了合纵连横的时代。

齐魏马陵之战是《孙子兵法》和《孙膑兵法》的具体运用，闪烁着孙膑军事思想的光辉。作为中国古代军事史上的一个著名战例，此战知名度高，传播范围广、影响大，不仅有极高的军事研究价值，而且对新时期政治、经济、文化、外交都有重要的借鉴意义。

由此可见，只有严谨对待、谋略深远、心性虚静的领导者才能制定出符合实际、行之有效、进退有据的正确策略，才能对敌决胜、挽救国运、振兴国家。

## 彭城之战——历史上第一次骑兵闪电战

汉二年（公元前 205 年）三月，刘邦已定殷国，复至修武（今河南修武县），适陈平自楚来降，刘邦获得楚之重要情报，又南渡平阴津（今河南孟县东）至洛阳新城，以备东袭彭城。

刘邦接受洛阳董公“兵出无名，事故不成。明其为贼，敌乃可服”的建议，以项羽杀义帝楚怀王为口实，分派使者向诸侯传檄宣称，天下共立帝，而项羽竟杀害他，真是大逆不道。愿尽发关中之兵，与诸侯共击项羽，为义帝报仇。

檄文传到各国，立即得到不满项羽的诸侯的响应。魏王豹复书请从，刘邦叫他发兵相助。刘邦使者至赵，赵相陈余，却要刘邦杀张耳，方肯听命。刘邦不忍杀张耳，从兵中寻一与张耳面貌相似的人杀了，割下首级特示陈余，陈余信以为真，才发兵从汉。另一些诸侯则抱观望态度，不愿为项羽出力。因此，项羽处于十分孤立的地位。

刘邦增调在关中的周勃、樊哙、夏侯婴等部（曹参、灌婴等部，已自河内随渡至洛阳）至洛阳集中。

汉二年四月，刘邦乘项羽胶着于城阳之际，率五诸侯军五十六万人，向楚都彭城进攻，其进攻彭城战略部署如下：

萧何镇守栎阳，并筹集军资，自渭水、黄河顺流而下，以补给前方；

韩信负责继续围攻废丘之鄣邯；

曹参、周勃、樊哙、灌婴及赵军等部为进攻彭城之北路的纵队，由朝歌经定陶、胡陵，出肖县、彭城；

薛欧、王吸、王陵、为南路纵队由宛经叶县、阳夏，出彭城；

刘邦亲率夏侯婴、卢绾、靳歙、司马欣、董翳和殷王司马印、常山王张耳、河南王申阳、韩王信、魏王豹等诸侯军为中路纵队，由洛阳经雍丘、睢阳出彭城，张良为军师，陈平为参乘；

大军进抵外黄，彭越率军三万来会，刘邦命他继续袭扰梁地，掩护汉军侧背。

时项羽已自率大军伐齐，为备刘邦，乃北自济水西岸，迤南亘（今河南杞县）、太康、淮阳之线，布置守备，其概况如下：

定陶重镇，由魏相项它，将龙且守备；

曲迂（今河南中牟县东），守将不详；

阳夏（今河南太康），守将不详；

守彭城的主力军，似在肖砀地区。

汉二年四月，刘邦大军向彭城进击。

南路方面：击破夏阳后，继续向肖县前进，以与中路会师。

北路方面：曹参率领樊哙、灌婴、郦商等部，自围津（今河南东明县境）渡黄河后，樊哙攻煮枣（今山东荷泽西南），击破楚将王武程处。曹参、灌婴攻定陶，破之，楚将龙且、魏相项它败走。曹参已克定陶重镇，遂使樊哙南下与中路会师外黄（今河南杞县东）自与灌婴、郦商追击龙且、项它军，至胡陵（今江苏沛县北、山东鱼台东南），同郦商攻下后，即与中路会师。

中路方面：周勃为前军，攻破曲迂（今河南中牟县东）进抵外黄，彭越率三万军来会师，樊哙亦自北路方面来会师，遂向肖、砀地区推进。

在肖、砀地区，中、北、南三路皆会师。刘邦将肖、砀地区楚军的抵抗击溃后，径至彭城。

当时彭城守兵寥寥，所有精兵猛将都随项羽伐齐，只剩老弱数千留守城中，听说刘邦军进城，纷纷逃散。

刘邦进彭城后，一面令吕后兄周吕侯驻军下邑（今河南夏邑），同时拜彭越为魏相使住梁地。又令樊哙北攻邹鲁、瑕丘（今山东磁阳西二十五里）、薛（今山东腾县东南），令樊哙率军在今山东峄县、枣庄、邹县、曲阜、滋阳一带驻守，以掩护彭城之安全。一面在楚宫住下，收项羽美人与货赂。将士日日置酒高会，欢呼畅饮。当时，刘邦及诸侯军除守备各地及樊哙守邹、鲁之兵外，在肖、砀及彭城，约三十万人。

此时，项羽陷入前所未有的危机中。

一、面临两线作战。齐国尚未平定，回师救楚，则腹背受敌。

二、兵力的极大悬殊。刘邦诸侯联军五十六万人，规模空前宏大。项羽此时全部兵力不详，但是必然远少于此。

三、后方沦陷，孤军深入。此时项羽楚地尽失，没有根基地的孤军只能速战速决。

四、远离战场，长途奔波。敌人则以逸待劳，利用防御工事抵抗回师楚军。

五、盟友背叛，政治大环境陷入极度孤立的状况。

面对如此险恶的政治、军事环境，项羽制订了一个大胆的战略计划。留下诸将攻齐，自率精骑三万疾驰南下，由鲁瑕丘击破樊哙等军后，即在胡陵至肖县采取包围闪击。肖县东南有刘邦兵数营扎住，项羽军夜间抵肖，利用拂晓，由西向东反击汉军侧背，早晨开始进攻，与汉军展开大战，中午便大破汉军。汉军对项羽军的突然袭击，无法组织有效的抵抗，自相践踏，乱作一团，被项羽军于彭城近郊斩杀十余万人。

刘邦大败，项羽从后追击，汉兵在谷、泗二水（谷水，系睢水支流，在彭城南六十里，今安徽符集附近；泗水在彭城东近郊）被歼十余万。刘邦继续南走，想利用彭城南吕梁山区以资抵抗，但因项羽的猛烈追击而不能立足，又被杀毙几万。项羽军追击汉逃兵至灵壁（今安徽宿州灵壁城）以东的睢水上，再斩杀汉军十余万人。刘邦军逃入睢水，溺死者不计其数，睢水为之不流。项羽军将刘邦及其残部包围了三层，正待聚歼之际，忽然西北大风猛袭而来，飞沙走石，树木连根拔起，一时间天昏地暗，吹打得项羽军阵营混乱。刘邦趁此机会，仅带十余名骑兵突围而逃。其父、其妻均被楚军俘获，汉军几乎全军覆灭。

此役汉军元气大伤，依附于刘邦的诸侯纷纷背汉投楚。刘邦只好收集残部，退守荥阳（今河南荥阳东北古荥镇）。楚汉之间的争斗从此变得更为剧烈残酷。

彭城一战，刘邦遭到了自起兵以来最大的惨败，他的父亲及妻子都被楚军俘获，众诸侯也纷纷背汉向楚。项羽则充分表现出他特有的英勇果敢、雄才大略的军事指挥才能，此战可以说是完胜的结局，项羽不但歼灭刘邦主力，使刘邦陷入“发关中老弱未傅悉诣荥阳”的危机局面，更扭转了项羽部属背叛、孤立无援的政治局面，重新占据楚汉战争的主动权。

## 【解读】

彭城之战是楚汉相争的第一次大战，汉军多达五十六万人，而楚军只有精兵三万人，兵力悬殊，可是汉军主帅骄傲自纵，轻敌而不以为备；人数虽多，却是乌合之众，其中大部分是收集诸侯之兵，没有什么战斗力。特别是自巨鹿之战以后，人人都畏楚威势，致望风而丧胆，因此一见楚军来攻，便心存畏惧，不战而逃，自乱阵脚。

观《史记》所述，楚军两次计杀汉军二十多万人，如以楚军三万人计，人数的比例为 1∶20，杀人之比为 1∶7，即楚军一人要杀汉军七人，就是汉军不动手，任由楚军来杀，实际也是不大可能的。其中一大部分是自相践踏和挤杀的，因为其中有济水、泗水和睢水，被淹死的人数很多，但总的来说，仍可计在杀死之列的。就这样，刘邦的五十六万大军，一朝便损失殆尽。

早在刘邦联军东进时，项羽就谋划以彭城为诱饵布局这场偷袭战。从战略上来看，这是一个极其大胆且冒险的战略：首先要分两线作战，既要保证战略偷袭的胜利，又要严防齐国趁机包抄；关键是在千里之外就要确定其战略奇袭的目标和刘邦联军的弱点，这不但要丰富的军事经验、知己知彼的眼光，还要一个坚定的不为外界因素所动的平常心。

刘邦进了彭城，自以为已经稳操胜券，每天喝酒庆功，把项羽从咸阳掠走的财宝美女全都收归己有。这恰好应验了范增对刘邦的两句评价：贪于财货，好美姬。他对项羽的反攻也有准备，但是，项羽没有在刘邦重兵布防的彭城的北面和东面采取军事行动，而是用大部队继续攻齐国作为迷惑敌人的“正兵”，自己只带三万兵力为奇兵，走迂回路线，从彭城西面的萧县偷袭敌方的后翼，围汉军三匝，并带走了刘邦的家人。

彭城之战是大规模独立运用骑兵歼灭步兵的典范，可以说是历史上第一次骑兵闪击战。项羽所率的三万精兵均是骑兵，机动性大，冲击力强，能以迅雷不及掩耳之势对敌突袭，顷刻间造成敌军的惊惶混乱，然后于乱中取胜。

项羽绕道彭城西南的萧县，然后潜伏下来，等待刘邦诸军全部进入彭城，并在早晨攻击敌人后翼。这需要极其出众的洞察力，找到最好的进攻地点，拿捏最佳的攻击时间，还要有极大的耐性，等待敌人最松懈的时候进行攻击。

面对敌人虽有数量优势但指挥不协调的情况，项羽采用直接进攻刘邦指挥中枢的战术，咬定“司令部”穷追猛打，使刘邦的指挥系统瘫痪，从始至终无法组织抵抗。由于两方兵力悬殊，项羽采用驱赶战术，逼迫汉军到河边自相残杀，互相践踏，最后溺水而亡，以最小的战损比取得了对敌军有生力量最大化的歼灭结果。

此战对项羽来说以完胜结局。在大的政治环境方面，原来投向刘邦的盟军此时又背叛刘邦，则投靠项羽，如塞王、翟王；有的则重新脱离刘邦的控制走向刘邦的对立面，如魏王豹、陈余。但是，这场完胜的战役却留下了深深的遗憾，最后时刻，项羽没有一鼓作气乘胜追击刘邦，以致后来刘邦逃往西边，占据荥阳、成皋之地利，依靠关中、汉中之资源，加上位于项羽后方的游击战大师彭越，并集合整个集团的优势力量，终于拖垮项羽，赢得天下。

1949 年 4 月，当人民解放军攻占南京城以后，毛泽东主席作了《七律·人民解放军占领南京》这首诗，诗中写道：

钟山风雨起苍黄，百万雄师过大江。
虎踞龙盘今胜昔，天翻地覆慨而慷。
宜将剩勇追穷寇，不可沽名学霸王。
天若有情天亦老，人间正道是沧桑。

其中“宜将剩勇追穷寇，不可沽名学霸王”一句讲的就是不犯项羽在彭城之战中的错误，对敌人应当坚决、彻底、干净地歼灭之。

## 拓展阅读二

### 为何说此书是兵书？

刘继兴

对兵法韬略研究甚深的毛泽东曾说过：“《老子》是一部兵书。”

我们都知道，老子是我国古代伟大的哲学家和思想家，道家学派创始人，他没有带过兵，更没有打过仗，甚至连服过兵役的记载都没有，其著作《老子》(又名《道德经》)中与用兵有关的论述也是寥寥数语。那么，毛泽东为何说《老子》是一部兵书呢？

毛泽东在学生时代就读过《老子》。据他的同学萧子升在《我和毛泽东的一段曲折经历》中回忆说，他与毛泽东在“游学”过程中与拜访的刘翰林和山寺方丈都谈及了孔子和老子，可见毛泽东早年对老子就很熟悉。在他的读书笔记《讲堂录》(《讲堂录》是毛泽东在湖南第一师范学校的课堂笔记，共 47 页，一万多字，字全部为毛泽东用“兰亭体”小楷字书写而成)中，便记有“《老子》：天下莫柔弱于水，而攻坚强者莫之能胜”，“最好的《老子》注是王弼作的，最好的《庄子》注是郭象作的”。

1936 年 12 月，毛泽东在《中国革命战争的战略问题》中，在谈到战略退却时写道：“关于丧失土地的问题，常有这样的情形，就是只有丧失才能不丧失，这是‘将欲取之必先予之’的原则。如果我们丧失的是土地，而取得的战胜敌人，加恢复土地，再扩大土地，还是赚钱生意的。”这里，毛泽东就是运用了老子“将欲取之，必先予之”的策略。丧失是为了取得，退却是为了前进，毛泽东对老子辩证法的运用已臻于化境。《老子》三十六章云：“将欲翕之，必故张之；将欲弱之，必故强之；将欲废之，必固兴之；将欲夺之，必固与之——是谓微明。”自居于弱势、静态而保持一种弹性，促使敌对一方向膨胀、夸张发展以至成为脆弱，即产生盛衰的对转，老子对战争辩证法阐述得确实非常深刻。

毛泽东在《中国革命战争的战略问题》一文中还说：“楚汉成皋之战、新汉昆阳之战、袁曹官渡之战、吴魏赤壁之战、吴蜀彝陵之战、秦晋淝水之战等有名的大战，都是双方强弱不同，弱者先让一步，后发制人，因而取胜的。”老子欣赏水的品性，云：“天下莫柔弱于水。而攻坚强者，莫之能胜。以其无以易之。弱之胜强。柔之胜刚。天下莫不知莫能行。”以“天下之至柔，驰骋天下之至坚”如同水的性格一样以柔克刚、以弱胜强、避其锋芒、迂回曲折、后发制人。老子又云“致虚极守静笃”“清静为天下正”。这种心静意专、以静制动、以逸待劳的观点，亦是毛泽东这样的兵家所看重的。如毛泽东推崇的齐鲁长勺之战，鲁国军队即以静逸待疲惫之敌，“齐人三鼓”后已是“再而衰、三而竭”“彼竭我盈”，鲁国军队一鼓作气大胜齐国军队。

1945 年，毛泽东在为“七大”作总结时谈到面临的困难和应付的方针，说：“我曾经同国民党的联络参谋讲过，我们的原则是三条，第一条不打第一枪。《老子》上讲‘不为天下先’，我们不先发制人，而是后发制人。”这里的意思也就是先弃后取、先退后进、先让后争，采取有理、有利、有节的斗争策略。实践证明这个战略决策是非常富有远见的。

1949 年 8 月，毛泽东在《别了，司徒雷登》一文中，针对当时美国企图对刚诞生的新中国搞封锁，义正辞严地说：“多一点困难怕什么。封锁吧，封锁十年八年，中国的一切问题都解决了。中国人死都不怕，还怕困难吗？老子说过，‘民不畏死，奈何以死惧之’，而且实行叫我们死。……在过去三年内，杀死了数百万中国人，现在这种情况已近尾声了，他们打了败仗了，不是他们杀过来而是我们杀过去了，他们快要完蛋了。留给我们多少一点困难，但是比起过去三年来已经松了一口气了。过去三年一关也闯过了，难道不能克服现在这点困难吗？”

毛泽东在这里引用老子的话“民不畏死，奈何以死惧之”，进一步阐述了“中国人死都不怕，还怕困难吗”的豪情，激发了全国人民的斗志，以面对即将诞生的新中国所面临的巨大困难，确实起到了“一言可当十万兵”的作用。

中华人民共和国成立后，毛泽东还常读《老子》一书，并评注说：“其中有辩证法。”他在外出时，曾指名带上《老子》。毛泽东最感兴趣的是其中的辩证法。春秋战国时代，社会、政局经常处于巨大变革之中，老子从“社记无常寿、君臣无常位”的现实中，认识到运动与变化是世界的永恒主题。这种变化的一个重要原因，是宇宙间万物万事都存在着相互矛盾的两个对立面。

1957 年 2 月，毛泽东在第十一次最高国务会议（扩大）上所作的题为《关于正确处理人民内部矛盾》的讲话中说：“我们必须学会全面地看问题，不但要看到事物的正面，也要看到它的反面。在一定的条件下，坏的东西可以引出好的结果，好的东西也可以引出坏的结果。老子在二千多年以前就说过：‘祸兮福所倚，福兮祸所伏。’日本人打到中国，日本人叫胜利。中国大片土地被侵占，中国人叫失败。但是在中国的失败里面包含着胜利，在日本的胜利里面包含着失败。历史难道不是这样证明了吗？”

在这里，毛泽东引用老子的“祸兮福所倚，福兮祸所伏”的观点，教导人们要全面地看问题。所谓全面地看问题，就是对一件事情不光要看到它有利的一面，还要看到它不利的一面，以增强危机感，保持头脑清醒。同样，既要看到不利的一面，也要看到有利的一面，以增强信心，鼓舞斗志。

1964 年 8 月，毛泽东在一次谈话中说：“我看老子比较老实，他说‘将欲取之，必先予之’，要打倒你，先把你抬起来，搞阴谋，写在了书上。当然，阴谋也是智谋。”

20 世纪 80 年代，据联合国教科文组织统计，在世界文化名著中，译成外国文字出版发行量最大的是《圣经》，其次就是《道德经》。美国《纽约时报》曾将《道德经》（即

《老子》）列为世界十大名著之首。《老子》全书约五千字，都是一些简短精赅的哲理格言，又押韵脚，特别便于记诵。它的语言无所修饰，但所包涵的道理玄奥而深刻，常常揭示出事物向其反面转化、事物之间的关系不断转变的规则，以及从反面取胜的途径，反映出中国先秦时代哲学思想的透彻性。《老子》云："用兵有言：'吾不敢为主而为客；不敢进寸而退尺。'"是谓行无行；攘无臂；扔无敌；执无兵""祸莫大于轻敌，轻敌几丧吾宝"……其关于军事的论述尽管很少，但既十分经典，又非常实用，寥寥数语，便点出了兵家之精髓，对用兵有积极的指导作用。所以，长于向古籍学习的毛泽东说《老子》是一部兵书就不奇怪了。

（中国网，2017 年 4 月 24 日）

# 附　录

## 一、道家智慧的海外传播

### 导　论

道家思想和哲学智慧广泛传播于全世界，对道家经典的研究早已是一门世界性的显学。就书籍出版数量来说，道家《老子》在全世界的传播数量仅次于《圣经》，仅此一点，即可看出道家智慧受欢迎的程度和影响的范围。

在亚洲，东亚的日本、韩国、朝鲜深受道家思想影响，东南亚的越南、印度尼西亚、马来西亚、新加坡等国家同样如此，巴基斯坦、印度等南亚国家也大范围接受道家思想与文化；在欧洲，很早就有《道德经》的各国文字翻译本和注释本，俄国著名文学家托尔斯泰、英国著名科学家李约瑟、与爱因斯坦并称“理论物理学双雄”的玻尔、比利时化学家普里高津等人都是道家智慧的“高级粉丝”；在美国、加拿大等国政要、思想家、科学家、汉学家群体内，喜爱、研究、运用道家智慧者层出不穷，美国总统里根、物理学家卡拉普等人是其中的著名代表。

在日本的习俗中，特别是在对“道”的崇拜中，道家的影响表现得尤为突出，他们把摔跤运动，称为“柔道”，把散打称为“空手道”，把高于一切的民族信仰则称为“武士道”精神，还借此演化出武术类的“合气道”，饮茶的“茶道”，书法的“书道”，击剑的“剑道”，打拳的“拳道”等等带有哲学意味的事物名称。在韩国，有被称为国技的“跆拳道”；在美国，武术明星李小龙创立了“截拳道”；在格斗界，有集合自由搏击、拳击、跆拳道而成的“搏拳道”……

本附录主要简介道家思想与文化的海外传播、研究及发生的影响状况。中华文化博大精深，道家是一个重要载体。现在，大国复兴的重任在肩，了解海外传播情况，有助我们增强文化自信，深入探寻与世界多元文化协同发展的路径。

### （一）文献传播

#### 1. 儒连首译《道德经》

由于多种原因，17 世纪末儒家经典都已经翻译成了西文，而《道德经》迟迟没有全译本，影响了中西文化交流，特别是启蒙运动。启蒙运动是当时欧洲为摆脱宗教控制、贵族统治等而开展的一场文化运动，欧洲人从中国无神论、科举考试等做法中，找到了摆脱宗教控制、贵族统治的样本。但对于破除后建立一个什么样的国家，启蒙运动思想家都对中国的专制制度进行了无情的批评。道家的本质是自由的，只有道家文化才是“破”“立”的双料理论，对欧建立什么样的国家是有帮助的。李约瑟在《道家与道家思想》一文的总结中惋惜地说：“中国哲学家孔子对十八世纪的欧洲产生重大影响，这是大家所熟悉的。如果道家经典当时也能翻译出来，其效果是何等的不同啊。”事实上，哲学家黑格尔对道家的评述，主要来源于雷慕沙，他本人并没有见过全译的《道德经》。1826 年黑格尔访问巴黎时，曾与雷慕沙见过面，并聆听了雷氏在法兰西学院的讲演。

儒连（Stanislas Julien，1797—1873），也称茹理安或朱利安，是继雷慕沙之后法国最优秀的汉学家，1842 年儒连完成了其师雷慕沙的生前嘱托，出版了全译法文本《道德经》，书名为《关于道和德的书》。据施博尔教授研究，这个译本至少利用了七种注本，不仅包括标准的河上公注本和王弼注本，正确地表达了《道德经》的内容，因此，大多数汉学家把儒连译本视为最佳译本。虽然 1839 年卜铁发表拉丁文的《道德经》全译本，被视为欧洲的第一个全译本，然而其影响很小。儒连继雷慕沙任巴黎法兰西学院讲座教授四十余年，此后以他的名字设立的“儒连奖”，是欧洲最高的汉学家奖。

**2. 托尔斯泰注《道德经》**

列夫·尼古拉耶维奇·托尔斯泰（1828—1910），俄国著名文学家、19 世纪伟大的作家和思想家、改革家，也是世界文学史上最杰出的作家之一。托尔斯泰曾亲自动手翻译了老子的言论，此事已传为文坛佳话。他从 1884 年起就动手摘选和翻译《道德经》，主要从法译本并参照德译本转译。他边读边译边研究，断断续续经过 10 年完成。译作于 1910 年由“媒介”出版社印行，书名为《中国圣人老子语录》，主要部分是老子言论摘选，共选入 64 段语录，附有两篇论文，一为托尔斯泰写的前言《论老子学说的本质》，一是伊·戈尔布诺夫·波萨多夫写的短文《关于圣人老子》。后来，托翁去世后，1913 年又出版一个经别人整理的译本，书名是《老子道德之书》，列·尼·托尔斯泰编，京都大学教授丹·彼·科尼西译自中文，谢·尼·杜雷林增补注释，这是第一部公开出版的《道德经》俄译本。鉴于俄国当年许多汉学家的译稿都未及发表，仅仅作为手稿保存下来。而托翁的译本则能早早问世，因而可以说《道德经》在俄国的流传，早期主要得力于托尔斯泰的编译本。托尔斯泰以他的名望使《道德经》在俄国得以广泛传播。

托尔斯泰非常欣赏老子的“无为”思想，后来他就把它发展成为“不用暴力抵抗邪恶”的理论，主张用“无为”对待一切事物。他在《论老子学说的本质》一文里就提到：“老子学说与基督学说，其实质是相同的，二者的实质在于通过节制一切肉体的东西而显示构成人的生活之基础的灵和神的本质。”1891 年俄国圣彼得堡一位出版家询问托尔斯泰，世界上哪些作家和思想家对他影响最大。他回答说：受中国的孔子和孟子的影响

“很大”，而受老子的影响则是“巨大”。退一步说，从托翁的言论也已得到印证。

## （二）上帝关联

### 马若瑟在《道德经》中发现了上帝

马若瑟（Joseph Henri Marie de pr é mare，1666—1735），法国传教士，1698 年来华，他曾用拉丁文对《道德经》作了评价。马若瑟是个有钻研精神的传教士，翻译了大量中国经典。其中影响最大的是他在老子书中发现了上帝的名字，《道德经》第十四章曰：视之不见名曰夷（Yi）、听之不闻名曰希（Hsi）、搏之不得名曰微（Wei），所以，Yihiwei（雅赫维）等于“夷希微”，也就是上帝耶和华的名字。该发现非同小可，因为基督教认为上帝无所不在，中国也决不例外。该发现也鼓舞了“《旧约》形象学派”一帮人，这是一个要以中国文明证实《圣经》可靠性的团体，当时在欧也曾流行一时。其追随者经常召开关于上帝、神、道的学术会议，甚至今天仍有人在研究它。他们中一些大胆者甚至提出了“神道”教来代替基督教，终不为罗马教廷所容。

马若瑟另一突出贡献，是他对元曲《赵氏孤儿》的法译。法国启蒙运动领头羊伏尔泰将其改编为《中国孤儿》，于 1755 年在巴黎公演，轰动了法国和欧洲。此剧本后曾三度译成英文，五度改写上演，对西方启蒙运动影响极大，极大地扩大了中国文化在欧洲的传播。

## （三）文化吸引

### 老子领入门的汉学家马锐然

马锐然（N. G. Malmqvist），高本汉的高足，1924 年生于瑞典，早年在乌普萨拉大学学习希腊文和拉丁文，但对东方哲学颇感兴趣，遍读英、法、德等好几种不同的《老子》译本，却不敢相信它们竟出自同一原著，因为翻译的结果完全不同。他带着这个问题请教当时任远东博物馆馆长的汉学家权威高本汉。马锐然回忆说：“我问他，这么多译本，到底哪一本比较接近原著、比较好？”高本汉毫不考虑地回答“都不好！”随即拿出一份尚未付梓的英文手稿，借给他回家读。一星期后，马带着几个疑问去还书，高本汉问道：“为什么不干脆学中文？你就可以自己读原文了呀！”这句话让年轻的马锐然当下决定了自己的将来。由此可见，马锐然是由《老子》领入汉学门的。1948 年得到美国洛克菲勒奖学金，到中国搞研究。与导师不同，马锐然研究汉学是在华南的四川，用两年时间完成了重庆、成都、峨眉、乐山等地的方言调查，结识了陈宁祖女士，成就了一段中国姻缘，后回到瑞典乌普萨拉大学语言系教中文。1965 年接掌斯德哥尔摩大学中文系。1985 年选为瑞典学院院士，成为 18 位院士中唯一的汉学家，且拥有诺贝尔奖投票权。1980—1982 年两度担任欧洲汉学协会会长，1990 年 7 月正式退休。在他任职期间，斯德哥尔摩远东图书馆的中文藏书七万五千余册、中文期刊三千余种，成为北欧最大的中文资料中心、瑞典的汉学研究中心。

## （四）精神信徒

### 1. 李约瑟自称名誉道家

李约瑟（1900—1995），博士，英国生物学家、科学史家、两次诺贝尔奖得主，被聘任为国际科学史研究院院士、中国科学院和中国社会科学院名誉教授。李约瑟晚年自称“名誉道家”，他自取译名，李姓源于老子，取字“丹耀”，号“十宿道人”和“胜冗子”，道味十足！李约瑟历经 30 多年时间，为研究中国传统文化呕心沥血，从 1956 年到 1983 年已出版五卷《中国科学技术史》。该书一出版便闻名于世，1968 年在巴黎被第十二届国际科学史和科学家联合会授予“乔治·萨顿奖章”。李约瑟在研究中确定了道家在中国科技史上的主要地位，发现了道家思想的世界意义，他第二卷和第五卷高度赞扬道家思想，极力宣扬道家的科学民主精神，对道家文化的世界传播意义重大。

李约瑟以前的西方人对中国古代文明的了解非常有限，而且主要的兴趣是在伦理和社会制度等方面。通过李约瑟的工作，人们知道中国古代的科学和技术曾经达到过相当高的水平，特别是道家对中国科学技术的贡献，以及世界文明的现代意义，这是他的一大贡献。中国科学院董光壁在《当代新道家》中说：“在我看来，李约瑟对人类思想史的最大贡献在于，他发现的道家思想的世界意义。我甚至想，他的这一发现可能是，在人类历史的转折时期，新的文化复兴和启蒙运动的起点。”

### 2. 玻尔自称道家得道者

玻尔（Niels Henrik David Bohr，1885—1962），丹麦物理学家，哥本哈根学派的创始人，与爱因斯坦并称 20 世纪初“物理学双雄”。玻尔在 1937 年访问中国时发现了道家的太极图，为互补原理找到了哲学上的基础。因为道家太极图中的阴阳，就是处在对立统一的关系之中，阴中有阳，阳中有阴。进一步的探索，更让他震惊万分，他煞费苦心对“光到底是什么”所做的阐述，老子早在 2500 年前就提出了“万物负阴而抱阳”（即阴阳互补），“道可道，非常道，名可名，非常名”（概念的相对性）、“天下万物生于有、有生于无”（有无相生）等互补思想。

从此，玻尔就与道家结下不解之缘。他说：“我们在这里面临着人类地位所固有的和令人难忘的表现在中国古代哲学中的一些互补关系。”1947 年，玻尔设计了他的哥本哈根学派研究所图徽，其中心是伏羲黄老的“太极图”，同时还加上了“对立即互补”的铭文。1949 年，当他被丹麦王室授以勋章时，他说：“我不是理论的创立者，我只是个（道家）得道者”，而且要求把太极图作为荣誉证书的背景图。

### 3. 卡拉普的道家情结

卡普拉（F. Capra，1938—），美国物理学家、文化哲学家、诺贝尔奖得主。卡普拉的道家情结已经深深地融入了他的生活，成为他行动的准则。他说：“在那时，我的生活和工作风格极大地被道家哲学影响。我力图增强我的直觉觉察并认出‘道的图像’；和实践无为的艺术，即不做‘反事物天性的事’，不过分强求等待合适的时刻。”就如在寻找顾问一事上，实践这种信仰，他如愿地找到许多志同道合的朋友，“像我一样是反叛者和改革家”。他选择用道家的方法来生活工作，可见道家思想在他心中的分量，当然这也源于他所理解道家之道的科学性。他认为中国哲学具有高度的社会意识，各学派都在以各种形式关心社会生活、人的关系，道德价值和政治，并且追求达到和宇宙的神秘统一。“按照道家的观点，当人们按照自然的秩序地采取行动并信赖他们直觉的知识时，就会获得人类的快乐。”卡普拉欣赏这种对自然的尊重，而且也看到道家在努力“重新获得被社会戒规所破坏的那种原始、自然性”。

卡普拉著的《现代物理学与东方神秘主义》（又名《物理学之道》）风靡西方，将现代物理学新说与“东方神秘主义”进行比较研究，对道家学说赞不绝口。卡普拉 1982 年又发表了《转折点：科学、社会与新兴文化》，该书扉页上印的是中国道教的复卦。这本书奠定了新时代人世界观的基础，打破牛顿式的机械论的世界观，代之以整体的有机系统观。

美国著名环境哲学家、环境伦理学家 R. F. 纳什评价说：“卡普拉深受正在兴起的生态学的鼓舞，把它视为道家的万物一体意识的西方对等物。”

## （五）科学发现

### 1. 普利高津迷上了道家自组织思想

普利高津（I.Prgogine，1917—2003），比利时化学家、耗散结构理论创始人、诺贝尔化学奖得主。认为中国的道家“无为而无不为”思想中具有“自组织”和“自发运动”的思想，这与西方传统结合起来，也许能导致一种面向未来的自然模型。他乐观地指出：“一个非常有希望的迹象是，科学现在能够把与其他文化传统相联系的观察能力集合起来，因此能够促使这世界的经历了不同进化路径的各部分互相尊重和理解。”这里的其他文化传统，首先是指中国道家文化的传统。

普利高津的著作有《从存在到演化》《从混沌到有序》《探索复杂性》《确定性的终结》等，他在著作中喜欢引用老子、庄子的原作，如《道德经》第三十章曰：“大道泛兮，其可左右。万物恃之而生而不辞，功成而不有，衣养万物而不为主。常无欲，可名于小；万物归焉而不为主，可名为大。以其终不为其大，故能成其大。”《道德经》第二十五章：“人法地，地法天，天法道，道法自然。”《庄子天运》云：“天其运乎！地其处乎！日月其争于所乎？孰主张是？孰维纲是？孰居无事推而行是？意者其有机缄而不得已邪？意者其运转而不能自止邪？”

### 2. 汤川秀树迷上了庄子的混沌

汤川秀树是第一个获得诺贝尔物理学奖的日本人。汤川粒子物理学上的“混沌”说的产生，是受到《庄子·应帝王》中关于“混沌”的一则寓言的启发。他说：“最近我又发现了庄子寓言的一种新的魅力。我通过把倏和忽看成某种类似基本粒子的东西而自得其乐。只要他们还在自由地乱窜，什么事情也不会发生，直到他们从南到北相遇于混沌之地，这时就会发生像基本粒子碰撞那样的一个事件。按照这一蕴涵着某种二元论的方式来看，就可以把混沌的无序状态看成把基本粒子包裹起来的时间和空间。在我看来，这样一种诠释是可能的。”

他还说：“我研究基本粒子已有多年，而且，至今已发现了30多种不同的基本粒子，每种基本粒子都带来某种谜一样的问题。当发生这种事情的时候，我们不得不深入一步考虑在这些粒子的背后到底有什么东西。我们想达到最基本的物理形式，但是，如果证明物质竟有 30 多种的不同形式，那就是很尴尬的；更可能的是万物中最基本的东西并没有固定的形式，而且和我们今天所知的任何基本粒子都不相应”“它可能是有着分化为一切种类基本粒子的可能性，但事实上还未分化的某种东西。用所惯用的话来说，这种东西也许就是一种‘混沌’。正是当我按这样的思路思考问题时，我想起了庄子的寓言”。

## 拓展阅读

### 外国人解读《道德经》的本末思想结构

[英]宋佑兰

作为现代人读古代经典，存在着时间差距；作为西方人读中国经典，又存在着地域差距。我们应该如何有效地解读与我们存在着多种差距的经典呢？笔者试从分析 “智”和“愚”两个概念出发，来探讨《道德经》的内在逻辑及本末思想结构。只有我们对经典本身的理解健全，方可进行有意义的比较与分析。

**一、跨域跨时的分析与矛盾的产生**

美籍学者陈汉生（Chad Hansen）在一篇分析《庄子》的文章中曾提出，作为西方人分析《庄子》文本，“我们有两种选择，即可以认为庄子与西方思想者相比较，是从不同的假设出发而进行相同的推理过程，或者他是从同样的假设出发而进行不同的推理过程”。这个问题不限于《庄子》一书，而应当作为任何一种跨界解读的前提考虑。如果我们做一个全面而客观的逻辑分析，《庄子》的作者与西方比较还有两种可能性：他还有可能是从相同的假设出发而进行同样的推理；也有可能是从不同的假设出发而进行不同的推理。客观而言这 4 种可能性皆有。陈汉生所得出来的结论是“从不同的假设出发而进行相同的推理过程”的可能性更大一些，这样的结果恰好允许他自己及其他的汉学家对中国经典进行分析。

如果说中西方思想之间存在一种跨域差异的话，那么古今的差异便是一种跨时差异。刘笑敢教授的文章《试论道家式责任感》中讨论了现代人关于道家的一些“常识”。

此文重点反驳了人们对道家思想的某些负面评价。刘教授解释说："提出'道家式责任感'这一概念的原因之一就是要纠正常见的误解，即认为老子哲学是消极的、逃避的、不关心社会的现象。"在具体探讨这种"常见的误解"的根源时，针对现代学者在诠释经典时普遍存在的弊病，刘教授指出："现代人阅读古代经典就有一个伽达默尔诠释学（Gadamer's philosophical hermeneutics）所说的'视域融合'的问题。不幸的是，一些人简单地理解'视域融合'，似乎任何轻率的、不负责任的理解都可以说成是'视域融合'，或所谓'现代诠释'……造成学术研究和思想创造两方面的庸俗化和随意性。"

以上所引的观点似乎呈现了两位中西方学者对道家思想的关心点的不同。我们认为，这两种提问，即如何理解《老子》作者的出发点和推理过程，以及如何还原其作者的词义方面，应该有一个共同的解答。这正是这篇文章所力图介绍的。

本文将通过对《老子》文本中出现的"智""愚"与"明"的分析，突出《老子》中普遍存在的本末思想结构，由此提出一个合乎内在逻辑的解读方法。相信读者若能遵循著作的内在逻辑，便可以化解理解上出现的矛盾，并成功还原词义。

## 二、"智""愚"为末

在《试论道家式责任感》一文中，刘教授也提到人们对《老子》中"愚"的理解。"这里圣人的淳朴无为和后来所说的君主玩弄权术的'愚民政策'是毫不相干的。"另外，刘文的注释里提道："《老子》第六十五章讲过'非以明民，将以愚之也'（帛书本），这里的'愚'字不是'愚弄'的意思。第二十章圣人说：'我愚人之心也哉，沌沌兮。俗人皆昭昭，我独若昏。'圣人自己也要'愚'，这是提倡上下皆淳朴无争的社会理想，绝非所谓愚民政策。"

刘笑敢教授的意见较容易被道教界人士接受。这是根据常理推出来的结论：既然作者都自称"愚人"，那么我们应该反省"愚"的正面价值。不过单凭给个别字义提供不同的解释，恐怕难以改变他人对表面貌似"消极的无为"的《老子》的理解，自然也就难以消除对"愚民"等敏感词语的"常见"。《老子》一书文字精炼，这就产生一种困难，即不容易从中找到细致又明确的自我阐释；但是反过来，恰好因为文字精炼，所以我们对整个文本进行全面的词语考察与分析就不难了。我们将提供一些论证来阐明《老子》的内在推理方法。通过对文本中本末结构的分析，或许可以消解所谓的矛盾，还原词义。这种解读是希望能够针对道家无条件提倡"弃智"和"愚民"的常见来展开讨论，并为此提供一定的论证。

《老子》中直接关乎"愚"的原文有三处，即第二十章"众人皆有余，而我独若遗。我愚人之心也哉"，第三十章"夫礼者，忠信之薄而乱之首也；前识者，道之华而愚之始也"和第六十五章"古之善为道者，非以明民，将以愚之"。

这三段有一个共同点，即"愚"字每每出现，均是两个对立概念中的一方；"愚"被设为差异性概念中的一方。第二十章"愚"指着第一人称的自己——我。这里的"我"另外被描述为"我独昏昏""我独闷闷"及"顽且鄙"。而设为"我"的对立面的，则是

“众人”（第二十章共出现三次）或“俗人”（同章共出现两次）。近似结论的“我独异于人”一句更加明确地加强了整章所用的比较手段。可见，本章的作者（若我们假定《老子》非一人所作）意图指出大多数人和少数人（甚至自己一人）在行为和态度上的差异。

第三十八章，作者引出若干具有对立性的情形，即世间有无道、德、仁、义、礼。在此，“大丈夫”一方（似乎亦可读为“少数人”、作者本人或其理想人格）“处其厚”“居其实”的态度是与没有被明指的“群众”（如同第 20 章的“众人”“俗人”）的“处其薄”“居其华”设为对立的。

第六十五章也不例外，以“愚”作为两个对立因素之一。我们可以设想“民之愚”是与“民之难治（以其智多）”作相互对立的另一双对象。值得留意的是：“以智治国，国之贼；不以智治国，国之福。”在这里，作者没有将“智”和“愚”作为绝对的唯一的两种可能性。“不以智治国”并不意味着就以“愚”治之，恐怕只是想强调应该“不以智治国”。在此还应该强调，作者所设想的理想结果并非“愚”，而是“乃至大顺”。当然，怎么样以“不智”治理国民并导致“大顺”的结果是第六十五章留给我们的思考。

对这三次“愚”字的出现进行分析，可以得出一个具有文本根据的结论：“愚”不是一个独立的概念，它并未单独地出现过，即便它被论述时，我们也必须借助上下文才能理解其意义，也就是说，“愚”的出现总有一与其对立的一方，如：多数与少数人、“大丈夫”与他者、“以智治国”和“不以智治国”者，等等。应当说自古以来“愚”一直是个突出的或者敏感的词语，而作者正是依赖这个词的敏感性来强化他的对比手段。没有“愚”之有利作为对比，就很难突出“智”的有害。《老子》的作者将“愚人之心”作为一个美德放在自己身上，视为可贵，目的是用阐述“愚”的有益来意指“智”的有害的可能性。这种提倡是在一定的范围内的，是有限的。“愚”和“智”宜被视为某个特定层次的两种表现，它们不能被视为独立完善的概念。甚至可以说这两种状态如同一枚硬币的两面，不可分开来理解和定义。这两种概念可以互相照应、互相阐明，但其中的哪一方都不适合视为作者的正面提倡。

区别表象与本质，可以说是《老子》一贯的论述方法。第一章已经说明了作者认为有可以论述、定名（道可道，名可名）和不可以论述、定名（非常道，非常名）的两种对象。因而可知，《老子》的作者直接采取一种不得已而定名、不得已而描述的态度。譬如，第十五章描述“古之善为士者”为：“微妙玄通，深不可识。夫惟不可识，故强为之容。”在更为核心的第二十五章，又说：“吾不知其名，字之曰道，强为之名曰大。”欲求得描述与无法描述，形成一种得以清楚说明的张力。整体文本结合起来，较为明显的是所有的表述宜分明本末层次来分析。如果我们能够认识作者所用的、处处可见的本末思想结构，并对其在具体事物中的运用来加以分析，将有利于获得确切的理解。

### 三、“明”为本

在末端层面的“智”和“愚”，便是一个横向的比较。从纵向的角度加以比较便是本末两层次的范围了。除了《老子》设为非理想的“智”和较之为理想的“愚”以外，还有一个正面理想的“明”字，不可不纳入这一讨论。“明”字在《老子》文中出现极多。第十六章云：“复命曰常，知常曰明，不知常，妄作凶”，第二十七章的“袭明”，第三十六章的“微明”，第五十二章的“见小曰明”，第五十五章的“知常曰明”，等等。任何关于“智”和“愚”的概念的讨论不可忽略作者对“明”的提倡。《老子》文中，“明”的出现，有若干不同的形容和阐释，但总而言之，其出现与“愚”和“智”字的出现有分明的不同。出现于对立或者对比中的“智”与“愚”，不可脱离彼此形成的对立来思考；而“明”字在《老子》中多处出现，无一例不是直接的阐释和说明，并没有作为对比或对立中的一方。因而我们可以将其视为一个独立的概念来思考，也可以将此“明”本与末端的“智”“愚”加以纵向的比较。以“明”为本，则对于“愚”或“智”的推崇皆是末端的表现而已。第五十二章更加明显地将“明”与“本”的概念相接起来：“见小曰明，守柔曰强。用其光，复归 其明，无遗身殃，是谓袭常。”在这里，“明”作为“归”的方向，便可视为整篇经文无处不在的“归根”思想的进一步具体的阐述。

强调本末的思想结构，可以说，有些行为和态度，在大众眼里便是“愚”，与“智”的行为和态度相对立。但在作者眼里，这种“愚”恰好是“明”的外在表现。这种结论是《老子》行间之义，没有得以直言，却隐形于文中。

### 四、小结

与陈汉生一样，笔者认为，《老子》以及其他中国经典的内在思想方式，是我们跨域跨时的读者所能够解读的。虽然作者在文本中没有明言其推理方法，但并未使其推理的痕迹全然隐没。细致的分析可以将其推理过程从文本当中发掘出来，这样才能对作者的假设与推理过程进行比较与分析。不过，在对任何一部经典著作（无论其语言或国别）进行研究时，都应当先注重一种如刘笑敢教授所建议的还原工作，方可进行像陈汉生所指的比较与分析。

# 二、老子《道德经》全文

## 上篇　《道经》三十七章

### 第一章

道可道，非常道。名可名，非常名。无名天地之始，有名万物之母。故常无欲，以观其妙；常有欲，以观其徼。此两者同出而异名，同谓之玄，玄之又玄，众妙之门。

### 第二章

天下皆知美之为美，斯恶已。皆知善之为善，斯不善已。故有无相生，难易相成，长短相较，高下相倾，音声相和，前后相随。是以圣人处无为之事，行不言之教；万物作焉而不辞，生而不有，为而不恃，功成而弗居。夫唯弗居，是以不去。

## 第三章

不尚贤，使民不争；不贵难得之货，使民不为盗；不见可欲，使民心不乱。是以圣人之治，虚其心，实其腹，弱其志，强其骨，常使民无知无欲。使夫智者不敢为也，为无为，则无不治。

## 第四章

道冲而用之或不盈，渊兮似万物之宗；挫其锐，解其纷，和其光，同其尘。湛兮似或存。吾不知谁之子，象帝之先。

## 第五章

天地不仁，以万物为刍狗；圣人不仁，以百姓为刍狗。天地之间，其犹橐龠乎？虚而不屈，动而愈出。多言数穷，不如守中。

## 第六章

谷神不死，是谓玄牝。玄牝之门，是谓天地根。绵绵若存，用之不勤。

## 第七章

天长地久。天地所以能长且久者，以其不自生，故能长生。是以圣人后其身而身先；外其身而身存。非以其无私邪？故能成其私。

## 第八章

上善若水。水善利万物而不争，处众人之所恶，故几于道。居善地，心善渊，与善仁，言善信，政善治，事善能，动善时。夫唯不争，故无尤。

## 第九章

持而盈之，不如其已；揣而棁之，不可长保。金玉满堂，莫之能守；富贵而骄，自遗其咎。功遂身退，天之道。

## 第十章

载营魄抱一，能无离乎？专气致柔，能婴儿乎？涤除玄览，能无疵乎？爱民治国，能无知乎？天门开阖，能无雌乎？明白四达，能无为乎？生之畜之。生而不有，为而不恃，长而不宰，是谓玄德。

## 第十一章

三十辐共一毂，当其无，有车之用。埏埴以为器，当其无，有器之用。凿户牖以为室，当其无，有室之用。故有之以为利，无之以为用。

## 第十二章

五色令人目盲，五音令人耳聋，五味令人口爽，驰骋畋猎令人心发狂，难得之货令人行妨。是以圣人为腹不为目，故去彼取此。

### 第十三章

宠辱若惊，贵大患若身。何谓宠辱若惊？宠为下，得之若惊，失之若惊，是谓宠辱若惊。何谓贵大患若身？吾所以有大患者，为吾有身，及吾无身，吾有何患？故贵以身为天下，若可寄天下；爱以身为天下，若可托天下。

### 第十四章

视之不见名曰夷，听之不闻名曰希，搏之不得名曰微。此三者，不可致诘，故混而为一。其上不皦，其下不昧。绳绳不可名，复归于无物。是谓无状之状，无物之象，是谓惚恍。迎之不见其首，随之不见其后。执古之道，以御今之有。能知古始，是谓道纪。

### 第十五章

古之善为士者，微妙玄通，深不可识。夫不唯不可识，故强为之容：豫焉，若冬涉川；犹兮若畏四邻；俨兮其若客；涣兮若冰之将释；敦兮其若朴；旷兮其若谷；混兮其若浊；孰能浊以静之徐清？孰能安以久动之徐生？保此道者不欲盈。夫唯不盈，故能蔽不新成。

### 第十六章

致虚极，守静笃；万物并作，吾以观复。夫物芸芸，各复归其根。归根曰静，静曰复命。复命曰常，知常曰明。不知常，妄作凶。知常容，容乃公，公乃全，全乃天，天乃道，道乃久，没身不殆。

### 第十七章

太上，下知有之；其次，亲而誉之；其次，畏之；其次，侮之。信不足焉，有不信焉。悠兮其贵言，功成事遂，百姓皆谓我自然。

### 第十八章

大道废，有仁义；慧智出，有大伪；六亲不和，有孝慈；国家昏乱，有忠臣。

### 第十九章

绝圣弃智，民利百倍；绝仁弃义，民复孝慈；绝巧弃利，盗贼无有。此三者以为文不足，故令有所属；见素抱朴，少私寡欲。

### 第二十章

绝学无忧，唯之与阿，相去几何？善之与恶，相去若何？人之所畏，不可不畏。荒兮其未央哉！众人熙熙，如享太牢，如春登台。我独泊兮其未兆，如婴儿之未孩；儽儽兮若无所归。众人皆有余，而我独若遗。我愚人之心也哉！沌沌兮！俗人昭昭，我独昏昏。俗人察察，我独闷闷。澹兮其若海，飘兮若无止。众人皆有以，而我独顽似鄙。我独异于人，而贵食母。

## 第二十一章

孔德之容，惟道是从。道之为物，惟恍惟惚。惚兮恍兮，其中有象；恍兮惚兮，其中有物。窈兮冥兮，其中有精；其精甚真，其中有信。自古及今，其名不去，以阅众甫。吾何以知众甫之状哉？以此。

## 第二十二章

曲则全，枉则直，洼则盈，敝则新，少则得，多则惑。是以圣人抱一为天下式。不自见故明，不自是故彰，不自伐故有功，不自矜故长。夫唯不争，故天下莫能与之争。古之所谓曲则全者，岂虚言哉！诚全而归之。

## 第二十三章

希言自然。故飘风不终朝，骤雨不终日。孰为此者？天地。天地尚不能久，而况于人乎？故从事于道者，道者同于道，德者同于德，失者同于失。同于道者，道亦乐得之；同于德者，德亦乐得之；同于失者，失亦乐得之。信不足焉，有不信焉。

## 第二十四章

企者不立，跨者不行，自见者不明，自是者不彰，自伐者无功，自矜者不长。其在道也，曰余食赘行。物或恶之，故有道者不处。

## 第二十五章

有物混成，先天地生。寂兮寥兮，独立不改，周行而不殆，可以为天下母。吾不知其名，字之曰道，强为之名曰大。大曰逝，逝曰远，远曰反。故道大，天大，地大，王亦大。域中有四大，而王居其一焉。人法地，地法天，天法道，道法自然。

## 第二十六章

重为轻根，静为躁君。是以圣人终日行不离辎重，虽有荣观，燕处超然。奈何万乘之主，而以身轻天下？轻则失本，躁则失君。

## 第二十七章

善行无辙迹，善言无瑕谪；善数不用筹策；善闭无关楗，而不可开，善结无绳约，而不可解。是以圣人常善救人，故无弃人；常善救物，故无弃物，是谓袭明。故善人者，不善人之师；不善人者，善人之资。不贵其师，不爱其资，虽智大迷，是谓要妙。

## 第二十八章

知其雄，守其雌，为天下溪。为天下溪，常德不离，复归于婴儿。知其白，守其黑，为天下式。为天下式，常德不忒，复归于无极。知其荣，守其辱，为天下谷。为天下谷，常德乃足，复归于朴。朴散则为器，圣人用之，则为官长，故大制不割。

### 第二十九章

将欲取天下而为之，吾见其不得已。天下，神器，不可为也。为者败之，执者失之。故物或行或随，或嘘或吹。或强或羸，或挫或隳。是以圣人去甚，去奢，去泰。

### 第三十章

以道佐人主者，不以兵强天下，其事好还。师之所处，荆棘生焉。大军之后，必有凶年。善有果而已，不敢以取强。果而勿矜，果而勿伐，果而勿骄，果而不得已，果而勿强。物壮则老，是谓不道，不道早已。

### 第三十一章

夫兵者，不祥之器，物或恶之，故有道者不处。君子居则贵左，用兵则贵右。兵者不祥之器，非君子之器，不得已而用之，恬淡为上，胜而不美，而美之者，是乐杀人。夫乐杀人者，则不可以得志于天下矣。吉事尚左，凶事尚右。偏将军居左，上将军居右。言以丧礼处之。杀人之众，以悲哀莅之，战胜以丧礼处之。

### 第三十二章

道常无名，朴虽小，天下莫能臣也。侯王若能守之，万物将自宾。天地相合以降甘露，民莫之令而自均。始制有名，名亦既有，夫亦将知止，知止所以不殆。譬道之在天下，犹川谷之于江海。

### 第三十三章

知人者智，自知者明。胜人者有力，自胜者强。知足者富。强行者有志。不失其所者久。死而不亡者寿。

### 第三十四章

大道泛兮，其可左右。万物恃之而生而不辞，功成不名有。衣养万物而不为主，常无欲，可名于小；万物归焉而不为主，可名为大。以其终不自为大，故能成其大。

### 第三十五章

执大象，天下往。往而不害，安平太。乐与饵，过客止。道之出口，淡乎其无味，视之不足见，听之不足闻，用之不足既。

### 第三十六章

将欲歙之，必固张之；将欲弱之，必固强之；将欲废之，必固兴之；将欲夺之，必固与之。是谓微明。柔弱胜刚强。鱼不可脱于渊，国之利器不可以示人。

### 第三十七章

道常无为，而无不为。侯王若能守之，万物将自化。化而欲作，吾将镇之以无名之朴。无名之朴，夫亦将无欲。不欲以静，天下将自定。

# 下篇　《德经》四十四章

## 第三十八章

上德不德，是以有德；下德不失德，是以无德。上德无为而无以为；下德为之而有以为。上仁为之而无以为；上义为之而有以为。上礼为之而莫之应，则攘臂而扔之。故失道而后德，失德而后仁，失仁而后义，失义而后礼。夫礼者，忠信之薄，而乱之首。前识者，道之华，而愚之始。是以大丈夫处其厚，不居其薄；处其实，不居其华。故去彼取此。

## 第三十九章

昔之得一者，天得一以清，地得一以宁，神得一以灵，谷得一以盈，万物得一以生，侯王得一以为天下正。其致之，天无以清将恐裂，地无以宁将恐废，神无以灵将恐歇，谷无以盈将恐竭，万物无以生将恐灭，侯王无以贵高将恐蹶。故贵以贱为本，高以下为基。是以侯王自称孤、寡、不谷。此非以贱为本邪？非乎？故致数与无与，不欲琭琭如玉，珞珞如石。

## 第四十章

反者道之动，弱者道之用。天下万物生于有，有生于无。

## 第四十一章

上士闻道，勤而行之；中士闻道，若存若亡；下士闻道，大笑之。不笑，不足以为道。故建言有之，明道若昧，进道若退，夷道若纇，上德若谷，大白若辱，广德若不足，建德若偷，质真若渝，大方无隅，大器晚成，大音希声，大象无形，道隐无名。夫唯道，善贷且成。

## 第四十二章

道生一，一生二，二生三，三生万物。万物负阴而抱阳，冲气以为和。人之所恶，唯孤、寡、不谷，而王公以为称。故物或损之而益，或益之而损。人之所教，我亦教之。强梁者不得其死，吾将以为教父。

## 第四十三章

天下之至柔，驰骋天下之至坚。无有入无间，吾是以知无为之有益。不言之教，无为之益，天下希及之。

## 第四十四章

名与身孰亲？身与货孰多？得与亡孰病？是故甚爱必大费，多藏必厚亡，知足不辱，知止不殆，可以长久。

### 第四十五章

大成若缺，其用不弊。大盈若冲，其用不穷。大直若屈，大巧若拙，大辩若讷。躁胜寒，静胜热。清静为天下正。

### 第四十六章

天下有道，却走马以粪。天下无道，戎马生于郊。罪莫大于可欲；祸莫大于不知足；咎莫大于欲得。故知足之足，常足矣。

### 第四十七章

不出户，知天下；不窥牖，见天道。其出弥远，其知弥少。是以圣人不行而知，不见而名，不为而成。

### 第四十八章

为学日益，为道日损，损之又损，以至于无为，无为而无不为。取天下常以无事，及其有事，不足以取天下。

### 第四十九章

圣人无常心，以百姓心为心。善者吾善之，不善者吾亦善之，德善。信者，吾信之，不信者，吾亦信之，德信。圣人在天下怵怵，为天下浑其心，百姓皆注其耳目，圣人皆孩之。

### 第五十章

出生入死，生之徒，十有三；死之徒，十有三；人之生，动之死地，亦十有三。夫何故？以其生生之厚。盖闻善摄生者，陆行不遇兕虎，入军不被甲兵。兕无所投其角，虎无所措其爪，兵无所容其刃。夫何故？以其无死地。

### 第五十一章

道生之，德畜之，物形之，势成之。是以万物莫不尊道而贵德。道之尊，德之贵，夫莫之命而常自然。故道生之，德畜之。长之育之，亭之毒之，养之覆之。生而不有，为而不恃，长而不宰。是谓玄德。

### 第五十二章

天下有始，以为天下母。既得其母，以知其子；既知其子，复守其母，没身不殆。塞其兑，闭其门，终身不勤；开其兑，济其事，终身不救。见小曰明，守柔曰强。用其光，复归其明，无遗身殃，是为习常。

### 第五十三章

使我介然有知，行于大道，唯施是畏。大道甚夷，而民好径。朝甚除，田甚芜，仓甚虚；服文彩，带利剑，厌饮食，财货有余。是为盗夸。非道也哉！

## 第五十四章

善建者不拔，善抱者不脱，子孙以祭祀不辍。修之于身，其德乃真；修之于家，其德乃余；修之于乡，其德乃长；修之于国，其德乃丰；修之于天下，其德乃普。故以身观身，以家观家，以乡观乡，以国观国，以天下观天下。吾何以知天下然哉？以此。

## 第五十五章

含德之厚，比于赤子。毒虫不螫，猛兽不据，攫鸟不搏。骨弱筋柔而握固。未知牝牡之合而朘作，精之至也。终日号而不嗄，和之至也。知和曰常，知常曰明，益生曰祥，心使气曰强。物壮则老，谓之不道，不道早已。

## 第五十六章

知者不言，言者不知。塞其兑，闭其门；挫其锐，解其纷；和其光，同其尘，是谓玄同。故不可得而亲，不可得而疏；不可得而利，不可得而害；不可得而贵，不可得而贱。故为天下贵。

## 第五十七章

以正治国，以奇用兵，以无事取天下。吾何以知其然哉？以此：天下多忌讳，而民弥贫；民多利器，国家滋昏；人多伎巧，奇物滋起；法令滋彰，盗贼多有。故圣人云："我无为而民自化，我好静而民自正，我无事而民自富，我无欲而民自朴。"

## 第五十八章

其政闷闷，其民淳淳；其政察察，其民缺缺。祸兮福之所倚，福兮祸之所伏。孰知其极？其无正，正复为奇，善复为妖，人之迷，其日固久。是以圣人方而不割，廉而不刿，直而不肆，光而不耀。

## 第五十九章

治人事天，莫若啬。夫唯啬，是谓早服；早服谓之重积德；重积德则无不克，无不克则莫知其极；莫知其极，可以有国；有国之母，可以长久。是谓深根固柢，长生久视之道。

## 第六十章

治大国，若烹小鲜，以道莅天下，其鬼不神。非其鬼不神，其神不伤人。非其神不伤人，圣人亦不伤人。夫两不相伤，故德交归焉。

## 第六十一章

大国者下流，天下之交，天下之牝。牝常以静胜牡，以静为下。故大邦以下小邦，则取小邦；小邦以下大邦，则取大邦。故或下以取，或下而取。大邦不过欲兼畜人，小邦不过欲入事人。夫两者各得所欲，大者宜为下。

## 第六十二章

道者，万物之奥，善人之宝，不善人之所保。美言可以市尊，美行可以加人。人之不善，何弃之有？故立天子，置三公，虽有拱璧以先驷马，不如坐进此道。古之所以贵此道者何？不曰：以求得，有罪以免邪？故为天下贵。

## 第六十三章

为无为，事无事，味无味。大小多少，报怨以德。图难于其易，为大于其细；天下难事必作于易，天下大事必作于细。是以圣人终不为大，故能成其大。夫轻诺必寡信，多易必多难。是以圣人犹难之，故终无难矣。

## 第六十四章

其安易持，其未兆易谋。其脆易泮，其微易散。为之于未有，治之于未乱。合抱之木，生于毫末；九层之台，起于垒土；千里之行，始于足下。为者败之，执者失之。是以圣人无为，故无败，无执，故无失。民之从事，常于几成而败之。慎终如始，则无败事。是以圣人欲不欲，不贵难得之货；学不学，复众人之所过。以辅万物之自然，而不敢为。

## 第六十五章

古之善为道者，非以明民，将以愚之。民之难治，以其智多。故以智治国，国之贼；不以智治国，国之福。知此两者亦稽式。常知稽式，是谓玄德。玄德深矣，远矣，与物反矣，然后乃至大顺。

## 第六十六章

江海所以能为百谷王者，以其善下之，故能为百谷王。是以欲上民，必以言下之。欲先民，必以身后之。是以圣人处上而民不重，处前而民不害。是以天下乐推而不厌，以其不争，故天下莫能与之争。

## 第六十七章

天下皆谓我道大，似不肖。夫唯大，故似不肖。若肖，久矣其细也夫！我有三宝，持而保之。一曰慈，二曰俭，三曰不敢为天下先。慈故能勇；俭故能广；不敢为天下先，故能成器长。今舍慈且勇，舍俭且广，舍后且先，死矣。夫慈以战则胜，以守则固。天将救之，以慈卫之。

## 第六十八章

善为士者不武，善战者不怒，善胜敌者不与，善用人者为之下，是谓不争之德，是谓用人之力，是谓配天，古之极。

## 第六十九章

用兵有言："吾不敢为主而为客，不敢进寸而退尺。"是谓行无行，攘无臂，仍无敌，执无兵。祸莫大于轻敌，轻敌几丧吾宝。故抗兵相加，哀者胜矣。

## 第七十章

吾言甚易知，甚易行。天下莫能知，莫能行。言有宗，事有君。夫唯无知，是以不我知。知我者稀，则我者贵。是以圣人被褐而怀玉。

## 第七十一章

知不知，上；不知知，病。夫唯病病，是以不病。圣人不病，以其病病，是以不病。

## 第七十二章

民不畏威，则大威至。无狎其所居，无厌其所生。夫唯无厌，是以不厌。是以圣人自知不自见，自爱不自贵。故去彼取此。

## 第七十三章

勇于敢则杀，勇于不敢则活，此两者，或利或害。天之所恶，孰知其故？是以圣人犹难之。天之道，不争而善胜，不言而善应，不召而自来，绳然而善谋。天网恢恢，疏而不失。

## 第七十四章

民不畏死，奈何以死惧之。若使民常畏死，而为奇者，吾得执而杀之，孰敢？常有司杀者杀。夫代司杀者杀，是谓代大匠斫，希有不伤其手矣。

## 第七十五章

民之饥，以其上食税之多，是以饥。民之难治，以其上之有为，是以难治。民之轻死，以其求生之厚，是以轻死。夫唯无以生为者，是贤于贵生。

## 第七十六章

人之生也柔弱，其死也坚强。万物草木之生也柔脆，其死也枯槁。故坚强者死之徒，柔弱者生之徒。是以兵强则不胜，木强则兵。强大处下，柔弱处上。

## 第七十七章

天之道，其犹张弓与？高者抑之，下者举之；有余者损之，不足者补之。天之道，损有余而补不足。人之道则不然，损不足以奉有余。孰能有余以奉天下？唯有道者。是以圣人为而不恃，功成而不处，其不欲见贤。

### 第七十八章

天下莫柔弱于水，而攻坚强者莫之能胜，以其无以易之。弱之胜强，柔之胜刚，天下莫不知，莫能行。是以圣人云："受国之垢，是谓社稷主；受国不祥，是为天下王。"正言若反。

### 第七十九章

和大怨，必有余怨，安可以为善？是以圣人执左契，而不责于人。有德司契，无德司彻。天道无亲，常与善人。

### 第八十章

小国寡民。使有什伯之器而不用；使民重死而不远徙；虽有舟舆，无所乘之；虽有甲兵，无所陈之。使民复结绳而用之，至治之极。甘其食，美其服，安其居，乐其俗。邻国相望，鸡犬之声相闻，民至老死不相往来。

### 第八十一章

信言不美，美言不信。善者不辩，辩者不善。知者不博，博者不知。圣人不积，既以为人，己愈有；既以与人，己愈多。天之道，利而不害。圣人之道，为而不争。

# 参考文献

## 一、经部


[ 1 ]　[汉]赵岐，注；[宋]孙奭，疏．孟子注疏[M]．上海：上海古籍出版社，1992．

[ 2 ]　[魏]王弼，等，注；[唐]孔颖达，等，正义．周易正义[M]．上海：上海古籍出版社，1992．

[ 3 ]　[魏]何晏，等，注；[宋]邢昺，疏．论语注疏[M]．上海：上海古籍出版社，1992．

[ 4 ]　[晋]杜预，注；[唐]孔颖达，等，正义．春秋左传正义[M]．上海：上海古籍出版社，1992．


## 二、史部


[ 1 ]　[汉]司马迁．史记[M]．影印本．北京：中华书局，1997．

[ 2 ]　[汉]班固．汉书[M]．影印本．北京：中华书局，1997．

[ 3 ]　[西晋]陈寿．三国志[M]．影印本．北京：中华书局，1997．

[ 4 ]　[南朝・宋]范晔．后汉书[M]．影印本．北京：中华书局，1997．

[ 5 ]　[南朝・梁]沈约．宋书[M]．影印本．北京：中华书局，1997．

[ 6 ]　[南朝・梁]萧子显．南齐书[M]．影印本．北京：中华书局，1997．

[ 7 ]　[北齐]魏收．魏书[M]．影印本．北京：中华书局，1997．

[ 8 ]　[唐]房玄龄，等．晋书[M]．影印本．北京：中华书局，1997．

[ 9 ]　[唐]姚思廉．梁书[M]．影印本．北京：中华书局，1997．

[10]　[唐]姚思廉．陈书[M]．影印本．北京：中华书局，1997．

[11]　[唐]李百药．北齐书[M]．影印本．北京：中华书局，1997．

[12]　[唐]令狐德棻，等．周书[M]．影印本．北京：中华书局，1997．

[13]　[唐]李延寿．北史[M]．影印本．北京：中华书局，1997．

[14]　[唐]李延寿．南史[M]．影印本．北京：中华书局，1997．

[15]　[唐]魏徵，等．隋书[M]．影印本．北京：中华书局，1997．

[16]　[后晋]刘昫，等．旧唐书[M]．影印本．北京：中华书局，1997．

[17]　[宋]宋祁，等．新唐书[M]．影印本．北京：中华书局，1997．

[18] [元]脱脱，等. 宋史[M]. 影印本. 北京：中华书局，1997.
[19] [清]张廷玉，等. 明史[M]. 影印本. 北京：中华书局，1997.
[20] 赵尔巽，等. 清史稿[M]. 北京：中华书局，2015.

## 三、其他

[ 1 ] [汉]刘向. 战国策[M]. 上海：上海古籍出版社，2015.
[ 2 ] [三国]诸葛亮. 诸葛亮集[M]. 北京：中华书局，1960.
[ 3 ] [魏]王弼，注；楼宇烈，校. 老子道德经注[M]. 北京：中华书局，2011.
[ 4 ] [魏]嵇康. 嵇康集校注[M]. 戴明扬，校注. 北京：中华书局，2014.
[ 5 ] [晋]陶潜. 陶渊明集校笺[M]. 龚斌，校笺. 上海：上海古籍出版社，1996.
[ 6 ] [晋]陆机. 文赋集释[M]. 张少康，集释. 北京：人民文学出版社，2002.
[ 7 ] [南朝·宋]刘义庆. 世说新语[M]. [南朝·宋]刘孝，标注；徐传武，校. 上海：上海古籍出版社，2013.
[ 8 ] [唐]李白撰. 李太白集[M]. [清]王琦，辑. 北京：中华书局，1980.
[ 9 ] [唐]李鼎祚. 周易集解[M]. 王丰先，校. 北京：中华书局，2016.
[10] [唐]柳宗元. 柳河东集[M]. 上海：上海古籍出版社，2008.
[11] [宋]苏轼. 东坡题跋[M]. [明]毛晋，编. 北京：人民美术出版社，2008.
[12] [明]罗贯中. 三国演义[M]. 北京：人民文学出版社，1973.
[13] 墨子[M]. [清]毕沅，校注；吴旭民，校点. 上海：上海古籍出版社，2014.
[14] [清]纪昀. 阅微草堂笔记[M]. 上海：上海古籍出版社，1980.
[15] [清]王先谦. 荀子集解[M]. 北京：中华书局，1988.
[16] 六韬·鬼谷子[M]. 曹胜高，等，译注. 北京：中华书局，2007.
[17] 陈鼓应. 老子今注今译[M]. 上海：商务印书馆，2003.
[18] 陈鼓应. 庄子今注今译[M]. 北京：中华书局，1983.
[19] 孙子兵法[M]. 陈曦，译注. 北京：中华书局，2015.
[20] 成林，程章灿. 西京杂记全译[M]. 贵阳：贵州人民出版社，1993.
[21] 黄寿祺，张善文. 周易译注[M]. 北京：中华书局，2016.
[22] 金庸. 射雕英雄传[M]. 广州：花城出版社，2008.
[23] 李世东，等. 老子文化与现代文明[M]. 北京：中国社会出版社，2008.
[24] 良石. 魅力口才周恩来[M]. 北京：台海出版社，2012.
[25] 林语堂. 孔子的智慧[M]. 北京：群言出版社，2009.
[26] 刘文典. 淮南鸿烈集解[M]. 北京：中华书局，1989.
[27] 石磊，译注. 商君书[M]. 北京：中华书局，2009.
[28] 孙通海，译注. 庄子[M]. 北京：中华书局，2010.

[29] 王利器. 文子疏义[M]. ,北京：中华书局，2009.
[30] 许维遹. 吕氏春秋集释[M]. 梁运华，整理. 北京：中华书局，2009.
[31] 杨伯峻. 列子集释[M]. 北京：中华书局，2012.
[32] 杨明照. 增订文心雕龙校注[M]. 北京：中华书局，2000.
[33] 张觉，等. 韩非子译注[M]. 上海：上海古籍出版社，2007.
[34] 张震泽. 孙膑兵法校理[M]. 北京：中华书局，2015.
[35] 朱碧莲，沈海波，译注. 论衡校注[M]. 上海：上海古籍出版社，2011.
[36] 芫崧. 周恩来的语言交际艺术[J]. 秘书，2011（4）.
[37] 孟友亮. 周恩来的语言魅力[J]. 党史文汇，2015（2）.

# 后　记

本书是西华大学“哲学与批判课程群高水平特色教材的建设——以《道家的智慧为例》”教改课题最终成果与范国英教授领衔的“人文通识教育教学团队”出版资助项目，主要由文产系官性根老师和我执笔编成，研究生马富兰编写第三讲，研究生宋思静编写第五讲。在编写和出版的过程中，人文学院院、系两级领导对我们很关心，西南交通大学出版社为本书的出版付出了艰苦的努力，借教材出版之机，特向西华大学人文学院和西南交大出版社致敬！

西华大学在四川省省属高校中扎实推进“新工科建设”，对人文通识教育很重视，新增的“哲学与批判课程群”在全国同类高校中都是很有特色的。道家思想博大精深，四川又是道教的发源地，所以，在靠近“仙源”与“道源”青城山、都江堰的西华大学开设“道家的智慧”课程，具有鲜明的针对性、原创性和新颖性。感谢学校的大力支持！

我们希望将“道家的智慧”课程建设成为西华大学高水平特色课程，成为“哲学与批判课程群”的一张名片，为此，我们将继续深入学习，不断更新授课内容，以贴近学生、介绍常识、引导思辨、学而能用为基本原则，优化课堂教学，优化教材内容，为学生成长服务，为“新工科”建设服务，也为我们的教学生涯添上有纪念意义的一笔。

最后，感谢西南交通大学出版社编辑老师为本书付梓所付出的心血！感谢学友周星阳先生为本书题写书名！

王万洪

2018 年 11 月 11 日